“十四五”规划精品系列教材
互联网＋创新型系列

税务会计

主编　郝　虹　廖石云　赖　寒

SHUIWU KUAIJI

天津大学出版社
TIANJIN UNIVERSITY PRESS

图书在版编目（CIP）数据

税务会计 : 互联网 + 创新型系列 / 郝虹 , 廖石云 , 赖寒主编 . -- 天津 : 天津大学出版社 , 2023.01
“十四五”规划精品系列教材
ISBN 978-7-5618-7396-0

Ⅰ . ①税… Ⅱ . ①郝… ②廖… ③赖… Ⅲ . ①税收会计—教材 Ⅳ . ① F810.62

中国国家版本馆 CIP 数据核字 (2023) 第 007273 号

税务会计
SHUIWUKUAIJI

出版发行　天津大学出版社
地　　址　天津市卫津路 92 号天津大学内（邮编：300072）
电　　话　发行部：022-27403647
网　　址　publish.tju.edu.cn
印　　刷　北京盛通印刷股份有限公司
经　　销：全国各地新华书店
开　　本：889mm×1194mm　1/16
印　　张：17
字　　数：561 千字
版　　次：2023 年 01 月第 1 版
印　　次：2023 年 01 月第 1 次
定　　价：55. 00 元

本书编委会

主　编　郝　虹　廖石云　赖　寒

副主编　钱魏东　王丽洁　叶　凯

前言

互联网尤其是移动互联网的迅猛发展，让教材进入了互联网＋移动时代。本系列教材以《教育部关于加强高职高专教育人才培养工作的意见》等文件精神为依据，从培养高素质、技能型人才的培养目标出发，建设“主体教材＋实训教程＋教学资源”的立体化赋能教材，在夯实理论的基础上，突出岗位职业技能训练，凸显视频、动画等任务演示性教学资源在基础教学中的作用。电脑端和移动端数据库同步打破地域界限，教师在课堂上可以省时省力高效授课，学生可以随时随地登录平台自学练习。

编写理念

整套教材始终贯彻“理论够用，实务讲透”的原则，编写的理论知识点新，内容上强化了会计实务。本系列教材着重从学生的实际动手能力方面进行知识介绍和技能训练，学生通过学习可以很快掌握知识要领，提高实际应用能力。

编写内容

本书以我国现行税法和会计准则为依据，基于税务会计与财务会计适度分离的原则，系统阐述了税务会计理论结构。本书将税务会计常用的政策文件中的知识点进行了总结梳理，以便使用者辨析和查阅。此举的目的是避免用大量篇幅讲解税收政策，导致本书的定位模糊，确保本书的内容重点突出。

编写形式

本书为了突出实践性，力求实现情境化教学，编写形式和内容适合应用型人才培养特点。每个项目开头设置“学习目标”“应知应会”让学生首先能够明确本章的学习重点。在每个项目具体学习之前设置“项目地位”，在每节具体学习之前设置“情景案例”，激发学生的学习兴趣。本书以符合经营常规的交易事项为示例，以解决税务会计岗位可能面临的各种实务问题为目标，提供契合实际的学习内容。

在线学习使用说明

请用手机微信扫一扫封底二维码并手机注册、学生登录，注册好后再返回，用微信扫一扫书中的二维码就可以在线学习。

编写人员

本书由哈尔滨幼儿师范高等专科学校郝虹、永州职业技术学院廖石云、四川托普信息技术职业学院赖寒担任主编；亳州学院钱魏冬、烟台汽车工程职业学院王丽洁、枣庄职业学院叶凯担任副主编，全书总共有 10 个项目内容，由以下人员分工完成：郝虹老师负责编写项目 1、项目 2、项目 3，廖石云老师负责编写项目 4、项目 6，赖寒老师负责编写项目 5，钱魏冬负责编写项目 10，王丽洁老师负责编写项目 7、项目 8，叶凯老师负责编写项目 9。由于时间仓促，编者水平有限，书中难免存在不足之处，恳请读者批评指正。

编 者

2022 年 05 月

Contents 目录

项目 1
总 论

导语

税务会计是以所涉税境的现行税收法规为准绳，运用会计学的理论、方法和程序，对企业经营过程中的涉税事项进行计算、调整和税款缴纳等，即对企业涉税会计事项进行确认、计量、记录和申报（报告），以实现企业税收利益最大化的一门专业会计。

通过本项目，可以学习：

1. 税收的特点；
2. 税率；
3. 税收法律关系；
4. 税务会计的特点。

学习目标

- 了解税收的概念与特点
- 理解税收法律关系
- 掌握税务会计的特点及目标

应知应会

- 税收要素
- 我国现行法律体系
- 税务会计与财务会计的区别和联系

项目地位

税务会计是介于税收与会计学之间的一门新兴的边缘学科，本项目阐述了我国现行的税收体系、税收制度的基本内容以及税务会计基本理论，是全书的基础。

项目导图

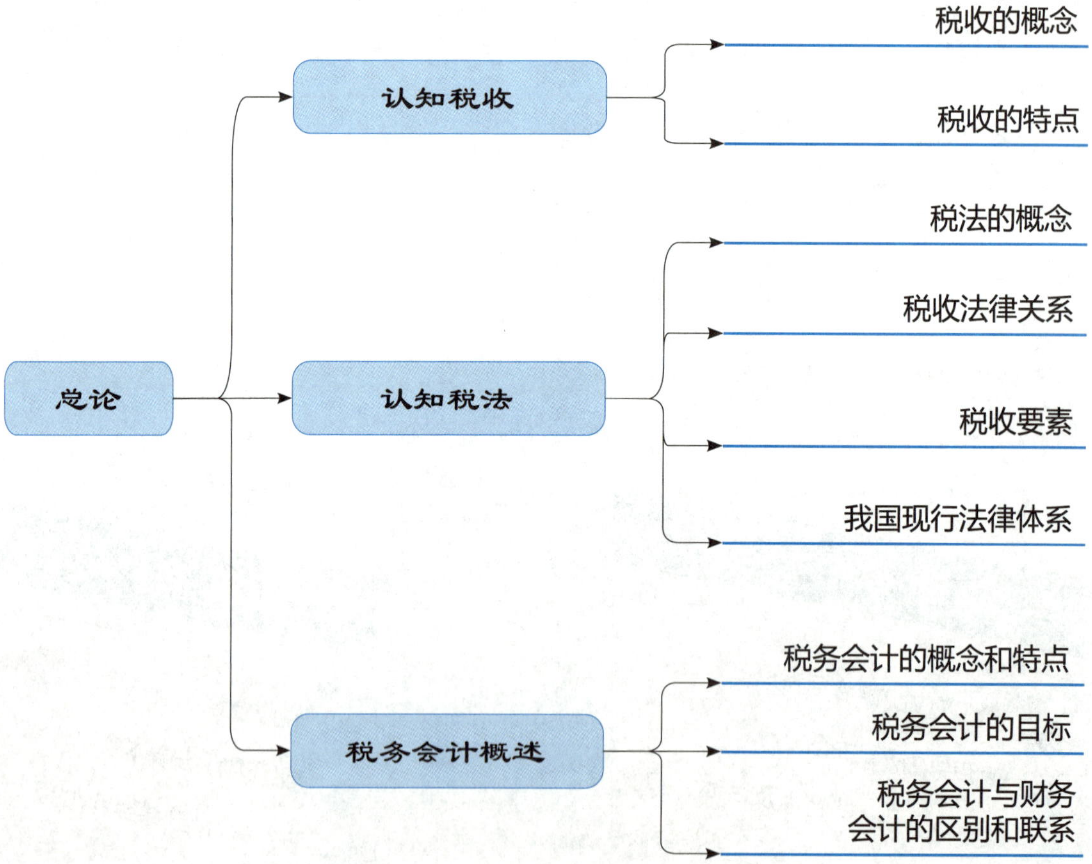

1.1 认知税收

关键词

税收
强制性
无偿性
固定性

情景 1

税收的特点。

北京昌达股份有限公司的销售商品、提供劳务等业务应缴纳13%的增值税，体现了税收的强制性。

情景 2

税收的特点。

国家对北京昌达股份有限公司的征税，国家不要支付任何报酬或代价，体现了税收的无偿性。

1.1.1 税收的概念

税收不仅是国家取得财政收入的一种活动或手段，而且也是国家用以加强宏观调控的重要经济杠杆。从经济学的视角看，税收是指国家为实现其公共职能而凭借其政权力量，依照法律规定，强制、无偿地向纳税人征收货币或实物的活动。从法学的视角看，税收是指国家以及地方政府以财政收入为主要目的，依法对满足法定构成要件的人强制性课征的非对价金钱给付义务。要理解税收的概念应掌握以下几点。

1. 税收的本质是分配

在社会再生产过程的“生产—分配—交换—消费”循环中，“生产”创造社会产品价值，“消费”耗费社会产品价值，“分配”是对社会产品价值的分割，“交换”实现使用价值的转移。国家征税，既不增加也不减少社会产品的价值总量，因而不属于生产、消费的范畴；也不采取以物易物或钱物交换的方式实现，因而也不属于交换范畴。国家征税只是从社会产品价值量中分割一部分集中到政府手中，因此税收的本质是分配。

2. 税收分配以国家为主体，凭借政治权力来实现

分配涉及两个基本问题：分配主体和分配依据。一般的分配形式以生产要素的所有者为主体，以生产要素数量为依据；而税收分配以国家为主体，凭借政治权力实现。

国家征税凭借政治权力，并不意味着政府可以不顾经济条件任意征税。经济是政治的基础，每个国家都必须按本国的具体经济条件，确定征税范围及额度，滥用政治权力横征暴敛，必然会影响社会的稳定，阻碍生产力的发展。

3. 征税的目的是为了满足社会公共需要

有社会存在，就会有社会的公共需要存在。国家安全、社会稳定、人民生活保障等公共需要的满足，必须要由政府集中一部分社会财富来实现。公共产品本身的特殊性决定了公共支出一般不可能由公民个人、企业采取自愿出价的方式来承担，只能采用国家征税的方式，由经济组织、单位和个人共同负担。国家征税的目的是为了满足国家提供公共产品的需要，因此，国家征税也将受到提供公共产品规模和质量的制约。

1.1.2 税收的特点

税收与其他分配方式相比，具有强制性、无偿性和固定性的特征，这些特征习惯上被称为税收的“三性”。

1. 强制性

税收的强制性是指税收是国家以社会管理者的身份，凭借政权力量，依据政治权力，通过颁布法律或政令来进行强制征收。负有纳税义务的社会集团和社会成员，都必须遵守国家强制性的税收法令，在国家税法规定的限度内，纳税人必须依法纳税，否则就要受到法律的制裁，这是税收具有法律地位的体现。强制性特征体现在两个方面：一方面税收分配关系的建立具有强制性，即税收征收完全是凭借国家拥有的政治权力；另一方面是税收的征收过程具有强制性，即如果出现了税务违法行为，国家可以依法进行处罚。

2. 无偿性

税收的无偿性是指通过征税，社会集团和社会成员的一部分收入转归国家所有，国家不向纳税人支付任何报酬。税收的这种无偿性是与国家凭借政治权力进行收入分配的本质相联系的。无偿性体现在两个方面：一方面是指政府获得税收收入后无须向纳税人直接支付任何报酬；另一方面是指政府征得的税收收入不再直接返还给纳税人。税收无偿性是税收的本质体现，它反映的是一种社会产品所有权、支配权的单方面转移关系，而不是等价交换关系。税收的无偿性是区分税收收入和其他财政收入形式的重要特征。

3. 固定性

税收的固定性是指税收是按照国家法令规定的标准征收的，即纳税人、课税对象、税目、税率、计价办法和期限等，都是税收法令预先规定了的，有比较稳定的试用期间，是一种固定性连续收入。对于税收预先规定的标准，征税和纳税双方都必须共同遵守，未经国家法令修订或调整，征纳双方都不得违背或改变这一固定比例或数额以及其他制度规定。

税收的三个基本特征是统一的整体。其中，强制性是实现税收无偿征收的强有力保证，无偿性是税收本质的体现，固定性是强制性和无偿性的必然要求。

1.2 认知税法

关键词

税法
比例税率
累进税率
定额税率

情景 1

纳税期限。

北京市昌达股份有限公司的结算应纳税款的期限为 1 个月。

情景 2

纳税环节。

生产企业生产销售非金银首饰应税消费品，既征收增值税，也征收消费税。

1.2.1 税法的概念

税法即税收法律制度，是调整税收关系的法律规范的总称，是国家法律体系的重要组成部分。它以宪法为依据，调整国家与社会成员在征纳税方面的权利与义务关系，维护社会经济秩序和税收秩序，保障国家利益和纳税人合法权益的法律规范，是国家税务机关及纳税人依法征纳税的行为准则。

1.2.2 税收法律关系

税收法律关系由权利主体、权利客体和税收法律关系的内容三方面构成。

1. 权利主体

权利主体即税收法律关系中享有权利、承担义务的当事人。权利主体一方是代表国家行使征税职责的国家税务机关，包括国家各级税务机关、海关和财政机关；另一方是履行纳税义务的人，包括法人、自然人和其他组织，在华外国企业、组织、外籍人、无国籍人，以及在华虽然没有机构、场所，但有来自中国境内所得的外国企业或组织。在税收法律关系中权利主体双方法律地位平等，只是因为主体双方是行政管理者与被管理者的关系，所以双方的权利与义务不对等，这是税收法律的一个重要特征。

税收法律关系主体是指税收法律关系中享有权利、承担义务的当事人，可分为征税主体和纳税主体。税务部门和海关部门是征税主体，纳税人、扣缴义务人、纳税担保人以及在我国境内有所得的外国企业和外籍个人是纳税主体。

2. 权利客体

权利客体是税收法律关系主体的权利与义务共同指向的对象，即征税对象。例如，所得税法律关系的客体是生产经营所得和其他所得；财产税法律关系的客体是财产；流转税法律关系的客体是货物销售收入或劳务收入。

3. 税收法律关系的内容

税收法律关系的内容即权利主体所享有的权利和应承担的义务，这是税收法律关系中最实质的东西，也是税法的灵魂。

国家税务机关的权利主要有依法征税、税务检查以及对违法行为进行处罚等；其义务主要是向纳税人宣传、咨询、辅导税收法律知识，及时将税款解缴国库，依法受理纳税人的税收争议申诉等。

纳税义务人的权利主要有延期纳税权、依法申请减免税权、申请复议权、提起诉讼权以及多缴税款申请退还权等；其义务主要是按税法规定办理税务登记、进行纳税申报、接受税务检查、依法交纳税款等。

1.2.3 税收要素

由于税法调整对象不同，税收构成要素可以分为税收实体法构成要素和税收程序法构成要素。税法实体法构成要素一般包括：纳税人、征税对象、税目、税率、纳税环节、纳税期限、减免税和违章处理等内容。税收程序法构成要素包括：纳税期限、纳税地点、税务争议、税收法律责任。

1. 纳税人

纳税人是税法规定的承担纳税义务的法人和自然人，在税收法律关系上称为“纳税主体”，是代表国家征税的各级税务机关——征税主体的对称。每一种税都有固定的纳税人，依法纳税是纳税人应尽的义务，纳税人如果不依法纳税，将会受到法律的制裁。

2. 征税对象

征税对象是指对什么东西征税，是征税的标的物。它是不同税种相互区别及名称由来的主要标志。例如，增值税的征税对象是增值额，企业所得税的征税对象是应纳税所得额。

3. 税率

税率是指应纳税额与计税依据数量之间的法定比例，它是计算应纳税额的尺度，体现了征税的深度。税率体现了国家的税收政策，关系着国家的财政收入和纳税人的税收负担。

我国现行税率主要有以下三种。

（1）比例税率，是指对同一征税对象或同一税目，不论数额大小，都按同一比例征税的尺度。我国现行的增值税、企业所得税等均采用比例税率。采用比例税率，计算简便，符合税收效率原则，同一征税对象的不同纳税人税负相同，有利于企业在基本相同的条件下展开竞争。但部分纳税人的实际环境存在差异，若按同一税率征税，会与纳税人的实际负担能力不符，一定程度上难以体现税收公平原则。

（2）累进税率，是指把计税依据按一定标准划分为若干个等级，从低到高分别规定逐级递增的税率。这种税率形式使得税率等级与计税依据的数额等级同方向变动，有利于按纳税人负担能力设计税率，符合税收公平原则。

目前我国使用的累进税率有以下两种形式。

①超额累进税率，是指将计税依据划分为若干个等级，按等级高低设定适用税率，一定数额的计税依据可以同时适用几个等级的税率，每超过一级，超过部分按高一级的税率计税，各等级应纳税额之和为纳税人的应纳税总额。如我国工资薪金个人所得税税率，个体工商户生产经营所得税税率等。

②超率累进税率，是以征税对象的某种比例为累进依据，按超额累进方式计算应纳税额的税率。其计税原理与超额累进税率相同，只是税率累进的依据不是征税对象的绝对数，而是相对比率（如增值率等），如我国现行的土地增值税税率等。

（3）定额税率。定额税率是对单位征税对象规定固定的税额，一般适用于从量计征的税种。定额税率的特点是税率与征税对象的价值量无关，不受征税对象价值量变化影响。它适用于价格稳定或质量等级较为单一的征税对象，如资源税、城镇土地使用税、车船税等。

4. 纳税环节

纳税环节，指的是对征税对象选定缴纳税款的环节。一个税种只在一个流转环节征税的，称为一次课征制，如消费税；一个税种在商品流转各环节多次征税的，称为多次课征制，如增值税。

5. 纳税期限

纳税期限是指纳税单位和个人缴纳税款的法定期限。纳税期限包含两方面含义：一是确定结算应纳税款的期限，即多长时间纳一次税，一般有 1 天、3 天、5 天、10 天、15 天、1 个月等；二是确定缴纳税款的期限，即纳税期满后税款多长时间必须入库。纳税期限是税收强制性、固定性在时间上的体现。

6. 减免税

减税是对应纳税额少征一部分税款，免税是对应纳税额全部免征。减免税是对某些纳税人和征税对象给予鼓励和照顾的一种优惠措施，是税法原则性和灵活性相结合的体现。减免税的具体形式有税基式减免、税率式减免和税额式减免三种。

（1）税基式减免。税基式减免是通过直接缩小计税依据的方式实现的减免税。涉及的概念包括起征点、免征额、扣除项目以及跨期结转等。

起征点是征税对象达到一定数额开始征税的起点，对征税对象数额未达到起征点的不征税，达到起征点的按全部数额征税。免征额是在征税对象全部数额中免予征税的数额，对免征额的部分不征税，仅对超过免征额的部分征税。扣除项目是指在征税对象中扣除一定项目的数额，以其余额作为计税依据计算税额。跨期结转是指将以前纳税年度的经营亏损从本纳税年度经营利润中扣除。

（2）税率式减免。税率式减免是通过直接降低税率实现的减免税。如企业所得税规定符合条件的小微企业适用的税率为 20%，国家需要重点扶持的高新技术企业适用的税率为 15%。

（3）税额式减免。税额式减免是通过直接减少应纳税额实现的减免税，包括全部免征、减半征收、另定减征额等。

7. 违章处理

违章处理是对纳税人发生违反税法行为采取的惩罚措施，它是税收强制性的体现。纳税人必须依法及时、足额缴纳税款，拖欠税款、逾期不交、偷漏税等税收违法行为，会受到相应制裁。违章处理的措施主要有加收滞纳金、罚款、税收保全措施和强制执行措施等。

8. 纳税地点

纳税地点是指纳税人申报缴纳税款的地点。我国现行税制规定的纳税地点大致分为以下几种情况。

（1）固定业户向其机构所在地主管税务机关申报纳税。

（2）固定业户到外县（市）经营的，根据具体情况，或向固定业户所在地申报纳税，或向经营地主管税务机关申报纳税。

（3）非固定业户或临时经营的，向经营地主管税务机关申报纳税。

（4）进口货物向报关地海关申报纳税。

1.2.4 我国现行税法体系

税法体系是指一个国家在一定时期内、一定体制下以法定形式规定的各种税收法律、法规的总和。我国现行税法体系由税收法律、行政法规、规章及地方性税收法规等构成，其内容包括税收实体法体系和税收程序法体系两类。

1. 税收实体法体系

按征税对象不同，我国现行税收实体法体系大致分为以下 5 类。

（1）流转税类，包括增值税、消费税和关税等，主要在生产、流通或者服务业中发挥调节作用。

（2）所得税类，包括企业所得税、个人所得税等，主要在国民收入形成后，对生产经营者的利润和个人的纯收入发挥调节作用。

（3）资源税类，包括资源税、土地增值税和城镇土地使用税等，主要对因开发和自然资源利用差异而形成的级差收入发挥调节作用。

（4）特定目的税类，包括城市维护建设税、车辆购置税、耕地占用税和烟叶税等，主要对特定对象和特定行为发挥调节作用。

（5）财产和行为税类，包括房产税、车船税、印花税和契税等，主要对某些财产和行为发挥调节作用。

上述体系共涉及 18 个税种，其中关税由海关负责征收管理，其他税种由税务机关负责征收管理。除企业所得税、个人所得税是以国家法律的形式发布实施外，其他各税种都是经全国人大授权立法，由国务院以暂行条例的形式发布实施的。

2. 税收程序法体系

除税收实体法外，我国对税收征收管理适用的法律制度，是按不同税收管理机关分别规定的，大致分为以下几类。

（1）由税务机关负责征收的各税种的征收管理，按全国人大常委会发布的《中华人民共和国税收征收管理法》执行。

（2）由海关机关负责征收的各税种的征收管理，按《海关法》及《进出口关税条例》等有关规定执行。

上述税收实体法和税收征收管理的程序法的法律制度构成了我国现行税法体系。

1.3 税务会计概述

关键词

税务会计
法律性
广泛性
独立性

情景 1

税务会计的特点。

财务会计核算的一些具体方法，如存货的计价、减值准备的计提等，北京市昌达股份有限公司根据其生产经营的实际需要适当选择，这体现了税务会计的法律性。

1.3.1 税务会计的概念和特点

1. 税务会计的概念

税务会计是指企业以国家现行税收法律为准绳，以货币为主要计量单位，运用会计学的基本理论和核算方法，连续、系统、全面地对纳税单位税款形成、税款计算、申报和缴纳所引起的资金运动进行核算和监督的一门专业会计。

税务会计是适应社会经济发展的需要，从传统的财务会计中分离出来的。它是介于税收学和会计学之间的一门交叉学科，是融税收法律法规和会计核算于一体的特种专业会计。从本质上讲，税务会计是一种管理活动，该活动要求企业依据会计准则和财务会计制度规定，在处理会计事项后，按税法规定重新确认、计量会计要素，使之达到既能满足纳税需要，又能提供决策有用信息的要求。

2. 税务会计的特点

税务会计作为会计学科的独立分支，其特殊性主要体现在以下几方面。

1）法律性

税务会计的法律性源于税收的强制性、无偿性特征。税务会计必须以现行税法为依据，接受税收法律法规的规范和约束。企业可以根据实际生产经营的需要，适当选择财务会计核算的具体方法，如存货的计价方法、减值准备的计提方法等。但是，当会计准则、财务会计制度的规定与现行税法不一致时，税务会计必须依据现行税法对其进行调整。

2）广泛性

法定纳税人的广泛性决定了税务会计适用范围的广泛性。不论何种性质的组织，也不管隶属于哪个部门或行业，只要被确认为纳税人，在处理涉税事宜时都必须依照税法规定，运用会计核算方法对生产经营活动进行核算和监督，这就使税务会计成为企业财务会计的重要分支，成为各经济组织核算涉税活动的重要手段。

3）统一性

税法的统一性和普遍适用性决定了税务会计的统一性特征。也就是说，同一税种不区分纳税人的经济性质、组织形式、隶属关系以及生产经营形式和内容，对于不同纳税人其规定具有统一性。税收法律的统一性决定了税务会计核算和监督涉税行为的统一性。

4）独立性

与财务会计相比较，税务会计具有相对独立性。因为国家税收法律规范与会计准则、会计制度遵循的原则不同，如现行所得税法中关于税前会计利润与应纳税所得额之间差异调整的规定。税务会计要求完全按照税法规定进行调整和处理，这反映了税务会计核算方法的相对独立性；另外，税务会计只对纳税人在税务活动中表现的经济业务进行全面核算和监督，这反映了税务会计核算内容的相对独立性。

1.3.2 税务会计的目标

税务会计的目标是财务会计目标在税务会计领域的具体表现。由于税务会计的相对独立性，故其目标存在特定性。税务会计提供的会计信息，不仅要满足企业自身经营管理的需要，还要服务于与企业存在密切关系的国家和各级税务机关，以及投资者、债权人等利益相关方。税务会计的目标主要体现在以下三个方面。

1. 满足企业管理者内部经营决策需要

税收是影响企业财务状况、经营成果和现金流量的一个重要因素。企业经营管理者的基本职责是使投资者权益最大化，而纳税则会影响投资者权益。在符合或不违反现行税收法律法规的前提下，减少或推迟纳税，争取税收优惠，是企业经营管理者关注的重要问题。因此，企业经营管理者必须了解税款的形成、计算和解缴情况。而税务会计提供的有关核算资料及专门的税务报表，提供了揭示有关上述情况的会计信息，满足了企业经营管理者经营决策的需要。

2. 满足国家税收管理的需要

会计信息是国家进行税务管理的重要依据。企业应及时向各级税务机关披露税金形成、计算和解缴情况的有关信息，以便税务机关进行稽核和调控。国家和地方各级税务机关除了需要了解税收的征集和上缴情况外，还需要了解税收管辖范围内各纳税人计算缴纳税款的详细情况，以便进行管理、控制和稽查，而上述信息主要由企业税务会计资料提供。

3. 满足其他利益相关方的需要

企业处于一定的社会经济环境中，与其他各利益相关方有着密切联系。税务会计提供的有关纳税信息也要满足其具体需要。例如，投资者需要根据上述信息评价投资风险和报酬情况，以便决定是否进行投资或是否继续持有投资；包括银行在内的债权人需要根据上述信息评价企业的信贷风险，分析其信贷策略的科学性和有效性；企业的客户和供应商需要根据上述信息评价经营风险，决定是否签订经济合同或是否给予商业信用。上述单位或部门虽然首要关注的是自身的盈利情况或求偿可能性，但税款的缴纳直接导致了企业货币资金的外流，即净资产的减少，所以他们也同样关注税款计算和缴纳情况。此外，政府的综合经济职能部门也需要借助税务会计信息了解各个企业和组织上缴税收的详细情况，以适应宏观经济管理和调控的需要。

1.3.3 税务会计与财务会计的区别和联系

1. 税务会计与财务会计的联系

（1）税务会计是从财务会计中分离出来的，运用会计基本原理、方法和程序对涉税事项进行确认、计量、记录、申报、纳税。

（2）税务会计以财务会计为基础，财务会计的基本前提同样也适用于税务会计，如会计分期、货币计量等。

（3）二者相辅相成，相互借鉴，共同承担企业会计重任，税务会计向税务机关报送纳税申报表，财务会计向投资人、债权人等提供财务报表。

2. 税务会计与财务会计的区别

税务会计虽与财务会计存在着紧密联系，但又有区别，主要表现在以下几个方面。

（1）核算基础、处理依据不同。

税务会计依据税收法律法规，遵循收付实现制、应收应付制和权责发生制；财务会计依据企业会计准则等法律法规，遵循权责发生制，二者主要区别在于收入实现的时间和费用可扣减时间不同。

（2）目的不同。

税务会计以税收法律制度为准绳，为国家提供征税服务；财务会计的目的在于满足国家宏观经济管理的要求，满足企业内部管理的需要，满足各利益相关方了解企业财务状况及经营成果的需要。

（3）依据不同。

税务会计以税收法规为依据，需要对财务会计数据作必要的调整；财务会计以会计准则为处理依据。

（4）范围不同。

税务会计按税法规定的要求，有选择地对相关经济业务进行核算，反映的是纳税人履行纳税义务的概况；财务会计要对每一笔经济业务进行记录和核算，反映企业整体财务状况、经营成果和资金流量。

（5）计算损益的程序不同。

财务会计按照以下公式计算损益：

利润总额 = 营业利润 + 营业外收入 − 营业外支出

营业利润 = 营业收入 − 营业成本 − 税金及附加 − 期间费用 − 资产减值损失 + 公允价值变收益 − 公允价值变动损失 + 投资净收益

投资净收益 = 投资收益 − 投资损失

净利润 = 利润总额 − 所得税费用

税务会计按照以下公式计算应纳税所得额：

应纳税所得额 = 利润总额 ± 纳税调整额

项目小结

税务会计基础主要讲述了税收的概念、税收的特点、税收要素、我国现行法律体系、税务会计的概念和特点等内容，从中可以了解税务会计的理论框架，通过税务会计与财务会计的比较，分析两者的异同，是学习税务会计的基础和前提。

项目 2
增值税法律制度

导语

增值税是对销售货物或者提供加工、修理修配劳务以及进口货物的单位和个人就其实现的增值额征收的一个税种。增值税已经成为中国最主要的税种之一。增值税的收入占我国全部税收的60%以上，是最大的税种。

通过本项目，可以学习：

1. 增值税的征税范围；
2. 增值税的税率；
3. 增值税的计算；
4. 增值税会计核算；
5. 增值税的纳税期限。

学习目标

- 理解增值税的概念、征税范围及纳税人
- 掌握增值税的税收优惠
- 掌握增值税的税收征管

应知应会

- 增值税的税率
- 增值税的计算
- 增值税的会计核算

项目地位

增值税是一种流转税，它在我国的税制当中占有非常重要的地位，这有利于企业进行公平竞争，有利于自然资源和劳动力的合理配置，也有利于扩大国际市场，以及使国家获得稳定的财政收入等。

项目导图

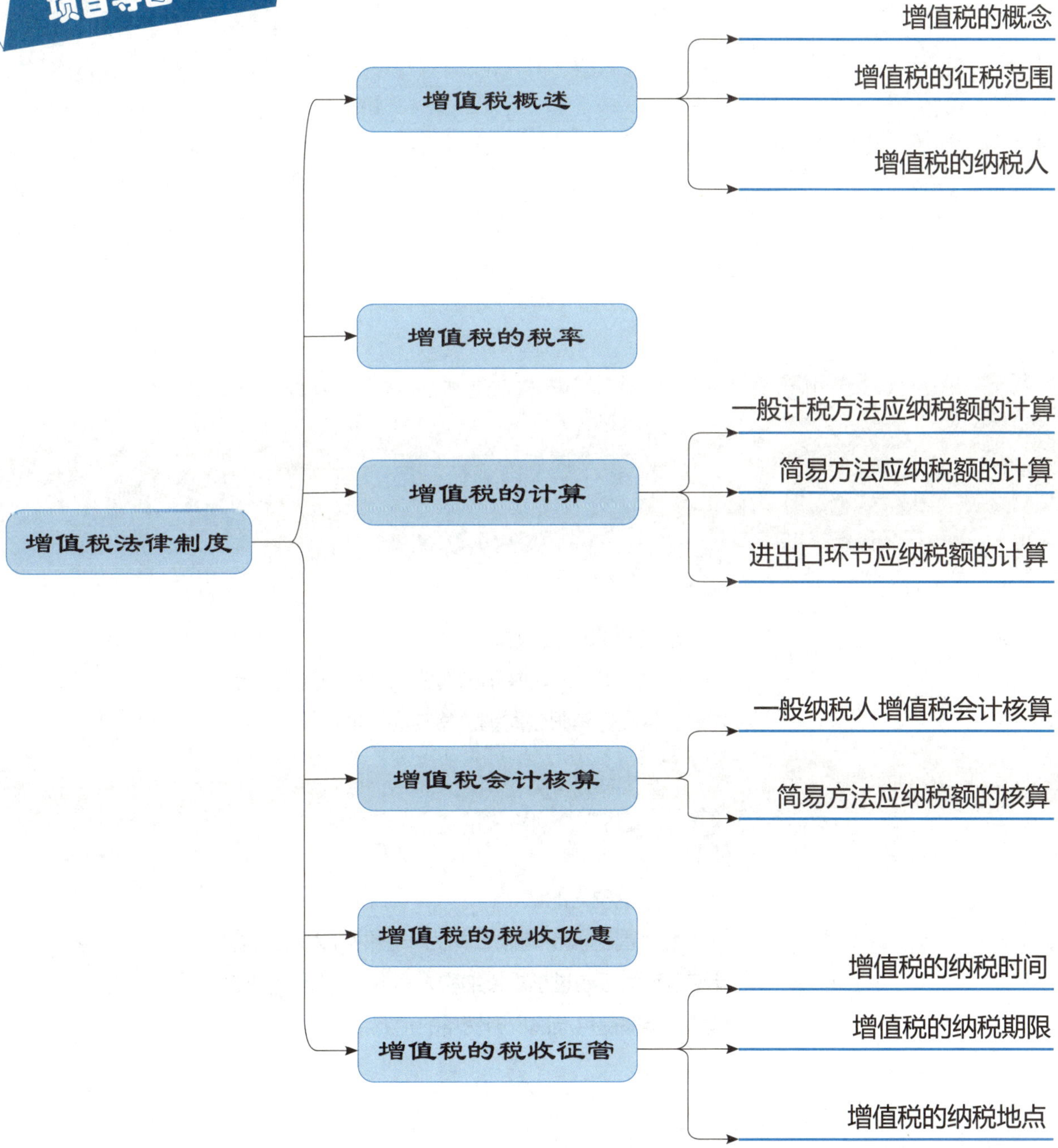

2.1 增值税概述

关键词

增值税
交通运输业
邮政服务业
建筑服务业

情景 1

增值税的征税范围。

根据《中华人民共和国增值税暂行条例》规定，北京昌达股份有限公司销售货物应缴纳增值税。

情景 2

一般纳税人的认定。

北京昌达股份有限公司为一般纳税人，因为其年应税销售额超过小规模纳税人标准，并且会计核算健全，能够提供准确税务资料的企业和企业性单位。

2.1.1 增值税的概念

增值税是对在我国境内销售货物或者提供加工、修理修配劳务以及进口货物的单位和个人，就其销售货物或提供劳务的增值额和货物进口金额为计税依据而课征的一种流转税。

增值税以增值额为课征对象，增值额是商品生产与流通过程中新创造的价值。增值额包括理论增值额、法定增值额与计税增值额三个不同层次的概念。其中，理论增值额是销售商品取得的收入扣除为生产商品所消耗的外购原料、燃料和动力后的余额，是指商品的价值构成；法定增值额由销售收入扣除销售成本组成，相当于边际利润，法定增值额主要用于国民收入的统计和会计核算；计税增值额指的是商品销售收入扣除准予扣除项目金额后的余额。

我国现行增值税的基本规范是 2017 年 11 月 19 日中华人民共和国国务院令第 691 号公布的《中华人民共和国增值税暂行条例》（以下简称《增值税暂行条例》）和 2016 年 3 月 23 日财政部和国家税务总局发布的《关于全面推开营业税改增值税试点的通知》（以下简称《营改增通知》）以及 2008 年 12 月财政部和国家税务总局第 50 号令公布的《中华人民共和国增值税暂行条例实施细则》（以下简称《增值税暂行条例实施细则》）。

除对上文所述单位和个人征收外，增值税的征税范围还包括提供交通运输业、邮电通信业和部分现代服务业的单位和个人。因此，该税具有以下特点。

（1）普遍征收、税基广阔。从增值税的征税范围来看，对从事商品生产经营和劳务提供的所有单位和个人，在商品增值的各个环节向纳税人普遍征收，使增值税能够拥有较其他间接税更为广泛的纳税人。

（2）税收负担可以转嫁。虽然增值税主要向企业或单位征收，但在商品销售时，企业又会以价格的形式将税收负担转嫁给下一生产流通环节，最后由最终消费者承担。

（3）价外计征。增值税实行价税分离，在计税时作为计税依据的销售额中不含增值税税额，这样有利于形成均衡的生产价格，并有利于税负转嫁的实现。这是增值税与传统的以全部流转额为计税依据的税种的一个重要区别。

（4）保持税收中性。根据增值税的计税原理，流转额中的非增值因素在计税时被扣除。因此，对同一商品而言，无论涉及多少流转环节，只要增值额相同，税负就相等，不影响商品的生产结构、组织结构和产品结构。

（5）实行税款抵扣制度。为避免重复征税，在计算企业主应纳税款时，需要扣除商品在以前生产环节已负担的税款。从世界各国来看，一般都实行凭购货发票进行抵扣的方式。

（6）实行比例税率。从当前各国来看，为贯彻征收简便易行原则，增值税制度普遍实行比例税制。由于增值额对不同行业、不同企业乃至不同产品来说性质是一样的，故应采用单一比例税率。但是，有时为了贯彻某些经济社会政策也会对部分行业或产品实行不同的政策。所以，实施增值税的国家一般都规定了基本税率和优惠税率，即低税率。

以计税增值额进行征税的各国，其税法所规定的计税增值额并不相同。例如，对外购固定资产所含增值税，有的国家规定可以一次性扣除，有的国家则规定只能按折旧扣除，有的国家甚至规定不能扣除。由此便形成了不同的计税依据及不同类型的增值税政策。

2.1.2 增值税的征税范围

1. 征税范围的一般规定

《增值税暂行条例》规定，增值税的征税范围是在中华人民共和国境内销售货物或者加工、修理修配劳务（以下简称劳务），销售服务、无形资产、不动产以及进口货物等的单位和个人。具体包括以下内容。

1）销售货物

销售货物是指有偿转让货物的所有权。货物是指有形动产，包括电力、热力、气体在内，不包括无形资产和不动产。境内销售货物是指货物的起运地或者所在地在境内。

2）提供应税劳务

在中国境内销售劳务，是指提供的劳务发生地在境内。

销售劳务，是指有偿提供加工、修理修配劳务。单位或者个体工商户聘用的员工为本单位或者为雇主提供加工、修理修配劳务不包括在内。

加工，是指受托加工货物，即由委托方提供原料及主要材料，受托方按照委托方的要求，制造货物并收取加工费的业务；修理修配，是指受托对损坏和丧失功能的货物进行修复，使其恢复原状和功能的业务。

3）在境内提供应税服务

提供应税服务是指提供交通运输服务、邮政服务、电信服务、建筑服务、金融服务、现代服务、生活服务。

（1）交通运输服务业务。交通运输服务业务是指使用运输工具将货物或者旅客送达目的地，使其空间位置得到转移的业务活动。它包括陆路运输服务、水路运输服务、航空运输服务和管道运输服务。

①陆路运输服务，是指通过陆路（地上或者地下）运送货物或者旅客的运输业务活动，包括铁路运输和其他陆路运输服务。其中铁路运输服务是指通过铁路运送货物或者旅客的运输业务活动。其他陆路运输服务是指铁路运输以外的陆路运输业务活动，包括公路运输、缆车运输、索道运输、地铁运输、城市轻轨运输等。

出租车公司向使用本公司自有出租车的出租车司机收取的管理费用，按陆路运输服务征收增值税。

②水路运输服务，是指通过江、河、湖、川等天然、人工水道或者海洋航道运送货物或者旅客的运输业务活动。

远洋运输的程租业务和期租业务，属于水路运输服务。其中程租业务是指远洋运输企业为租船人完成某一特定航次的运输任务并收取租赁费的业务。期租业务是指远洋运输企业将配备有操作人员的船舶承租给他人使用一定期限，承租期内听候承租方调遣，不论是否经营，均按日向承租方收取租赁费，发生的固定费用由船东负担的业务。

③航空运输服务，是指通过空中航线运送货物或者旅客的运输业务活动。

航空运输的湿租业务属于航空运输服务。湿租业务是指航空运输企业将配备有机组人员的飞机承租给他人使用一定期限，承租期内听候承租方调遣，不论是否经营，均按一定标准向承租方收取租赁费，发生的固定费用由承租方承担的业务。

航天运输服务，是指利用火箭等载体将卫星、空间探测器等空间飞行器发射到空间轨道的业务活动，其按照航空运输服务征收增值税。

④管道运输服务是指通过管道设施输送液体、固体、气体物质的运输业务活动。

⑤自 2018 年 1 月 1 日起，纳税人已售票但客户逾期未消费而取得的运输逾期票证收入，按照“交通运输服务”缴纳增值税。

（2）邮政服务业务。邮政服务业务是指中国邮政集团公司及其所属邮政企业提供邮件寄递、邮政汇兑、机要通信和邮政代理等邮政基本服务的业务活动。包括邮政普遍服务、邮政特殊服务和其他邮政服务。

①邮政普遍服务，是指函件、包裹等邮件寄递，以及邮票发行、报刊发行和邮政汇兑等业务活动。函件，是指信函、印刷品、邮资封片卡、无名址函件和邮政小包等。包裹是指按照封装上的名址递送给特定个人或者单位的独立封装的物品，其重量不超过 50 千克，任何一边的尺寸不超过 150 厘米，长、宽、高合计不超过 300 厘米。

②邮政特殊服务，是指义务兵平常信函、机要通信、盲人读物和革命烈士遗物的寄递等业务活动。

③其他邮政服务，是指邮册等邮品销售、邮政代理等业务活动。

中国邮政速递物流股份有限公司及其子公司（含各级分支机构），不属于中国邮政集团公司所属邮政企业。

（3）电信服务业务。电信服务业务是指利用有线、无线的电磁系统或者光电系统等各种通信网络资源，提供语音通话服务，传送、发射、接收或者应用图像、短信等电子数据和信息的业务活动。包括基础电信服务和增值电信服务。

①基础电信服务是指利用固网、移动网、卫星、互联网，提供语音通话服务的业务活动，以及出租或者出售带宽、波长等网络元素的业务活动。

②增值电信服务是指利用固网、移动网、卫星、互联网、有线电视网络，提供短信和彩信服务、电子数据和信息的传输及应用服务、互联网接入服务等业务活动。卫星电视信号落地转接服务，按照增值电信服务计算缴纳增值税。

（4）建筑服务业务。建筑服务业务是指各类建筑物、构筑物及其附属设施的建造、修缮、装饰，线路、管道、设备、设施等的安装以及其他工程作业的业务活动。包括工程服务、安装服务、修缮服务、装饰服务和其他建筑服务。

①工程服务。工程服务是指新建、改建各种建筑物、构筑物的工程作业，包括与建筑物相连的各种设备或者支柱、操作平台的安装及装设工程作业，以及各种窑炉和金属结构工程作业。

②安装服务。安装服务是指生产设备、动力设备、起重设备、运输设备、传动设备、医疗实验设备以及其他各种设备、设施的装配、安置工程作业，包括与被安装设备相连的工作台、梯子、栏杆的装设工程作业，以及被安装设备的绝缘、防腐、保温、油漆等工程作业。

固定电话、有线电视、宽带、水、电、燃气、暖气等经营者向用户收取的安装费、初装费、开户费、扩容费以及类似收费，按照安装服务缴纳增值税。

③修缮服务。修缮服务是指对建筑物、构筑物进行修补、加固、养护、改善，使之恢复原来的使用价值或者延长其使用期限的工程作业。

④装饰服务。装饰服务是指对建筑物、构筑物进行修饰装修，使之美观或者具有特定用途的工程作业。

⑤其他建筑服务。其他建筑服务是指上列工程作业之外的各种工程作业服务，如钻井（打井）、拆除建筑物或者构筑物、平整土地、园林绿化、疏浚（不包括航道疏浚）、建筑物平移、搭脚手架、爆破、矿山穿孔、表面附着物（包括岩层、土层、沙层等）剥离和清理等工程作业。

（5）金融服务业务。金融服务业务是指经营金融保险的业务活动，包括贷款服务、直接收费金融服务、保险服务和金融商品转让。

①贷款服务。贷款服务是指将资金贷予他人使用而取得利息收入的业务活动。

②直接收费金融服务。直接收费金融服务是指为货币资金融通及其他金融业务提供相关服务并且收取费用的业务活动。包括提供货币兑换、账户管理、电子银行、信用卡、信用证、财务担保、资产管理、信托管理、基金管理、金融交易场所（平台）管理、资金结算、资金清算、金融支付等服务。

③保险服务。保险服务是指投保人根据合同约定，向保险人支付保险费，保险人对于合同约定的可能发生的事故因其发生所造成的财产损失承担赔偿责任，或者当被保险人死亡、伤残、疾病或者达到合同约定的年龄、期限等条件时承担给付保险金责任的商业保险行为，包括人身保险服务和财产保险服务。

④金融商品转让。金融商品转让是指转让外汇、有价证券、非货物期货和其他金融商品所有权的业务活动。其他金融商品所有权转让包括基金、信托、理财产品等各类资产管理产品和各种金融衍生品的转让。

（6）现代服务业务是指围绕制造业、文化产业、现代物流产业等提供技术性、知识性服务的业务活动。包括研发和技术服务、信息技术服务、文化创意服务、物流辅助服务、租赁服务、鉴证咨询服务、广播影视服务、商务辅助服务、其他现代服务等。

①研发和技术服务包括研发服务、技术转让服务、技术咨询服务、合同能源管理服务、工程勘察勘探服务。

②信息技术服务是指利用计算机、通信网络等技术对信息进行生产、收集、处理、加工、存储、运输、检索和利用，并提供信息服务的业务活动，包括软件服务、电路设计及测试服务、信息系统服务和业务流程管理服务。

③文化创意服务包括设计服务、商标和著作权转让服务、知识产权服务、广告服务和会议展览服务。

④物流辅助服务包括航空服务、港口码头服务、货运客运场站服务、打捞救助服务、货物运输代理服务、代理报关服务、仓储服务、装卸搬运服务和收派服务。

⑤租赁服务，包括融资租赁服务和经营性租赁服务。水路运输的光租业务、航空运输的干租业务均属于经营性租赁。其中光租业务是指运输企业将船舶在约定的时间内出租给他人使用，不配备操作人员，不承担运输过程中发生的各项费用，只收取固定租赁费的业务活动。干租业务是指航空运输企业将飞机在约定的时间内出租给他人使用，不配备机组人员，不承担运输过程中发生的各项费用，只收取固定租赁费的业务活动。

⑥鉴证咨询服务，包括认证服务、鉴证服务和咨询服务。其中认证服务是指具有专业资质的单位利用检测、检验、计量等技术，证明产品、服务、管理体系符合相关技术规范、相关技术规范的强制性要求或者标准的业务活动。鉴证服务是指具有专业资质的单位受托对相关事项进行鉴证，发表具有证明力意见的业务活动，包括会计鉴证、税务鉴证、法律鉴证、职业技能鉴定、工程造价鉴证、工程监理、资产评估、环境评估、房地产土地评估、建筑图纸审核、医疗事故鉴定等。咨询服务是指提供信息、建议、策划、顾问等服务的活动，包括金融、软件、技术、财务、税收、法律、内部管理、业务运作、流程管理、健康等方面的咨询。翻译服务和市场调查服务按照咨询服务缴纳增值税。

⑦广播影视服务包括广播影视节目（作品）的制作服务、发行服务和播映（含放映）服务。

⑧商务辅助服务，包括企业管理服务、经纪代理服务、人力资源服务、安全保护服务。

⑨其他现代服务，是指除研发和技术服务、信息技术服务、文化创意服务、物流辅助服务、租赁服务、鉴证咨询服务、广播影视服务和商务辅助服务以外的现代服务。

（7）生活服务。生活服务是指为满足城乡居民日常生活需求提供的各类服务活动。包括文化体育服务、教育医疗服务、旅游娱乐服务、餐饮住宿服务、居民日常服务和其他生活服务。

①文化服务是指为满足社会公众文化生活需求提供的各种服务。包括文艺创作、文艺表演、文化比赛，图书馆的图书和资料借阅，档案馆的档案管理，文物及非物质遗产保护，组织举办宗教活动、科技活动、文化活动，提供游览场所等。体育服务是指组织举办体育比赛、体育表演、体育活动，以及提供体育训练、体育指导、体育管理的业务活动。

②教育服务是指提供学历教育服务、非学历教育服务、教育辅助服务的业务活动。学历教育服务是指根据教育行政管理部门确定或者认可的招生和教学计划组织教学，并颁发相应学历证书的业务活动，包括初等教育、初级中等教育、高级中等教育、高等教育等；非学历教育服务包括学前教育，各类培训、演讲、讲座、报告会等；教育辅助服务包括教育测评、考试、招生等服务。医疗服务是指提供医学检查、诊断、治疗、康复、预防、保健、接生、计划生育、防疫服务等方面的服务，以及与这些服务有关的提供药品、医用材料器具、救护车、病房住宿和伙食的业务。

③旅游服务是指根据旅游者要求，组织安排交通、游览、住宿、餐饮、购物、文娱、商务等服务的业务活动。娱乐服务是指为娱乐活动同时提供场所和服务的业务，具体包括歌厅、舞厅、夜总会、酒吧、台球厅、高尔夫球场、保龄球馆、游艺（包括射击、狩猎、跑马、游戏机、蹦极、卡丁车、热气球、动力伞、射箭、飞镖）。

④餐饮服务是指通过同时提供饮食和饮食场所的方式为消费者提供饮食消费服务的业务活动。住宿服务是指提供住宿场所及配套服务等的活动，包括宾馆、旅馆、旅社、度假村和其他经营性住宿场所提供的住宿服务。

⑤居民日常服务是指主要为满足居民个人及其家庭日常生活需求提供的服务，包括市容市政管理、家政、婚庆、养老、殡葬、照料和护理、救助救济、美容美发、按摩、桑拿、氧吧、足疗、沐浴、洗染、摄影扩印等服务。

⑥其他生活服务是指除文化体育服务、教育医疗服务、旅游娱乐服务、餐饮住宿服务和居民日常服务之外的生活服务。

4）进口货物

凡报关进口的应税货物，无论进口后是自用还是销售，均应在进口环节征收增值税（享受税收优惠政策的货物除外)。

5）销售无形资产

销售无形资产是指有偿转让无形资产，是转让无形资产所有权或者使用权的业务活动。无形资产是指不具实物形态，但能带来经济利益的资产，包括技术、商标、著作权、商誉、自然资源使用权和其他权益性无形资产。其中技术包括专利技术和非专利技术；自然资源使用权包括本地使用权、海域使用权、探矿权、采矿权、取水权以及其他自然资源使用权；其他权益性无形资产包括基础设施资产经营权、公共事业特许权、配额、经营权（包括特许经营权、连锁经营权、其他经营权)、经销权、分销权、代理权、会员权、席位权、网络游戏虚拟道具、域名、名称权、肖像权、冠名权、转会费等。

6）销售不动产

销售不动产是指有偿转让不动产，是转让不动产所有权的业务活动。有偿是指取得货币、货物或者其他经济利益；不动产是指不能移动或者移动后会引起性质、形状改变的财产，包括建筑物、构筑物等。其中建筑物包括住宅、商业营业用房、办公楼等可供居住、工作或者进行其他活动的建造物；构筑物包括道路、桥梁、隧道、水坝等建造物。

转让建筑物有限产权或者永久使用权的，转让在建建筑物或者构筑物所有权的，以及在转让建筑物或者构筑物时一并转让其所占土地使用权的，按照销售不动产缴纳增值税。

2. 增值税征税范围的特殊规定

1）增值税视同销售行为

视同销售行为是指作为业务本身不是销售，但按照税法规定应当视同销售计征增值税的行为。我国增值税法规规定，单位和个人的下列行为应视同销售货物计征增值税：

（1）将货物交付其他单位或个人代销；

（2）销售代销货物；

（3）设有两个以上机构并实行统一核算的纳税人，将货物从一个机构移送至其他机构用于销售，但相关机构设在同一县（市）的除外；

（4）将自产或委托加工的货物用于非增值税应税项目；

（5）将自产或委托加工的货物用于集体福利或个人消费；

（6）将自产、委托加工或购买的货物作为投资提供给其他单位或个体工商户；

（7）将自产、委托加工或购买的货物分配给股东或投资者；

（8）将自产、委托加工或购买的货物赠予其他单位或个人；

（9）向其他单位或者个人无偿提供交通运输业、邮政业、电信业和部分现代服务业服务，但以公益活动为目的或者以社会公众为对象的除外。

上述 9 种行为应该确定为视同销售行为，均要征收增值税。上述视同销售行为的确定存在三个方面原因：一是保证增值税税款抵扣制度的实施，不致因发生上述行为而造成各相关环节税款抵扣链条的中断，如前两种情况就是这种原因。如果不将其视同销售就会出现销售代销货物方仅有销项税额而无进项税额，而委托方仅有进项税额而无销项税额的情况，导致增值税抵扣链条不完整。二是避免因发生上述行为而造成货物销售税收负担不平衡的矛盾，防止因上述行为而逃避纳税。三是体现增值税计算的配比原则。即购进货物已经在购进环节实施了进项税额抵扣，这些购进货物应该产生相应的销售额，进而形成相应的销项税额，否则就会产生不配比情形，如上述（4）~（8）的几种情况就属于此种原因。

2）混合销售行为

一项销售行为如果既涉及货物又涉及服务，就属于混合销售。从事货物生产、批发或零售的单位和个体工商户的混合销售行为，按照销售货物缴纳增值税；其他单位和个体工商户的混合销售行为，按照销售服务缴纳增值税。

上述从事货物生产、批发或零售的单位和个体工商户，包括以从事货物生产、批发或零售为主，并兼营销售服务的单位和个体工商户在内。

混合销售行为成立的标准有两点：一是必须是一项销售行为；二是该行为必须既涉及货物销售又涉及服务销售。

在确定混合销售是否成立时，其行为标准中的上述两点必须是同时存在的，如果一项销售行为只涉及销售服务，不涉及货物，该行为就不是混合销售行为；反之，如果涉及销售服务和涉及货物的行为不是存在于一项销售行为中，也不是混合销售行为。

3）兼营行为

兼营行为是指增值税纳税人在销售货物和提供应税劳务过程中，还兼营非增值税应税货物或劳务的行为。纳税人兼营非增值税应税项目的，应分别核算货物或应税劳务的销售额和非增值税应税项目的营业额；未分别核算的，由主管税务机关核定货物或者应税劳务的销售额。

3. 增值税征税范围的特殊项目

（1）货物期货（包括商品期货和贵金属期货），在期货实物交割环节纳税；

（2）银行销售金银业务；

（3）集邮商品的生产、销售以及邮政部门以外的其他单位和个人销售集邮商品。

2.1.3 增值税的纳税人

根据《增值税暂行条例》和《增值税暂行条例实施细则》的规定，凡是在我国境内销售货物或加工、修理修配劳务（以下简称劳务），销售服务、无形资产、不动产以及进口货物的单位和个人，都是增值税的纳税义务人。这里的“单位”是指企业、行政单位、事业单位、军事单位、社会团体及其他单位；“个人”是指个体工商户和其他个人，包括中国公民和外国公民。

单位租赁或者承包给其他单位或者个人经营的，以承租人或者承包人为纳税人。

为加强税收征收管理，税法按经营规模及会计核算的健全程度，将增值税纳税人分为一般纳税人和小规模纳税人。对一般纳税人实行凭票扣税的计税方法（也称抵扣制）；对小规模纳税人实行按销售额和征收率简易计税的征收管理办法。

1. 小规模纳税人的认定及管理

小规模纳税人是指年销售额在规定标准以下，并且会计核算不健全，不能按规定报送有关税务资料的增值税纳税人。

小规模纳税人的具体认定标准为年应征增值税销售额人民币在 500 万元及以下的纳税人。

已登记为增值税一般纳税人的单位和个人，转登记日前连续 12 个月（以 1 个月为 1 个纳税期）或者连续 4 个季度（以 1 个季度为 1 个纳税期）累计销售额未超过 500 万元的，在本年度 12 月 31 日前，可选择转登记为小规模纳税人。

转登记纳税人按规定再次登记为一般纳税人后，不得再转登记为小规模纳税人。

2. 一般纳税人的认定及管理

一般纳税人是指年应税销售额超过小规模纳税人标准，并且会计核算健全，能够准确提供税务资料的企业和企业性单位。根据规定，一般纳税人的认定范围如下。

（1）年应税销售额超过小规模纳税人标准的，除另有规定外，应当向主管税务机关申请一般纳税人资格认定。

（2）年应税销售额未超过小规模纳税人标准，以及新开业的纳税人，有固定的生产经营场所，能够按照国家统一的会计制度规定设置账簿，经过核实能够准确提供税务资料的，可以向主管税务机关申请一般纳税人资格认定。

（3）对从事成品油销售的加油站，无论其年应税销售额是否达到一般纳税人标准，一律按一般纳税人计税。

（4）一般纳税人总分支机构不在同一县（市）的，应分别向其机构所在地主管税务机关申请办理一般纳税人认定手续。统一核算的总机构年应税销售额超过小规模纳税人标准，但分支机构是商业企业以外的其他企业，且年应税销售额未超过小规模纳税人认定标准的，其分支机构也可以被认定为一般纳税人。

3. 增值税扣缴义务人

中华人民共和国境外（以下简称境外）单位或个人在境内提供应税劳务，在境内未设有经营机构的，其应纳税款以境内代理人为扣缴义务人；在境内没有代理人的，以购买人为增值税扣缴义务人。

单位或者个人在境内销售服务、无形资产或者不动产，在境内未设有经营机构的，以购买人为增值税扣缴义务人。

在中华人民共和国境内（以下简称境内）销售货物或提供加工、修理修配劳务是指销售货物的起运地或所在地在境内；提供的应税劳务发生地在境内。

在境内销售服务、无形资产或者不动产，包括下列情形。

（1）服务（租赁不动产除外）或者无形资产（自然资源使用权除外）的销售方或者购买方在境内。

（2）所销售或者租赁的不动产在境内。

（3）销售自然资源使用权中涉及的自然资源在境内。

（4）财政部和国家税务总局规定的其他情形。

2.2 增值税的税率

关键词

低税率
零税率
征收率
小规模纳税人
一般纳税人

情景

增值税的税率。

北京昌达股份有限公司销售一批货物，增值税适用税率为 13%。

为适应市场经济发展的要求，增值税税率的设计遵循了中性和简便的原则，现行增值税使用了税率和按简易办法计税的征收率。

1. 税率

1）基本税率

一般纳税人销售或进口货物，提供加工、修理修配劳务，除有特殊规定外，增值税适用税率一律为 13%。

2）低税率

（1）一般纳税人销售或者进口下列货物，税率为 9%。

①粮食等农产品、食用植物油、食用盐。

②自来水、暖气、冷气、热水、煤气、石油液化气、天然气、二甲醚、沼气、居民用煤炭制品。

③图书、报纸、杂志、音像制品、电子出版物。

④饲料、化肥、农药、农机、农膜。

⑤国务院规定的其他货物。

（2）一般纳税人提供交通运输、邮政、基础电信、建筑、不动产租赁服务，销售不动产，转让土地使用权，税率为 9%。

（3）一般纳税人提供增值电信、金融、现代服务（除有形动产租赁服务和不动产租赁服务外）、生活服务，销售无形资产（除转让土地使用权外），税率为 6%。

3）零税率

出口货物和发生的跨境应税行为，税率为零。其中出口货物（国务院另有规定的除外）包括报关出境货物和输往海关管理的保税工厂、保税仓库和保税区的货物。跨境应税行为指：①国际运输服务；②航天运输服务；③向境外单位提供的完全在境外消费的下列服务：研发服务；合同能源管理服务；设计服务；广播影视节目（作品）的制作和发行服务；软件服务；电路设计及测试服务；信息系统服务；业务流程管理服务；离岸服务；外包业务服务；转让技术服务以及国务院规定的其他服务。

2. 征收率

1）小规模纳税人

小规模纳税人销售货物或提供应税劳务、应税服务的征收率为 3%；小规模纳税人销售自己使用过的固定资产，减按 2% 征收率征收增值税；销售旧货，按照简易办法依照 3% 征收率减按 2% 征收增值税。

2）一般纳税人

（1）3% 征收率。

一般纳税人销售自产的下列货物，可选择按简易办法依 3% 征收率计征增值税。

销售自产的以微生物、微生物代谢产物、动物毒素、人或动物血液或组织制成的生物制品；寄售商店代销寄售物品（包括居民个人寄售的物品在内）；典当业销售死当物品；销售自产的县级及县级以下小型水力发电单位生产的电力；销售自产的自来水；销售自产的建筑用和生产建筑材料所用的砂、土、石料；销售自产的以自己采掘的砂、土、石料或其他矿物连续生产的砖、瓦、石灰（不含黏土实心砖、瓦）；销售自产的商品混凝土（仅限于以水泥为原料生产的水泥混凝土）；单采血浆站销售非临床用人体血液；药品经营企业销售生物制品，兽用药品经营企业销售兽用生物制品；另外，提供物业管理服务的纳税人，向服务接受方收取的自来水水费，以扣除其对外支付的自来水水费后的余额为销售额，按照简易计税方法依 3% 的征收率计算缴纳增值税。

上述几项为销售货物，以下几项为销售服务。

经认定的动漫企业为开发动漫产品提供的服务，以及在境内转让动漫版权；提供城市电影放映服务；公路经营企业收取试点前开工的高速公路的车辆通行费；提供非学历教育服务；提供教育辅助服务；公共交通运输服务，包括轮客渡、公交客运、地铁、城市轻轨、出租车、长途客运、班车；电影放映服务、仓储服务、装卸搬运服务、收派服务和文化体育服务（含纳税人在游览场所经营索道、摆渡车、电瓶车、游船等取得的收入）；以纳入营改增试点之日前取得的有形动产为标的物提供的经营租赁服务；纳入营改增试点之日前签订的尚未执行完毕的有形动产租赁合同；以清包工方式或者甲供工程提供的、为建筑工程老项目提供的建筑服务；建筑工程总承包单位为房屋建筑的地基与基础、主体结构提供工程服务，建设单位自行采购全部或部分钢材、混凝土、砌体材料、预制件的，适用简易计税方法计税；一般纳税人销售电梯的同时提供安装服务，其安装服务可以按照甲供工程选择适用简易计税方法计税；中国农业发展银行总行及其各分支机构提供涉农贷款取得的利息收入；农村信用社、村镇银行、农村资金互助社、由银行业机构全资发起设立的贷款公司、法人机构在县（县级市、区、旗）及县以下地区的农村合作银行和农村商业银行提供金融服务收入；对中国农业银行纳入“三农金融事业部”改革试点的各省、自治区、直辖市、计划单列市分行下辖的县域支行和新疆生产建设兵团分行下辖的县域支行（也称县事业部），提供农户贷款、农村企业和农村各类组织贷款取得的利息收入；资管产品管理人运营资管产品过程中发生的增值税应税行为，非企业性单位中的一般纳税人提供的研发和技术服务、信息技术服务、鉴证咨询服务，以及销售技术、著作权等无形资产；非企业性单位中的一般纳税人提供技术转让、技术开发和与之相关的技术咨询、技术服务。

（2）3% 征收率减按 2% 征收。

① 2008 年 12 月 31 日以前未纳入扩大增值税抵扣范围试点的纳税人，销售自己使用过的 2008 年 12 月 31 日以前购进或者自制固定资产的。

② 2008 年 12 月 31 日以前已纳入扩大增值税抵扣范围试点的纳税人，销售自己使用过的在本地区扩大增值税抵扣范围试点以前购进或者自制固定资产的。

③销售自己使用过的属于《增值税暂行条例》第十条规定不得抵扣且未抵扣进项税额的固定资产的。

④纳税人购进或者自制固定资产时为小规模纳税人，认定为一般纳税人后销售该固定资产的。

⑤一般纳税人销售自己使用过的、纳入营改增试点之日前取得的固定资产的。

以上销售自己使用过的固定资产，适用简易办法依照 3% 征收率减按 2% 征收增值税政策的，可以放弃减税，按照简易办法依照 3% 征收率缴纳增值税，并可以开具增值税专用发票。

⑥纳税人销售旧货的。

3. 增值税税率的特殊规定

（1）兼有不同税率的应税销售行为，从高适用税率。

（2）兼有不同征收率的应税销售行为，从高适用征收率。

（3）兼有不同税率和征收率的应税销售行为，从高适用税率。

（4）纳税人销售活动板房、机器设备、钢结构件等自产货物并同时提供建筑、安装服务，不属于《营改增通知》第四十条规定的混合销售，应分别核算货物和建筑服务的销售额，分别适用不同的税率或者征收率。

2.3 增值税的计算

关键词

组成计税价格
计税销售额
现金折扣
销售折扣

情景 1

视同销售行为销售额的确定。

北京昌达股份有限公司为增值税一般纳税人，2021年5月专门为本厂职工特制一批服装并免费分发给职工。账务资料显示该批服装的生产成本为385 000元。

情景 2

进口环节应纳税额的计算。

金城外贸公司2021年6月10日从法国进口服装一批，到岸价格70 000美元，关税税率为30%，货款已用先前购入的外汇支付。当日美元与人民币外汇牌价为1 ：6.15。

2.3.1 一般计税方法应纳税额的计算

1. 销项税额的计算

销项税额是指纳税人销售货物或提供应税劳务，按照销售额或应税劳务营业额和规定的税率计算，向购买方收取的增值税额。计算公式为：

销项税额 = 销售额 × 增值税税率

公式中的销售额为不含增值税的销售额。实际业务中，不含税销售额须按下列公式换算：

不含税销售额 = 含税销售额 ÷（1+ 增值税税率）

1）一般销售方式下销售额的确定

一般销售（或视同销售）方式下的销售额，是指纳税人销售货物或者提供应税劳务向购买方（承受应税劳务也视为购买方）收取的全部价款和价外费用，但不包括收取的销项税额。

所谓价外费用，是指随同货物销售价外向购买方收取的手续费、补贴、基金、集资费、返还利润、奖励费、违约金、滞纳金、延期付款利息、赔偿金、包装费、包装物租金、储备费、优质费、运输装卸费、代收款项、代垫款项及其他各种性质的价外收费。凡随同销售货物、劳务或提供应税服务向购买方收取的价外费用，无论其会计如何核算，均应并入销售额计算应纳税额，但下列项目不能认定为价外费用。

（1）受托加工应征消费税的消费品代收代缴的消费税。

（2）以委托方名义开具发票代其收取的款项。

（3）同时符合以下条件的代为收取的政府性基金或行政事业性收费：由国务院或财政部批准设立的政府性基金；由国务院或省级人民政府及其财政、价格主管部门批准设立的行政事业性收费；收取时开具省级以上财政部门印制的财政票据的；所收款项全额上缴财政的。

（4）销售货物同时代办保险等而向购买方收取的保险费，以及向购买方收取的代购买方缴纳的车辆购置税、车辆牌照费。

【例 2-1】万盛商场为增值税一般纳税人，本月向个人消费者销售空调 40 台，收取货款 119 000 元，另收取安装费 5 680 元，全部开具普通发票。计算该商场销售空调业务的增值税。

商场销售空调开具普通发票，其货款为含税价，收取的安装费为价外费用，视同含税收入。

销项税额 =（119 000+5 680）÷（1+13%）×13%=14 344（元）

2）特殊销售方式下销售额的确定

在销售活动中，纳税人为提高销售额会采用多种销售方式。由于销售方式不同，纳税人销售额的确定方式也会有所不同。

（1）视同销售行为销售额的确定。

增值税法规规定：发生视同销售行为而无销售额的，税务机关有权按下列顺序确定销售额：

①按纳税人最近时期同类货物的平均销售价格确定；

②按其他纳税人最近时期同类货物的平均销售价格确定；

③按组成计税价格确定。其计算公式为：

组成计税价格 = 成本 + 利润 + 消费税

或

组成计税价格 = 成本 ×（1+ 成本利润率）+ 消费税

公式中，“成本”的核算存在以下两种情况：销售自产货物的，为实际生产成本；销售外购货物的，为实际采购成本。公式中的“成本利润率”，由国家税务总局确定，除特殊规定外，一律按 10% 计算。

纳税人销售货物或提供应税劳务的价格明显偏低且无正当理由的，税务机关有权按上述视同销售行为同样的方法核定销售额。

【例 2-2】北京昌达股份有限公司为增值税一般纳税人，2021 年 5 月专门为本厂职工特制一批服装并免费分发给职工。账务资料显示该批服装的生产成本为 385 000 元。请计算相关税额。

根据增值税法规规定，企业将自产货物用于职工福利的应视同销售计征增值税，无同类产品销售额或价格明显偏低的，应按组成计税价格计税。

销项税额 =385 000 ×（1+10%）× 13%=55 055（元）

（2）包装物押金的处理。纳税人为销售货物出租、出借包装物收取的押金单独记账核算的，时间在一年以内又未过期的，不并入销售额征税。但对因逾期未收回包装物不再退还的押金，应按所包装货物的适用税率计算销项税额。“逾期”是指按合同约定实际逾期或以 1 年为期限，对收取 1 年以上的押金，无论是否退还均并入销售额征税。

对销售除啤酒、黄酒外的其他酒类产品而收取的包装物押金，无论是否返还以及会计上如何核算，均应在收取押金当期计征增值税。

【例 2-3】万通商贸公司为增值税一般纳税人，本月销售一批白酒给小规模纳税人，开具普通发票注明的价款为 55 250 元，同时收取包装物押金 3 090 元，约定 6 个月后返还；销售一批啤酒给某商场，开具增值税专用发票注明的价款为 35 000 元，同时收取包装物押金 1 500 元，约定 3 个月后返还。请计算该商贸公司本月的计税销售额和增值税销项税额。

因销售白酒收取的包装物押金，收取时即并入销售额征税；因销售啤酒收取的包装物押金，收取时不并入销售额征税，待逾期时征税。

销售白酒的销售额 =（55 250+3 090）÷（1+13%）=51 628（元）

销售啤酒的销售额 =35 000（元）

计税销售额 =51 628+35 000=86 628（元）

增值税销项税额 =86 628 × 13%=11 262（元）

（3）折扣方式销售额的确定。折扣销售也称商业折扣，是指销货方在销售货物时，因购买方购货数量较大或其他原因而给予购货方的价格优惠。如购买 100 件，可享受销售价格 5% 的折扣；购买 200 件，可享受销售价格 10% 的折扣。增值税法规规定：只要销售额和折扣额在同一张发票上分别注明，就可按扣除折扣后的余额作为计税销售额计算增值税；但如果将折扣额另开发票，则无论财务上如何处理，计算增值税时其折扣额均不得从销售额中减除。

另外，上述折扣销售仅限于价格折扣，如果销货方将自产、委托加工和购买的货物采取“买就送”等方式实现实物折扣的，对所送货物的价款一律不得从销售额中减除，实物折扣应按视同销售行为中“无偿赠送”的规定计算增值税。

现金折扣也称销售折扣，是指销货方在销售货物或提供应税劳务时，为鼓励购货方及早付款，以协议的形式给予购货方的一种折扣。如 10 天内付款，优惠 2%；20 天内付款，优惠 1%；超过 20 天付款不优惠。现金折扣是企业的一种融资行为，折扣额不得从销售额中减除。

销售折扣不同于销售折让。销售折让是指企业因售出商品的质量不合格而在售价上给予的减让。对增值税而言，销售折让是指纳税人发生应税销售行为后因为劳动成果质量不合格而在售价上给予的减让。二者相比，都是在应税销售行为后发生的，但销售折让是由于应税销售行为的品种和质量引起的销售额减少。因此，存在销售折让情形的，以折让后的货款为销售额。

税法对于折扣销售、销售折扣与销售折让的增值税税务处理规定是不同的，如表 2-1 所示。

表 2-1 折扣销售、销售折扣与销售折让

折扣方式	折扣目的	税务处理
折扣销售（商业折扣）	为促销和购买数量大等原因而给予的价格优惠。该折扣于销售实现时发生并确定	只要开具的票据符合要求，折扣额可以从销售额中扣除
现金折扣（销售折扣）	为鼓励购买方及早偿还贷款而给予的金额优惠。该折扣只有在收到货款时才能确定	折扣额不得从销售额中扣除
销售折让	为保证商业信誉，对已售商品存在质量、品种不符合要求的现象给予购买方的金额补偿	折让额可以从折让当期销售额中扣除

【例 2-4】金硕为增值税一般纳税人，2021 年 5 月 12 日批发销售给大阳公司电脑 300 台，每台标价（不含税）3 900 元，由于购买数量较大，给予购买方七折优惠，并将折扣额与销售额开在同一张专用发票上。同时约定付款条件为“2/10，1/20，n/30”。当月 20 日收到大阳公司支付的全部货款。计算商场上述销售业务应申报的增值税销项税额。

商场采取的是“折扣销售”与“现金折扣”相结合的促销方式。其中：七折优惠属于折扣销售，并且折扣额与销售额开在同一张发票上，按折扣后的金额计税；约定“2/10，1/20，n/30”的付款条件属于现金折扣，按折扣前的金额计税。

销项税额 =300 × 3 900 × 70% × 13%=106 470（元）

（4）以旧换新销售额的确定。以旧换新是指纳税人在销售新货物的同时有偿收回旧货物的行为。增值税法规规定：除金银首饰外的货物以旧换新销售，应按新货物的同期销售价格确定销售额，不得扣减旧货物的收购价格。但对金银首饰以旧换新业务，可扣除旧金银首饰的回收价格，即按销售方实际收取的不含增值税的全部价款征收增值税。

【例 2-5】翡翠电器商场系增值税一般纳税人，2021 年 7 月采取“以旧换新”方式销售家用电器商品，共取得现金收入 9 460 000 元，旧货抵价金额为 2 540 000 元，上述价款均为含税价。请计算上述业务应申报的增值税销项税额。

增值税法规规定，商品销售以旧换新业务增值税的计税依据为货物的全新销售价格。

全新货物不含税销售额 =（9 460 000+2 540 000）÷（1+13%）=10 619 469（元）

销项税额 =10 619 469 × 13%=1 380 531（元）

（5）还本销售销售额的确定。还本销售是指纳税人销售货物后，按一定期限由销售方一次或分次退还给购货方全部或部分货款的销售方式。增值税法规规定，采取还本销售方式销售货物的，以所售货物的销售价格核定销售额，不得扣除还本支出。

【例 2-6】美凯家具生产厂与某商场签订家具购销合同，双方约定商场购入家具 5 套，每套含税价为 23 000 元，商场在购货时一次付清全部货款，工厂在货物销售后的 6 个月全部返还货款。请问上述业务申报的增值税销项税额是多少？

增值税法规规定，还本销售业务的增值税计税依据为货物的全部销售额，不得扣除还本支出。

销项税额 =23 000 ÷（1+13%）× 13% × 5=13 230（元）

（6）以物易物方式销售额的确定。以物易物是一种较为特殊的购销活动，是指购销双方不是以货币结算，而是以同等价款的货物结算以实现货物销售的一种方式。增值税法规规定：采取以物易物方式销售货物的，以物易物双方均应作正常的购销业务处理，以各自发出的货物核算销售额并计算销项税，以各自收到的货物按规定核算购货额并计算进项税。应注意的是，在以物易物活动中，应分别开具合法的票据，如收到的货物不能取得相应的增值税专用发票或其他合法凭证，则不能抵扣进项税额。

（7）混合销售行为。混合销售行为如属于应当征收增值税的，其销售额是货物与应税劳务的合计销售额，该非应税劳务的销售额应视为含税销售额，须先换算为不含税销售额再并入销售额征税；且该混合销售行为涉

及的非增值税应税劳务所用购进货物的进项税额，凡符合《增值税暂行条例》规定的，在计算该混合销售行为增值税时，准予从销项税额中抵扣。

【例 2-7】北京昌达股份有限公司为增值税一般纳税人，本月向科达公司销售大型设备一台，开具增值税专用发票注明货款 170 000 元，设备需安装调试，由昌达公司负责并收取安装调试费 4 746 元。请计算昌达公司该业务的计税销售额和销项税额。

销售设备并同时提供安装调试劳务，属于混合销售行为。因昌达公司的主营业务是需要交纳增值税的，因此该混合销售行为一并征收增值税。

混合销售的销售额 =170 000+4 746 ÷（1+13%）=174 200（元）

销项税额 =174 200 × 13%=22 646（元）

2. 销项税额的时间限定

对于纳税人在什么时间计算销项税额，增值税法规作了严格的规定。增值税法规规定：计算当期增值税应纳税额时，“当期”销项税额确定时限原则上与增值税纳税义务发生时间一致，具体规定如下。

（1）销售货物或应税劳务，为收到销货款或取得索取销货款凭据的当天；先开具发票的，为开具发票当天。实际业务中，因结算方式不同有以下几种情况：

①采取直接收款方式销售货物的，不论货物是否发出，均为收到销货款或取得索取销货款凭据的当天；

②采取托收承付和委托收款方式销售货物的，为发出货物并办妥托收手续的当天；

③采取赊销和分期收款方式销售货物的，为书面合同约定收款日期的当天；无书面合同或书面合同未约定收款日期的，为货物发出的当天；

④采取预收货款方式销售货物的，为货物发出的当天。但生产销售工期超过 12 个月的大型机械设备、船舶、飞机等货物，为收到预收款或书面合同约定的收款日期的当天；

⑤委托其他纳税人代销货物，为收到代销清单或收到全部或部分货款的当天；未收到代销清单及货款的，为发出代销货物满 180 天的当天；

⑥销售应税劳务，为提供劳务同时收到销售款或取得索取销售款凭据的当天；

⑦发生视同销售货物行为，为货物移送的当天。

（2）进口货物，为报关进口的当天。

（3）增值税扣缴义务的发生时间为纳税人增值税纳税义务发生的当天。

3. 进项税额的计算

进项税额是指纳税人购进货物或接受应税劳务所支付的增值税税额。在同一项购销业务中，进项税额与销项税额是相互对应的，即销售方收取的销项税额就是购买方支付的进项税额，进项税额的计算方式如下。

1）准予抵扣的进项税额

（1）从销售方取得的增值税专用发票（含货物运输业增值税专用发票、税控机动车销售统一发票）上注明的增值税额。

（2）从海关取得的完税凭证上注明的增值税额。

上述两款规定是指增值税一般纳税人在购进或进口货物及劳务时，取得对方的增值税专用发票或海关完税凭证上已注明规定税率或征收率计算的增值税税额，不需要纳税人计算，但要注意其增值税专用发票及海关完税凭证的合法性，对不符合规定的扣税凭证一律不准抵扣。增值税一般纳税人取得所有需要抵扣增值税进项税额的海关完税凭证，应根据相关海关完税凭证逐票填写“海关完税凭证抵扣清单”，在进行增值税纳税申报时随同纳税申报表一并报送。如果纳税人未按规定要求填写“海关完税凭证抵扣清单”或者填写内容不全，该张凭证不得抵扣进项税额。增值税一般纳税人当期未取得海关完税凭证，可不向主管税务机关报送“海关完税凭证抵扣清单”。

（3）购进免税农产品进项税额的确定与抵扣。自 2002 年 1 月 1 日起，增值税一般纳税人购进农业生产者销售的免税农产品，或者从小规模纳税人处购进的农产品，按农产品收购发票或者销售发票上注明的农产品买价和 9% 的扣除率计算抵扣进项税额。计算公式为：

进项税额 = 买价 × 扣除率

在掌握该项政策时，应注意以下几个问题：

免税“农产品”是指直接从事植物的种植、收割和动物的饲养、捕捞的单位和个人销售的享受免税的自产农产品；农产品所包括的具体品目按《农产品征税范围注释》确定。“买价”是指经主管税务机关批准使用的收购凭证上注明的价款；对烟叶税纳税人按规定缴纳的烟叶税，准予并入烟叶产品的买价计算增值税的进项税额，并在计算缴纳增值税时予以抵扣。

根据《中华人民国烟叶税暂行条例》规定，收购烟叶准予抵扣的进项税额计算公式为：

收购烟叶准予抵扣的进项税额 =（收购金额 + 烟叶税）× 13%

其中：

收购金额 = 收购价款 ×（1+10%）

（4）运输费用进项税额的确定与抵扣。增值税一般纳税人外购或销售货物以及生产经营过程中接受交通运输服务企业支付的运输费用（代垫运费除外），准予按规定抵扣进项税额。在营业税改征增值税以前接受的运输劳务，取得运输劳务提供方开具的运费结算单据的，可按运输费用结算单据上注明的运费金额和 9% 扣除率计算进项税额抵扣，即：

进项税额 = 运输费用金额 × 扣除率

这里所称的准予抵扣的运输费用金额，是指在运输单位开具的货票上注明的运费、建设基金，但不包括随同运费支付的装卸费、保险费等其他杂费。在营业税改征增值税以后接受的运输服务，按照从运输劳务提供方开具增值税专用发票上注明的增值税额，确定准予从销售税额中抵扣的进项税额。

（5）企业购置增值税防伪税控系统专用设备和通用设备，可凭购货所取得的专用发票所注明的税额从增值税销项税额中抵扣。其中，专用设备包括税控金税卡、税控 IC 卡和读卡器；通用设备包括用于防伪税控系统开具专用发票的计算机和打印机，增值税一般纳税人用于采集增值税专用发票抵扣联信息的扫描器具和计算机，属于防伪税控通用设备。对纳税人购置上述设备取得的增值税专用发票上注明的增值税税额，计入当期增值税进项税额。

（6）自 2004 年 12 月 1 日起，增值税一般纳税人购进税控收款机所支付的增值税额（以购进税控收款机取得的增值税专用发票上注明的增值税额为准），准予企业在当期销项税额中抵扣。需要强调的是，纳税人购进的税控收款机不论是否达到固定资产标准，其取得的增值税专用发票上注明的增值税额均可以从当期销项税额中抵扣；但如果购进税控收款机时未取得增值税专用发票，则不得抵扣进项税额。

【例 2-8】北京昌达股份有限公司 2021 年 6 月收购烟叶生产卷烟，收购凭证上注明价款 410 000 元，并向烟叶生产者支付了价外补贴。计算北京昌达股份有限公司 6 月份收购烟叶可抵扣的进项税。

烟叶进项税额 =（收购金额 + 烟叶税）× 9%

=410 000 ×（1+10%）×（1+20%）× 9%

=48 708（元）

2）不允许抵扣的进项税额

纳税人购进货物、劳务、服务、无形资产、不动产，取得的增值税扣税凭证不符合法律、行政法规或国务院税务主管部门有关规定的，其进项税额不得从销项税额中抵扣。增值税扣税凭证包括增值税专用发票、海关进口增值税专用缴款书、农产品收购发票和农产品销售发票、从税务机关或者境内代理人取得的解缴税款的税收缴款凭证及增值税法律法规允许抵扣的其他扣税凭证。

按《增值税暂行条例》和《营改增通知》及其他相关政策规定，下列项目的进项税额不得从销项税额中抵扣。

（1）用于简易计税方法计税项目、免征增值税项目、集体福利或者个人消费的购进货物、劳务、服务、无形资产和不动产。

其中涉及的固定资产、无形资产、不动产，仅指专用于上述项目的固定资产、无形资产（不包括其他权益性无形资产）、不动产。但是发生兼用于上述不允许抵扣项目情况的，其进项税额准予全部抵扣。

另外纳税人购进其他权益性无形资产无论是专用于简易计税方法计税项目、免征增值税项目、集体福利或者个人消费，还是兼用于上述不允许抵扣项目，均可以抵扣进项税额。

纳税人的交际应酬消费属于个人消费，即交际应酬消费不属于生产经营中的生产投入和支出。

（2）非正常损失的购进货物，以及相关劳务和交通运输服务。

（3）非正常损失的在产品、产成品所耗用的购进货物（不包括固定资产）、劳务和交通运输服务。

（4）非正常损失的不动产，以及该不动产所耗用的购进货物、设计服务和建筑服务。

（5）非正常损失的不动产在建工程所耗用的购进货物、设计服务和建筑服务。纳税人新建、改建、扩建、修缮、装饰不动产，均属于不动产在建工程。

上述（2）、（3）、（4）、（5）项所说的非正常损失，是指因管理不善造成货物丢失、被盗、霉烂变质，以及因违反法律法规造成的货物或者不动产被依法没收、销毁、拆除的情形。这些非正常损失是由纳税人自身原因导致征税对象实体的灭失，为保证税负公平，其损失不应由国家承担，因而纳税人无权要求抵扣进项税额。

上述第（4）、（5）项所称货物，是指构成不动产实体的材料和设备，包括建筑装饰材料和给排水、采暖、卫生、通风、照明、通讯、煤气、消防、中央空调、电梯、电气、智能化楼宇设备及配套设施。

（6）购进的贷款服务、餐饮服务、居民日常服务和娱乐服务。

一般情况下，餐饮服务、居民日常服务和娱乐服务的主要接受对象是个人。对于一般纳税人购买的餐饮服务、居民日常服务和娱乐服务，难以准确界定接受劳务的对象是企业还是个人，因此，一般纳税人购进上述服务的进项税额不得从销项税额中抵扣。

对于贷款服务进项税不得抵扣，也就是利息支出进项税不得抵扣的规定，主要是考虑如果允许抵扣借款利息，从根本上打通融资行为的增值税抵扣链条，按照增值税“道道征、道道扣”的原则，首先就应当对存款利息征税。但在现阶段难度很大，一方面涉及对居民存款征税，无法解决专用发票的开具问题，也与当下实际存款利率为负的现状不符。

对于住宿服务和旅游服务未列入不得抵扣项目，主要考虑的是这两个行业属于公私消费参半的行业，因而用个人消费来进行规范。

（7）纳税人接受贷款服务向贷款方支付的与该笔贷款直接相关的投融资顾问费、手续费、咨询费等费用。

（8）提供保险服务的纳税人以现金赔付方式承担机动车辆保险责任的，将应付给被保险人的赔偿金直接支付给车辆修理劳务提供方，不属于保险公司购进车辆修理劳务，其进项税额不得从保险公司销项税额中抵扣。

纳税人提供的其他财产保险服务，比照上述规定执行。

（9）财政部和国家税务总局规定的其他情形。

（10）适用一般计税方法的纳税人，兼营简易计税方法计税项目、免征增值税项目而无法划分不得抵扣进项税额的，按照下列公式计算不得抵扣的进项税额：

不得抵扣的进项税额＝当期无法划分的全部进项税额 ×（当期简易计税方法计税项目销售额＋免征增值税项目销售额）÷ 当期全部销售额

主管税务机关可以按照上述公式，依据年度数据对不得抵扣的进项税额进行清算。这是因为对纳税人而言，进项税额转出是按月进行的，但由于年度内取得进项税额的不均衡性，有可能会造成按月计算的进项税转出与按年度计算的进项税转出产生差异，故主管税务机关可在年度终了对纳税人进项税额转出按计算公式进行年度清算，并对相关差异进行调整。

（11）一般纳税人已抵扣进项税额的固定资产、无形资产或者不动产，发生《增值税暂行条例》和《营改增通知》规定不得从销项税额中抵扣进项税额情形的，按照下列公式计算不得抵扣的进项税额：

不得抵扣的进项税额 = 已抵扣进项税额 × 不动产净值率

$$不动产净值率 =（不动产净值 ÷ 不动产原值）× 100\%$$

固定资产，无形资产或者不动产净值是指纳税人根据财务会计制度规定计提折旧或摊销后的余额。

（12）存在下列情形之一者，应当按照销售额和增值税税率计算应纳税额，不得抵扣进项税额，也不得使用增值税专用发票：

①一般纳税人会计核算不健全，或者不能够提供准确税务资料的。

②应当办理一般纳税人资格登记而未办理的。

该规定是为了加强对符合一般纳税人条件的纳税人的管理，防止利用一般纳税人和小规模纳税人两种不同的征税办法少缴税款。

【例 2-9】北京昌达股份有限公司为增值税一般纳税人，2021 年 9 月有关生产经营业务如下。

（1）3 日，外购货物一批，取得增值税专用发票，注明增值税款 180 000 元；下旬，因管理不善造成该批货物一部分发生霉烂变质，经核实造成 1/3 损失。

（2）15 日，建造职工活动中心领用生产用原材料一批，这批原材料的账面成本为 250 000 元。

（3）21 日，购入水果一批，取得普通发票，价税合计支出 60 000 元。

（4）23 日，将购入的水果作为福利发给职工。

计算该公司当月可以抵扣的进项税额。

（1）外购货物取得专用发票，可以凭票抵扣；但因管理不善造成购进货物发生非正常损失的部分，其进项税额不能抵扣。

$$进项税额 =180\ 000 - 180\ 000 \times 1/3=120\ 000（元）$$

（2）已做进项税额抵扣的购进货物事后改变用途，用于非应税项目，应将进项税额转出。

$$进项税额转出 =250\ 000 \times 13\%=32\ 500（元）$$

（3）购入水果用于职工福利，不论取得专用发票还是普通发票，都不能抵扣进项税额。

（4）将外购的货物用于职工福利，不能抵扣进项税。

$$当月可以抵扣的进项税额 =120\ 000 - 32\ 500=87\ 500（元）$$

4. 特殊问题的处理

（1）适用一般计税方法的纳税人，兼营简易计税方法计税项目、免征增值税项目而无法划分的，不得抵扣的进项税额。需要按下列公式计算：

不得抵扣的进项税额 = 当期无法划分的全部进项税额 ×（当期简易计税方法计税项目销售额 + 免征增值税项目销售额）÷ 当期全部销售额

自 2018 年 1 月 1 日起，纳税人租入固定资产、不动产，既用于一般计税方法计税项目，又用于简易计税方法计税项目、免征增值税项目、集体福利或个人消费的，进项税额准予从销项税额中全额抵扣。

（2）根据《增值税暂行条例实施细则》规定，一般纳税人当期购进的货物或应税劳务用于生产经营，进项税额准予在当期销项税额中抵扣。但已抵扣进项税额的购进货物或应税劳务如果改变用途，用于集体福利或个人消费、购进货物发生非正常损失、在产品或产成品发生非正常损失等，应当将该项购进货物或者应税劳务的进项税额从当期进项税额中扣减；无法确定进项税额的，按当期外购项目的实际成本计算应扣减的进项税额。

（3）已抵扣进项税额的购进服务，发生不得从销项税额中抵扣情形（简易计税方法计税项目、免征增值税项目除外）的，应当将该进项税额从当期进项税额中扣减；无法确定进项税额的，按照当期实际成本计算应扣减的进项税额。

（4）已抵扣进项税额的无形资产或固定资产，发生不得从销项税额中抵扣情形的，按照下列公式计算不得抵扣的进项税额：

不得抵扣的进项税额 = 无形资产或者固定资产净值 × 适用税率

（5）纳税人适用一般计税方法计税的，因销售折让、中止或者退回而退还给购买方的增值税税额，应当从当期的销项税额中扣减；因销售折让、中止或者退回而收回的增值税税额，应当从当期进项税额中扣减。

（6）存在下列情形之一的，应当按照销售额和增值税税率计算应纳税额，不得抵扣进项税额，也不得使用增值税专用发票：一般纳税人会计核算不健全，或者不能提供准确税务资料的；应当办理一般纳税人资格登记而未办理的。

（7）适用一般计税方法的试点纳税人，2016 年 5 月 1 日后取得并在会计制度上按固定资产核算的不动产或者 2016 年 5 月 1 日后取得的不动产在建工程，其进项税额应自取得之日起分两年从销项税额中抵扣，第一年抵扣比例为 60%，第二年抵扣比例为 40%。

（8）按照相关规定，不得抵扣且未抵扣进项税额的固定资产、无形资产、不动产，发生用途改变，用于允许抵扣进项税额的应税项目，可在改变用途的次月，按照下列公式计算可抵扣的进项税额：

可抵扣进项税额 = 增值税扣税凭证注明或计算的进项税额 × 不动产净值率

（9）一般纳税人发生特殊应税行为可以选择适用简易计税方法计税，不允许抵扣进项税额。

5. 进项税额抵扣时限的确定

（1）自 2017 年 7 月 1 日起，增值税一般纳税人取得的 2017 年 7 月 1 日及以后开具的增值税专用发票和机动车销售统一发票，应自开具之日起 360 日内认证或登录增值税发票选择确认平台进行确认，并在规定的纳税申报期内，向主管国税机关申报抵扣进项税额。

（2）增值税一般纳税人取得的 2017 年 7 月 1 日及以后开具的海关进口增值税专用缴款书，应自开具之日起 360 日内向主管国税机关报送“海关完税凭证抵扣清单”，申请稽核比对。

6. 增值税应纳税额的计算

一般纳税人增值税应纳税额的基本计算步骤为：

（1）计算当期销项税额；

（2）分析确定或计算确定当期允许抵扣的进项税额（包括进项税额转出）；

（3）根据“当期应纳税额 = 当期销项税额－当期进项税额”公式，计算当期实际应纳税额。

上述计算结果如果为正数，即为当期应纳税额；如果为负数，则形成留抵税额，待下期抵扣。下期应纳税额的计算公式为：

当期应纳税额 = 当期销项税额－当期进项税额－上期留抵税额

2.3.2 简易方法应纳税额的计算

小规模纳税人销售货物或者提供应税劳务，实行按照销售额和征收率计算应纳税额的简易办法，不得抵扣进项税额。其应纳税额计算公式是：

应纳税额 = 销售额 × 征收率

按照税法规定，小规模纳税人销售货物只能开具普通发票，不能使用增值税专用发票，其购进货物不论是否取得增值税专用发票，都不能抵扣进项税额，但购进税控收款机除外。

小规模纳税人的销售额一般是含税的。计算应纳税额时应先换算为不含税销售额，征收率 3%。计算公式为：

应纳税额 = 含税销售额 ÷（1+3%）× 3%

纳税人提供的适用简易计税方法计税的应税服务，因服务中止或者折让而退还给接受方的销售额，应当从当期销售额中扣减。扣减当期销售额后仍有余额造成多缴税款的，可以从以后应纳税额中扣减。

【例 2-10】小霞超市为增值税小规模纳税人，2021 年 8 月取得收入 120 000 元，当月购进商品共支付买价 50 000 元。请计算小霞超市当月应纳增值税税额。

当月应纳增值税额 =120 000 ÷（1+3%）× 3%=3 495.15（元）

2.3.3 进出口环节应纳税额的计算

1. 进口环节应纳税额的计算

增值税法规规定，无论是一般纳税人还是小规模纳税人申报进口货物都应缴纳进口环节的增值税。纳税人进口货物，应当以组成计税价格为计税依据计算应纳增值税税额，具体计算公式如下：

组成计税价格 = 关税完税价格 + 关税 + 消费税

= 关税完税价格 ×（1+ 关税税率）÷（1 —消费税税率）

应纳税额 = 组成计税价格 × 增值税税率

进口货物的增值税由海关代征，并由海关向进口人开具进口增值税专用缴款书。纳税人取得的进口增值税专用缴款书，是计算增值税进项税额的唯一依据。

【例 2-11】金城外贸公司 2021 年 6 月 10 日从法国进口服装一批，到岸价格 70 000 美元，关税税率为 30%，货款已用先前购入的外汇支付。当日美元与人民币外汇牌价为 1 ： 6.15。

请计算进口环节应该缴纳的增值税额。

组成计税价格 =70 000 × 6.15+70 000 × 6.15 × 30%=559 650（元）

应纳进口环节增值税 =559 650 × 13%=72 754.5（元）

2. 出口环节应纳税额的计算

1）出口货物退（免）税基本概念

对进口货物征税、对出口货物实行退税或零税率，是实行增值税国家或地区的通行做法。增值税实施退税的主要理由是避免重复征税，促进国际贸易健康发展。根据世界贸易组织规则，出口国免除出口产品的国内税收，或退还不超过该产品已经缴纳的国内税，将不视为出口补贴；进口国不能限制出口国的出口退税，也不应当因出口国的出口退税而征收反倾销税。根据这一规则，许多国家采取了对出口货物在国内生产、流通各个环节实际缴纳的全部流转税款予以退还的政策，使出口货物能以不含流转税的成本进入国际市场。

因此，出口退税已经成为现实中重要的国际贸易政策。出口退税政策主要包含两部分：一是出口退税范围；二是出口退税率。虽然从理论上看，凡是征收了流转税的产品出口时都可以实施出口退税，但出口退税作为一项贸易政策，则要受到国内经济环境、国际经济环境、汇率以及贸易盈余等多种因素的影响。

纳税人申请增值税出口退税，必须符合下列条件：

（1）必须是属于增值税、消费税征税范围的货物；

（2）必须是报关离境的货物；

（3）必须是在财务上做销售处理的货物；

（4）必须是出口收汇并已核销的货物。

纳税人出口货物适用退（免）税规定的，应当向海关办理出口手续，凭出口报关单等有关凭证，在规定的出口退（免）税申报期限内按月向主管税务机关申报办理该项出口货物的退（免）税。具体办法由国务院财政、税务主管部门制定。

出口货物办理退税后发生退货或者退关的，纳税人应当依法补缴已退的税款。

2）出口货物退（免）税基本政策

出口货物退（免）税是国际贸易中通常采用的旨在鼓励各国出口货物公平竞争的一种退还或免征间接税的税收措施。我国对出口货物，遵循“征多少、退多少”和“未征不退、彻底退税”的基本原则，实行免税和退税相结合的政策，具体包括以下三种类型。

（1）出口免税并退税。出口免税是指对货物出口环节不征收增值税；出口退税是指对货物在出口前实际承担的税款，按规定的退税率计算后予以退还。

（2）出口免税不退税。适用此项政策的出口货物因在出口前各环节是免税的，报关出口时该货物的价格中本身就不含增值税，因而出口环节不需退税。

（3）出口不免税也不退税。出口不免税也不退税是指对国家限制或禁止出口的某些货物，出口环节视同内销环节正常征税，同时也不退还其出口前各环节所负担的税款。

上述出口货物退（免）税政策及其适用对象归纳如表 2-2 所示。

表 2-2 出口货物的退（免）税政策类型

政策类型	适用对象
又免又退	①生产企业自营或委托外贸企业代理出口自产货物 ②有出口经营企业收购后直接出口或委托其他外贸企业代理出口货物 ③出口企业从小规模纳税人购进并取得增值税专用发票的抽纱、工艺品、香料油、山货、草柳竹藤制品、渔网渔具、松香、五倍子、生漆、山羊板皮、纸制品等 11 类货物 ④特定出口的货物
只免不退	①属于生产企业的小规模纳税人自营出口或委托外贸企业代理出口的自产货物 ②外贸企业从小规模纳税人购进并持普通发票的出口货物 ③外贸企业直接购进国家规定的免税货物（包括免税农产品）出口的 ④其他的免税货物或项目，如来料加工复出货物、避孕药品和用具、古旧图书等
不免不退	①国家计划外出口的原油；②援外出口货物；③国家禁止出口的货物，如天然牛黄、麝香、铜及铜基合金（出口电解铜按 13% 退税率退税）、白银等

3）生产企业出口货物退（免）税的计算

生产企业一般纳税人自营出口或委托外贸企业代理出口自产货物，适用“出口免税并退税”政策，除税法另有规定外，一律实行“免抵退”管理办法。“免”是指对生产企业出口自产货物免征本企业生产销售环节增值税；“抵”是指生产出口自产货物所耗原材料、零部件、燃料、动力等所含应予退还的进项税额，抵减内销货物应纳税额；“退”是指生产企业出口自产货物在当月内应抵减的进项税额大于应纳税额时，对未抵减完的部分予以退税，具体计算公式为：

当期应纳税额 = 当期销项税额 —（当期进项税额 — 当期不得免征和抵扣税额）

其中：

当期免、抵、退税不得免征和抵扣税额 = 出口货物离岸价 × 外汇人民币折合率 -（出口货物征税率 - 出口货物退税率）- 免、抵、退税不得免征和抵扣税额抵减额

免、抵、退税不得免征和抵扣税额抵减额 = 免税购进原材料价格 ×（出口货物征税率 - 出口货物退税率）

若上述当期应纳税额计算结果为正数，说明企业从内销货物销项税额中抵扣后还有余额，即为应纳增值税税额，无退税额；若计算结果为负数，则应给予退税，实际退税额按下列公式确定：

免、抵、退税额 = 出口货物离岸价 × 外汇人民币牌价 — 免、抵、退税额抵减额

其中，

免、抵、退税额抵减额 = 免税购进原材料价格 × 出口货物退税率

当期应退税额和抵免税额的计算公式如下：

（1）如当期期末留抵税额≦当期免、抵、退税额，则：

当期应退税额 = 当期期末留抵税额

当期免、抵、税额 = 当期免、抵、退税额 — 当期应退税额

（2）如当期期末留抵税额 > 当期免、抵、退税额，则：

当期应退税额 = 当期免抵退税额

当期免、抵税额 =0

2.4 增值税会计核算

关键词

直接收款
委托收款
托收承付

情景 1

预收货款。

远伦橡胶厂为增值税一般纳税人，2021 年 4 月 10 日，销售给大伟公司 B 型号汽车轮胎一批，开具增值税专用发票，注明价款 800 000 元、增值税 104 000 元。上月已预收货款 600 000 元，当日收到对方补付货款的转账支票一张。

情景 2

委托代销货物。

嘉荣绒业为增值税一般纳税人，2021 年 8 月 1 日委托新华购物中心代为销售羊绒衫，代销合同约定不含税单价 450 元，代销手续费按不含税售价的 10% 支付。该批产品共 300 件，每件成本 240 元，现已全部售出，收到代销清单和手续费结算凭证。

2.4.1 一般纳税人增值税会计核算

1. 一般纳税人增值税会计科目设置

增值税一般纳税人核算增值税，应在“应交税费”科目下设置“应交增值税”二级科目。该科目借方登记企业购进货物或接受应税劳务所支付的进项税额及实际已缴纳的增值税税额；贷方登记企业销售货物或提供应税劳务所收取的销项税额和出口货物退税额及进项税额转出额；期末借方余额，反映企业尚未抵扣的增值税税额，贷方余额，反映尚未缴纳的增值税税额。

为详细核算企业增值税的计算、解缴、抵扣等信息，应在“应交税费——应交增值税”二级科目下设置“进项税额”“已交税金”“出口抵减内销产品应纳税额”“销项税额”“出口退税”“进项税额转出”等专栏，每个专栏的核算内容如下：

“进项税额”专栏，记录企业购进货物或接受应税劳务而支付的、准予从销项税额抵扣的增值税税额。企业发生购货退回应冲销的进项税额，用红字登记本专栏。

“已交税金”专栏，记录企业本月应交且实际已缴纳的增值税税额。企业收到退回本月多交的增值税税额，用红字登记本专栏。

“出口抵减内销产品应纳税额”专栏，记录企业按规定的退税率计算的出口货物进项税额抵减内销产品的应纳税额。

“销项税额”专栏，记录企业销售货物或提供应税劳务应收取的增值税税额。企业发生销货退回应冲减的销项税额，用红字登记本专栏。

“出口退税”专栏，记录企业出口产品，根据出口退税政策，向海关办理出口退税而收到退回的税款。出口货物退税后发生退货或退关而补交已退的税款，用红字登记本专栏。

“进项税额转出”专栏，记录企业的购进货物，在产品、产成品等发生非正常损失及其他原因，不得从销项税中抵扣而应按规定转出的进项税额。

2. 一般纳税人增值税会计核算

1）销项税额的会计核算

（1）不同货款结算方式下销项税额的会计核算。企业销售货物采用的结算方式不同，其纳税义务的发生时间有差异，相应的会计核方法也有区别。

①直接收款。税法规定，采用直接收款方式销售货物的，不论货物是否发出，增值税纳税义务发生时间均为收到销货款或取得索取销货款凭据的当天。企业应根据销货结算凭证，按实际收取的销售额和增值税，借记“银行存款”“应收票据”等科目；按不含税销售额，贷记“主营业务收入”等科目；按规定收取的增值税，贷记“应交税费——应交增值税（销项税额）”科目。

【例 2-12】远伦橡胶厂为增值税一般纳税人，2021 年 10 月，销售 H2 型号汽车轮胎一批，对外开具的增值税专用发票注明的价款为 2 800 000 元，增值税税额 364 000 元，款项已收存银行，进行会计处理。

根据销售发票和银行进账单编制会计分录：

借：银行存款　　3 164 000

　　贷：主营业务收入　　2 800 000

　　　　应交税费——应交增值税（销项税额）　　364 000

②委托收款和托收承付。税法规定，采用委托收款和托收承付结算方式销售货物的，增值税纳税义务发生时间为发出货物并办妥托收手续当天。企业应根据委托收款和托收结算凭证上注明的金额，借记“应收账款”科目；按不含税销售额，贷记“主营业务收入”等科目；按规定收取的增值税，贷记“应交税费——应交增值税（销项税额）”科目。

【例 2-13】远伦橡胶厂为增值税一般纳税人，2021 年 10 月，销售给外地某汽车厂 B1 型号汽车轮胎一批，开具的增值税专用发票注明的价款 3 300 000 元，增值税税额 429 000 元，合同约定运费由购货方承担，远伦橡胶厂开出支票代垫运费 6 000 元，运输公司将运费发票开具给购货方。上述款项已向银行办妥委托收款手续。根据经济业务，编制会计分录

根据增值税专用发票记账联、托收承付结算凭证和支票存根，编制会计分录：

借：应收账款　　3 735 000

　贷：主营业务收入　　3 300 000

　　应交税费——应交增值税（销项税额）　　429 000

　　银行存款　　6 000

③赊销和分期收款销售。税法规定，采取赊销或分期收款方式销售货物的，增值税义务发生时间为书面合同约定的收款日期当天；无书面合同或书面合同没有约定收款日期的，为货物发出当天。因此，一般纳税人在发出商品时，应按发出商品成本，借记“应收账款”或“银行存款”科目；按不含税销售额，贷记“主营业务收入”科目；按规定收取的增值税，贷记“应交税费——应交增值税（销项税额）”科目。

【例 2-14】远伦橡胶厂为增值税一般纳税人，2021 年 4 月 20 日，采用分期收款方式向大华公司销售 B 型号汽车轮胎一批，该批轮胎的生产成本为 2 000 000 元，不含税售价 2 800 000 元。合同约定货款分 4 期等额支付，当天收到首笔货款，并向购货方开具增值税专用发票，注明价款 660 000 元、增值税 85 800 元，余款分别在以后每月的 20 日结算。根据经济业务，进行账务处理：

收取首笔货款时，根据增值税专用发票记账联和银行进账单，编制会计分录：

借：银行存款　　745 800

　贷：主营业务收入　　660 000

　　应交税费——应交增值税（销项税额）　　85 800

提示

按照税法规定，先开具发票的，增值税纳税义务发生时间为开具发票的当天。因此，如果企业在发出商品时一次性全额开具发票，则应按全部销售额计算增值税，这对销售企业是不利的，应当避免这种做法。

④预收货款。税法规定，采用预收货款方式销售货物的，增值税纳税义务发生时间为货物发出的当天。因此，预收货款销售货物，应在收到预收货款时，借记“银行存款”科目，贷记“预收账款”科目；发出货物时，按应收款项金额，借记“预收账款”科目，按不含税销售额，贷记“主营业务收入”科目，按规定收取的增值税，贷记“应交税费——应交增值税（销项税额）”科目；收到补付货款时，借记“银行存款”科目，贷记“预收账款”科目。退回多收款做相反分录。

【例 2-15】远伦橡胶厂为增值税一般纳税人，2021 年 4 月 10 日，销售给大伟公司 B 型号汽车轮胎一批，开具增值税专用发票，注明价款 800 000 元、增值税 104 000 元。上月已预收货款 600 000 元，当日收到对方补付货款的转账支票一张。根据经济业务，进行账务处理：

当月发出商品时，根据开具的增值税专用发票记账联编制会计分录：

借：预收账款——大伟公司　　904 000

　贷：主营业务收入　　800 000

　　应交税费——应交增值税（销项税额）　　104 000

收到补付货款，根据进账单编制会计分录：

借：银行存款　　304 000

　贷：预收账款——大伟公司　　304 000

（2）视同销售行为销项税额的会计核算。增值税视同销售行为会计核算应解决两方面问题：其一，对于视同销售行为应计算增值税销项税额，借记有关科目，贷记“应交税费——应交增值税（销项税额）”科目。其二，对视同销售行为货物的价值转移，是作销售收入处理，还是直接按成本结转。在税务会计与财务会计相分离的情况下，若该行为能使企业获得收益或体现企业与外部的关系，则应作销售处理；否则按成本结转。

①委托代销货物。委托代销按结算方式不同分为两种：一是以支付手续费方式委托代销；二是以不支付手续费方式委托代销。前者委托方与受托方通过签订代销合同，明确规定代销货物的售价、手续费等条件，双方按合同规定的价格结算；后者委托方与受托方只规定交接价，而不管受托方以什么价格出售，对受托方来讲实质为赊购商品。

增值税法规规定，委托其他纳税人代销货物的，增值税纳税义务的发生时间为收到代销清单和收到货款两者中较早者的当天；而对发出代销货物超 180 天仍未收到代销清单及货款的，其增值税纳税义务的发生时间为发出代销货物满 180 天的当天。

【例 2-16】嘉荣绒业为增值税一般纳税人，2021 年 8 月 1 日委托新华购物中心代为销售羊绒衫，代销合同约定不含税单价 450 元，代销手续费按不含税售价的 10% 支付。该批产品共 300 件，每件成本 240 元，现已全部售出，收到代销清单和手续费结算凭证。计算并编制会计分录。

本月 7 日收到代销清单时开具增值税专用发票：

代销手续费 =450 × 300 × 10%=13 500（元）

分录编制：根据增值税专用发票记账联、代销清单及支付手续费凭据编制会计分录：

借：应收账款——新华购物中心　　139 050
　　销售费用——代销手续费　　13 500
　　贷：主营业务收入　　135 000
　　　　应交税费——应交增值税（销项税额）　　17 550

②销售代销货物（受托代销）。此业务通常发生在商品流通企业，与委托代销相同，也有两种方式：一是以收取手续费方式代销货物；二是视同买断，即以不收取手续费方式代销货物。

【例 2-17】某百货商店接受甲衬衫厂委托代销衬衫 500 件，代销合同约定每销售一件衬衫手续费 10 元，百货商店 5 月份按工厂指定价每件 100 元（不含税价）出售，共销售衬衫 100 件。编制该百货商店的会计分录。

收到受托代销商品时，根据商品入库单，编制会计分录：

借：受托代销商品　　50 400
　　贷：受托代销商品款　　50 400

实现对外销售时，根据开具发票及进账单，编制会计分录：

借：银行存款　　13 560
　　贷：应付账款——甲衬衫厂　　12 000
　　　　应交税费——应交增值税（销项税额）　　1 560

同时结转代销商品款和受托代销商品，编制会计分录：

借：受托代销商品款　　50 400
　　贷：受托代销商品　　50 400

向委托方开具代销清单，收到增值税专用发票，编制会计分录：

借：应交税费——应交增值税（进项税额）　　1 560
　　贷：应付账款——甲衬衫厂　　1 560

计算代销手续费并与委托方结算货款，编制会计分录：

借：应付账款——甲衬衫厂　　13 560
　　贷：其他业务收入　　1 000

银行存款 12 560

③将货物移送外地非独立核算机构销售。增值税法规规定：设有两个以上机构并实行统一核算的纳税人，将货物从一个机构移送至其他机构用于销售的（相关机构设在同一县（市）的除外），应视同销售货物。具体可按下列办法处理：送出机构在发出商品时，根据商品出库单按成本，借记“发出商品”科目，贷记“库存商品”科目；同时，按发出商品的销售额和增值税税率计算销项税额，借记“应收账款”科目，贷记“应交税费——应交增值税（销项税额）”科目。外地机构销售货物后，转来货款及相关销货凭证时，按价税款合计借记“银行存款”科目，贷记“应收账款”“主营业务收入”等科目。同时结转已销商品成本，借记“主营业务成本”科目，贷记“库存商品”科目。

④将自产或委托加工货物用于非增值税应税项目。增值税法规规定，纳税人将自产或委托加工货物用于非应税项目，应视同销售计算增值税，其纳税义务的发生时间为货物移送的当天。一般纳税人发生此类经济业务不开具发票，直接根据商品出库单或材料领用单记账。按发出货物的实际成本和承担的增值税税额，借记“在建工程”或“其他业务成本”科目，按发出货物的实际成本，贷记“原材料”或“库存商品”科目，按应交增值税税额，贷记“应交税费——应交增值税（销项税额）”科目。

【例 2-18】大雨电子科技公司将其所生产的一批电子产品领用出库，用于公司基本建设工程，该批电子产品账面成本为 110 000 元，市场售价为 140 000 元。计算并编制会计分录。

销项税额 =140 000 × 13%=18 200（元）

根据商品出库单编制会计分录：

借：在建工程——办公楼建设工程 128 200

贷：库存商品 110 000

应交税费——应交增值税（销项税额） 18 200

⑤将自产或委托加工货物用于集体福利或个人消费。增值税法规规定，纳税人将自产或委托加工货物用于集体福利或个人消费的，应视同销售计算增值税，其纳税义务的发生时间为货物移送的当天。企业应在作出将货物用于职工福利决定时，按货物的公允价值和增值税税额，借记“生产成本”等科目，贷记“应付职工薪酬——非货币性福利”科目。在发出货物时，按货物的公允价值和增值税税额，借记“应付职工薪酬——非货币性福利”科目；按增值税税额，贷记“应交税费——应交增值税（销项税额）”科目。同时按货物的实际成本，借记“主营业务成本”科目，贷记“库存商品”科目。

【例 2-19】星耀电子公司为增值税一般纳税人，2021 年 12 月，将一批自制的电子产品作为福利发给本公司职工。该批产品的生产成本 350 000 元，不含税售价 700 000 元。本单位共有职工 80 人，其中，生产工人 50 人，车间管理人员 8 人，厂部销售人员 10 人，其他管理人员 14 人，计算并编制会计分录。

销项税额 =700 000 × 13%=91 000（元）

福利支出金额 =700 000+91 000=791 000（元）

其中

生产成本 =791 000 × 48 ÷ 80=474 600（元）

制造费用 =791 000 × 8 ÷ 80=79 100（元）

销售费用 =791 000 × 10 ÷ 80=98 875（元）

管理费用 =791 000 × 14 ÷ 80=138 425（元）

当企业作出发放非货币性福利决定时，编制会计分录：

借：生产成本 474 600

制造费用 79 100

销售费用 98 875

管理费用 138 425

贷：应付职工薪酬——非货币性福利 791 000

实际发放产品时，根据商品出库单，编制会计分录：

借：应付职工薪酬——非货币性福利 791 000

贷：主营业务收入 700 000

应交税费——应交增值税（销项税额） 91 000

同时结转货物的成本

借：主营业务成本 350 000

贷：库存商品 350 000

⑥将自产、委托加工或购买的货物对外投资。增值税法规规定，纳税人将自产、委托加工或购买的货物对外投资，应视同销售计算增值税，其纳税义务的发生时间为货物移送的当天。根据企业会计准则规定，企业以存货对外投资的，应按存货的公允价值和相关税费，借记“长期股权投资”科目，按存货的公允价值，贷记“主营业务收入”科目，按计算的增值税税额，贷记“应交税费——应交增值税（销项税额）”科目。

【例 2-20】立伟设备公司以其产成品对外投资入股组建股份有限公司，该批成产品账面成本为 600 000 元，并已计提存货跌价准备 85 000 元，正常对外销售不含税价为 1 000 000 元。计算并编制会计分录。

销项税额 = 1 000 000 × 13%=130 000（元）

对外移送产品时，根据投资合同，编制会计分录：

借：长期股权投资 1 045 000

存货跌价准备 85 000

贷：主营业务收入 1 000 000

应交税费——应交增值税（销项税额） 130 000

借：主营业务成本 600 000

贷：库存商品 600 000

⑦将自产、委托加工或购买的货物分配给股东或投资者。企业将自产、委托加工或购买的货物分配给股东或投资者，会计上按一般销售业务处理。根据增值税法规规定，在货物移送时应确认纳税义务发生计算增值税。因此，企业应在物权转移时，按抵付的股利或利润，借记“应付股利”科目；按实现的销售额，贷记“主营业务收入”科目；按计算的增值税税额，贷记“应交税费——应交增值税（销项税额）”科目。

【例 2-21】柒柒绒业公司为增值税一般纳税人，2021 年 1 月，将自产的一批羊绒制品用于利润分配，该批羊绒制品的生产成本为 850 000 元，无同类产品售价。计算并编制会计分录。

羊绒产品的组成计税价 =850 000 ×（1+10%）=935 000（元）

羊绒产品的销项税额 =935 000 × 13%=121 550（元）

在公司通过股利分配方案时，根据股利分配方案计算结果，编制会计分录：

借：应付股利 1 056 550

贷：主营业务收入 935 000

应交税费——应交增值税（销项税额） 121 550

借：主营业务成本 850 000

贷：库存商品 850 000

⑧将自产、委托加工或购买的货物无偿赠送他人。企业将自产、委托加工或购买的货物无偿赠送他人，尽管货物的所有权发生了转移，但未使企业获得实际的经济利益，因此不构成会计销售业务。企业发生此类业务

时，可以向受赠方开具发票，并根据发票和出库单进行账务处理。按发出货物的实际成本和应承担的增值税税额，借记“营业外支出”科目；按发出货物的实际成本，贷记“库存商品”科目；按计算的增值税税额，贷记“应交税费——应交增值税（销项税额）”科目。

【例 2-22】天源药业公司为增值税一般纳税人，2021 年 3 月，向灾区捐赠账面成本为 630 000 元的应急药品，该药品市场不含税售价 750 000 元，计算并编制会计分录。

销项税额 =630 000 × 13%=97 500（元）

根据产品出库单，编制会计分录：

借：营业外支出	727 500
贷：库存商品	630 000
应交税费——应交增值税（销项税额）	97 500

（3）与包装物相关的销项税额会计核算。

①包装物不单独计价销售。随货物销售不单独计价的包装物销售所得，实质上为货物销售收入的一部分，应直接确认为主营业务收入。实现销售时，按实际收到或应收的货款，借记“银行存款”或“应收账款”科目；按实现的销售收入，贷记“主营业务收入”科目；按计算的增值税税额，贷记“应交税费——应交增值税（销项税额）”科目。结转货物销售成本时，借记“主营业务成本”科目，贷记“库存商品”科目；结转包装物成本时，借记“销售费用”科目，贷记“周转材料——包装物”科目。

②包装物单独计价销售。随同货物销售并单独计价的包装物销售所得，应单独确认为其他业务收入，并在货物销售实现时计算增值税。

【例 2-23】蒙刚建材厂为增值税一般纳税人，2021 年 3 月，向大自然装饰公司销售材料一批，增值税专用发票注明价款 150 000 元、增值税 19 500 元；随同产品出售包装物，不含税价款 4 500 元，款项尚未收到。编制会计分录。

销项税额 =（150 000+4 500）× 13%=20 085（元）

根据销货发票，编制会计分录：

借：应收账款	174 585
贷：主营业务收入	150 000
其他业务收入	4 500
应交税费——应交增值税（销项税额）	20 085

③出租包装物收取的租金和押金。出租包装物收取的租金，属于价外费用，按增值税税法规计算增值税。收取的押金应在包装物归还时退还给购货方，但当购货方逾期不能退还包装物时，企业应就没收的包装物押金计算增值税。

【例 2-24】蒙刚建材厂为增值税一般纳税人，2021 年 6 月，向大自然装饰公司销售材料一批，增值税专用发票注明价款 350 000 元、增值税 45 500 元；出租包装物 420 个，承租期 3 个月，收取租金 5 650 元；另收取包装物押金每个 25 元，上述款项均已收存银行。计算并编制会计分录。

销项税额 =45 500（元）

租金收入销项税额 =5 650 ÷（1+13%）× 13%=650（元）

对收取的押金暂不计征增值税。

根据销货发票、收款收据及银行进账单，编制会计分录：

借：银行存款	411 650
贷：主营业务收入	350 000

其他业务收入　5 000

应交税费——应交增值税（销项税额）　46 150

其他应付款——存入保证金　10 500

【例 2-25】接【例 2-24】2019 年 9 月份，出租的包装物租期满，大自然装饰公司一直没有归还包装物，结清包装物押金，计算并编制会计分录。

没收包装物押金应计增值税 =10 500 ÷（1+13%）× 13%=1 207.96（元）

借：其他应付款——存入保证金　10 500

贷：其他业务收入　9 292.04

应交税费——应交增值税（销项税额）　1 207.96

对销售除黄酒、啤酒以外的其他酒类产品而收取的包装物押金，不论是否归还，也不论会计上如何核算，均应在收到押金的当期并入销售额计算增值税。会计处理为：

收取押金时，按实际收取金额，借记“银行存款”科目，贷记“其他应付款——存入保证金”科目；同时计算增值税，借记“其他应付款——存入保证金”科目，贷记“应交税费——应交增值税（销项税额）”科目。没收包装物押金时，按不含税收入，借记“其他应付款——存入保证金”科目，贷记“其他业务收入”科目；若企业退还包装物押金，按已计算的增值税销项税额作当期费用，借记“其他业务成本”科目，按扣除销项税额后的押金额，借记“其他应付款——存入保证金”科目，按实际退回的押金额，贷记“银行存款”科目。

（4）特殊销售方式下销项税额的会计核算。

①销售折扣和现金折扣。对折扣销售，税法规定销货方只有在同一张发票上同时注明销售额和折扣额，才能以扣除折扣后的金额作为增值税计税依据；否则无论财务会计如何处理，计算增值税均不得扣除折扣额。对现金折扣，其实质是企业的一种融资行为，应视为一种理财费用，税法规定计算增值税时，一律不得扣除折扣额。

【例 2-26】芳纶绒业公司为增值税一般纳税人，2021 年 12 月，销售给某商场羊绒裤 650 条，价目表中标明的单位不含税售价 220 元，因购买数量较大，公司同意给予 8 折优惠（销售额与折扣额在同一张发票上注明），同时约定给予“3/10，2/20，*n*/30”的折扣条件，计算并编制会计分录。

销项税额 =650 × 220 × 80% × 13%=14 872（元）

根据发票和托收凭证，编制会计分录：

借：应收账款　129 272

贷：主营业务收入　114 400

应交税费——应交增值税（销项税额）　14 872

②销货退回或折让。企业在销售过程中，如果发生销货退回或折让，不论是当月还是以前月份的销货退回或折让，均应冲减发生退回或折让当月的主营业务收入，并在收到购货单位退回的增值税专用发票或寄来的“证明单”后作相应的账务处理。

【例 2-27】芳纶绒业公司为增值税一般纳税人，2021 年 3 月收到 1 月份销售给某商场的羊绒衫 100 件，同时受到商场转来的发票联和抵扣联，货款 30 000 元，增值税 3 900 元。编制会计分录。

根据开具的红字专用发票，编制会计分录：

借：银行存款　33 900

贷：主营业务收入　30 000

应交税费——应交增值税（销项税额）　3 900

③以旧换新。增值税法规规定，除金银首饰外的货物以旧换新业务，销售货物与有偿收购旧货物是两项不

同的业务活动，销售额与收购额不能相互抵消，增值税应以新货物的同期售价为计税依据计算。

【例 2-28】翡观电器商场为扩大销售，开展以旧换新业务，旧家电的收购价为每台 300 元，本月以旧换新销售电视机 500 台，每台电视机零售价 6 000 元，计算并编制会计分录。

销项税额 =500×6 000÷（1+13%）×13%=34 513.27（元）

借：银行存款	2 850 000
原材料	150 000
贷：主营业务收入	2 654 867.26
应交税费——应交增值税（销项税额）	345 132.74

④以物易物。以物易物是指购销双方在进行交易时，通常不以货币结算或不主要以货币结算，而以货物相互结算的购销方式。对于以物易物中的增值税，购销双方按各自发出的货物开具增值税专用发票核算销项税额，按各自收到的对方开来的增值税专用发票核算进项税额。

【例 2-29】北京昌达股份有限公司以账面价值 8 000 元、公允价值 10 000 元的 H1 材料，换入鸿达公司账面价值为 120 000 元、公允价值为 10 000 元的 H2 材料，昌达公司支付运费 400 元，鸿达公司支付运费 300 元，两公司均未对存货计提跌价准备，增值税税率均为 13%。双方均开具了增值税专用发票。编制昌达公司和鸿达公司的会计分录。

昌达公司编制的会计分录如下：

借：原材料——H2 材料	10 400
应交税费——应交增值税（进项税额）	1 300
贷：原材料——H1 材料	8 000
应交税费——应交增值税（销项税额）	1 300
银行存款	400
营业外收入——非货币性资产交换利得	2 000

鸿达公司会计分录如下：

借：原材料——H1 材料	10 300
应交税费——应交增值税（进项税额）	1 300
营业外支出——非货币性资产交换损失	2 000
贷：原材料——H2 材料	12 000
应交税费——应交增值税（销项税额）	1 300
银行存款	300

2）进项税额的会计核算

（1）接受投资者投入存货的会计核算。企业接受投资者投入的存货，应按取得的专用发票上注明的增值税税额，借记“应交税费——应交增值税（进项税额）”科目；按投资合同或协议约定的价值，借记“原材料”“库存商品”等科目；按投资者应享有的注册资本份额，贷记“实收资本”或“股本”科目；按其差额贷记“资本公积”科目。

【例 2-30】双峰股份有限公司为增值税一般纳税人，2021 年 2 月接受联营单位投入原材料一批，双方协商确认价值为 600 000 元，取得投资方开具的增值税专用发票，内列增值税额 78 000 元。按投资协议，投资者在公司享有 100 000 股股份，每股价值 6 元。编制会计分录。

企业根据增值税专用发票、材料入库单等凭证，编制会计分录：

借：原材料	600 000
应交税费——应交增值税（进项税额）	78 000
贷：股本	600 000

资本公积——股本溢价　　78 000

（2）接受捐赠存货的会计核算。企业接受捐赠的存货，应按取得的专用发票上注明的增值税税额，借记“应交税费——应交增值税（进项税额）”科目；按确认的捐赠价值借记“原材料”“库存商品”等科目：按接受捐赠货物价税合计额，贷记“营业外收入——非货币性捐赠利得”科目。

【例 2-31】芳纶线业有限公司本月接受国外客户捐赠模具一批，捐赠方提供的发票账单内列该批模具价值 100 000 元。公司以转账支票支付报关进口关税 20 000 元、进口增值税 15 600 元。编制会计分录。

根据增值税专用发票和材料入库单，编制会计分录：

借：周转材料——模具　　120 000
　　应交税费——应交增值税（进项税额）　　15 600
　　贷：营业外收入——非货币性捐赠利得　　100 000
　　　　银行存款　　35 600

（3）接受应税劳务的会计核算。企业接受应税劳务，应按取得的专用发票上注明的应计入加工、修理修配等劳务成本的金额，借记“其他业务成本”“制造费用”或“委托加工物资”等科目；按专用发票上注明的增值税税额，借记“应交税费——应交增值税（进项税额）”科目；按实际支付款，贷记“银行存款”等科目。

【例 2-32】接【例 2-31】资料，2021 年 3 月，公司基本生产车间委托某修理厂修理设备，以银行存款支付修理费 3 000 元，增值税 390 元，取得增值税专用发票。编制会计分录。

根据增值税专用发票和银行支付凭证，编制会计分录：

借：制造费用　　3 000
　　应交税费——应交增值税（进项税额）　　390
　　贷：银行存款　　3 390

（4）购进免税农产品的会计核算。企业购进免税农产品，应按购入农产品的买价和规定的扣除率计算的金额，借记“应交税费——应交增值税（进项税额）”科目；按买价扣除按规定计算的进项税额后的余额，借记“物资采购”或“原材料”“库存商品”等科目；按实际支付款，贷记“银行存款”等科目。

【例 2-33】乐口福食品有限公司属于增值税一般纳税人，2021 年 8 月，向当地农民收购小麦，填开的经税务机关批准使用的收购凭证上注明的买价为 50 000 元。该批小麦已运抵企业并验收入库，货款以现金支付。计算并编制会计分录。

购进免税农产品允许抵扣的进项税额 =50 000 × 9%=4 500（元）

农产品采购成本 =50 000 － 4 500=45 500（元）

根据农产品收购发票、入库单及付款凭证编制会计分录：

借：原材料　　45 500
　　应交税费——应交增值税（进项税额）　　4 500
　　贷：库存现金　　50 000

（5）进货退回或折让的会计核算。

①购入货物退回。在未付款且未作账务处理的情况下，只需将“发票联”和“抵扣联”退还给销货方。在已付款或已作账务处理，发票联和抵扣联无法退还的情况下，购货方必须取得当地主管税务机关开具的销售退回及索取折让证明单送销货方，作为销货方开具红字专用发票的依据。红字专用发票的发票联和抵扣联就是购货方扣减当期进项税额的凭证。

【例 2-34】北京昌达股份有限公司购入 H1 材料一批，取得增值税专用发票，注明价款 12 000 元、增值税 1 560 元，款项以银行存款支付。H1 材料运到，经验收发现质量有问题要求全部退货，取得当地主管税务机关的证明单送销货方，并以现金代垫退货运费 800 元。编制会计分录。

购入货物支付货款，并在当期办理增值税抵扣认证时，编制会计分录：

借：在途物资　12 000

　　应交税费——应交增值税（进项税额）　1 560

　　贷：银行存款　13 560

收到销货方开来的红字专用发票及转来货款时，编制会计分录：

借：银行存款　14 360

　　贷：应收账款　12 800

　　　　应交税费——应交增值税（进项税额）　1 560

②购入货物折让。在未付款且未作账务处理的情况下，只需将“发票联”和“抵扣联”退还给销货方，由销货方按折让后的价款重新开具专用发票。在已付款或已作账务处理，发票联和抵扣联无法退还的情况下，购货方应当向当地主管税务机关索取销售退回及索取折让证明单送销货方，然后根据销货方开具的红字发票联和抵扣联进行账务处理。

【例 2-35】假定【例 2-34】中 H1 材料验收入库时发现质量有问题，经与销货方协商后同意折让 20%，编制会计分录。

材料验收入库时，按折让后的金额，编制会计分录：

借：原材料——H1 材料　9 600

　　应收账款　2 400

　　贷：在途物资——H1 材料　12 000

收到销货方转来折让金额的红字专用发票时，编制会计分录：

借：银行存款　2 712

　　贷：应收账款　2 400

　　　　应交税费——应交增值税（进项税额）　312

（6）购进固定资产及其运输费的会计核算。一般纳税人购进固定资产进项税额的核算应区分不同情况处理：购进用于应税项目生产经营的固定资产，可凭法定扣税凭证抵扣进项税额，包括承担的运输费用的进项税额；对购进自用的应征消费税的摩托车、汽车、游艇以及用于非增值税应税项目、增值税免税项目、集体福利或个人消费的固定资产，不得计算抵扣进项税额。

【例 2-36】北京昌达股份有限公司 2021 年 5 月购入小轿车一辆作为固定资产使用，取得增值税专用发票，注明价款 80 000 元、增值税 10 400 元；同时缴纳车辆购置税 8 000 元，支付其他费用 5 000 元，取得相关票据，编制会计分录。

根据机动车销售统一发票、完税凭证、固定资产验收单等凭证，编制会计分录：

借：固定资产　103 400

　　贷：银行存款　103 400

【例 2-37】北京昌达股份有限公司 2021 年 9 月购入不需安装的生产设备一台，取得增值税专用发票，注明价款 80 000 元、增值税额 10 400 元，款项以转账支票付讫。编制会计分录。

根据增值税专用发票、设备验收单和银行付款凭证等，编制会计分录：

借：固定资产　80 000

　　应交税费——应交增值税（进项税额）　10 400

　　贷：银行存款　90 400

（7）进口货物的会计核算。一般纳税人从国外进口货物，应以海关提供的完税凭证为记账依据，根据完税凭证上注明的进口货物采购成本，借记“原材料”“库存商品”等科目；按完税凭证上注明的增值税税额，借记“应交税费——应交增值税（进项税额）”科目；按实际支付的金额，贷记“银行存款”“其他货币资金”等科目。

【例 2-38】兴华电子公司从国外进口电子元件一批，关税完税价格 700 000 元，关税税率为 10%，货物已验收入库，计算税额并编制相关会计分录。

关税 =700 000 × 10%=70 000（元）

应纳进口增值税额 =（700 000+70 000）× 13%=100 100（元）

固定资产入账成本 =700 000+70 000=770 000（元）

根据固定资产验收单、购货发票和海关完税凭证等，编制会计分录：

借：固定资产　　770 000

　应交税费——应交增值税（进项税额）　　100 100

　贷：银行存款　　870 100

提示

纳税人进口的作为固定资产使用的应征消费税的摩托车、汽车、游艇，应将进口环节缴纳的增值税计入固定资产的原值，不得作为进项税额抵扣。

3）不得抵扣进项税额的会计核算

购进货物发生的不得抵扣的增值税税额应计入购入的货物成本，但如果购进货物或应税劳务的进项税额已申报抵扣，应将已抵扣的增值税进项税额作转出处理，扣减发生当期的进项税额。具体包括：已作进项税额抵扣的购进货物或应税劳务事后改变用途，用于非增值税应税项目、增值税免税项目、集体福利或个人消费；已作进项税额抵扣的购进货物发生非正常损失、在产品或产成品发生非正常损失，具体会计核算方法如下。

①购进货物取得普通发票的会计核算。一般纳税人购进货物取得普通发票的，除税法另有规定外，不得计算抵扣进项税额。

【例 2-39】天源药业公司 2021 年 3 月从小规模纳税人购入包装箱一批，取得普通发票，注明价款 8 000 元，包装箱已验收入库，款项已支付，编制会计分录。

根据购货普通发票、验收入库单和银行付款凭证，编制会计分录：

借：周转材料——包装箱　　8 000

　贷：银行存款　　8 000

（2）购进货物或应税劳务用于非增值税应税项目的会计核算。若企业购进货物时就能明确将其用于非增值税应税项目的，应将发票上注明的增值税税额直接计入相关项目的成本。若企业购进的生产经营用货物改变用途用于非应税项目的，应在改变其用途时，将原已申报抵扣的进项税额作转出处理，贷记“应交税费——应交增值税（进项税额转出）”科目。

【例 2-40】宏宇建材厂因改扩建仓库的需要，领用上月购入的生产用钢材一批。经查该批钢材进价成本为 250 000 元，编制会计分录。

根据领料单编制会计分录：

借：在建工程　　282 000

　贷：原材料　　250 000

　　应交税费——应交增值税（进项税额转出）　　32 500

（3）购进货物或应税劳务用于集体福利或个人消费的会计核算。企业购入货物及接受应税劳务直接用于职工集体福利等，按专用发票上注明的增值税额，计入购入货物及接受劳务的成本，借记“应付职工薪酬”等账户；贷记“银行存款”等账户。需要注意，纳税人购进用于交际应酬的货物，不允许抵扣进项税额。

【例 2-41】北京昌达股份有限公司将一批库存外购生产用材料以福利形式平均发放给单位职工。该批材料购进时已取得增值税专用发票并申报抵扣，其实际成本 65 000 元，增值税税率为 13%。上述生产用外购货物改变用途用于职工福利，其增值税应作怎样的会计处理？

进项税额转出 =65 000 × 13%=8 450（元）

列入福利支出金额 =65 000+8 450=73 450（元）

该单位应在决定发放福利时，编制会计分录：

借：生产成本等 73 450

　　贷：应付职工薪酬——非货币性福利 73 450

实际发放时，编制会计分录：

借：应付职工薪酬——非货币性福利 73 450

　　贷：原材料 65 000

　　　　应交税费——应交增值税（进项税额转出） 8 450

（4）非正常损失购进货物的会计核算。非正常损失购进货物的增值税，包括购进货物发生非正常损失的进项税额和非正常损失的在产品、产成品所耗用的购进货物或应税劳务的进项税额。税法规定发生非正常损失货物的进项税额不得抵扣。因此，企业发生非正常损失后，原已抵扣的进项税额应予转出，贷记“应交税费——应交增值税（进项税额转出）”科目，同时借记“待处理财产损溢”科目。

【例 2-42】雅伦橡胶厂为增值税一般纳税人，2021 年 10 月购入原材料 1 200 千克，单位不含税价格 85 元，材料到达实际验收入库 910 千克。公司允许的定额内合理损耗率为 2%，其余为非正常损失。款项以银行存款支付。计算不得抵扣增值税的进项税额并编制会计分录。

全部货物进项税额 =1 200 × 85 × 13%=13 260（元）

不得抵扣进项税额 =（1 200 − 910 − 1 200 × 2%）× 85 × 13%=2 939.3（元）

原材料采购成本 =（910+1 200 × 2%）× 85=79 390（元）

购入原材料时，编制会计分录：

借：在途物资 102 000

　　应交税费——应交增值税（进项税额） 13 260

　　贷：银行存款 115 260

原材料物验收入库时，编制会计分录：

借：原材料 79 390

　　待处理财产损溢——待处理流动资产损溢 25 549.3

　　贷：在途物资 102 000

　　　　应交税费——应交增值税（进项税额转出） 2 939.3

（5）固定资产进项税额转出的会计核算。增值税法规规定，已抵扣进项税额的固定资产用于非应税项目、免税项目、集体福利或个人消费以及发生非正常损失，应当在当月按下列公式计算不得抵扣的进项税额：

不得抵扣的进项税 = 固定资产净值 × 适用税率

上式所述固定资产净值，是指纳税人按照财务制度计提折旧后计算的固定资产净值。

【例 2-43】北京昌达股份有限公司因管理不善丢失一台生产用设备。该设备于 2021 年 1 月购入，原值 115 000 元，进项税额 14 950 元已在购进当月申报抵扣，设备已提折旧 35 000 元。上述固定资产已抵扣的进项税额是否要转出？如果是，请计算并编制会计分录。

上述固定资产于 2021 年 1 月购入，根据增值税法规规定，购进固定资产的进项税额已予抵扣，因此当发生非正常损失时，已抵扣的进项税额必须作转出处理。

进项税额转出 =（115 000-35 000）× 13%=10 400（元）

根据固定资产损失报告单，编制会计分录：

借：待处理财产损溢 90 400

累计折旧 35 000

贷：固定资产 115 000

应交税费——应交增值税（进项税额转出） 10 400

4）一般纳税人增值税结转及上缴的会计核算

企业购销等业务发生的进项税额、销项税额，平时均在“应交税费——应交增值税”的明细科目有关专栏核算。月末，结出借、贷方合计和余额，计算企业当期应缴纳的增值税额，并在规定的期限内向税务机关申报缴纳。

当期应纳增值税额 =（销项税额 + 出口退税 + 进项税额转出）－（进项税额 + 期初留抵税额 + 已交税金 + 减免税款 + 出口递减内销产品应纳税额）

企业按规定期限申报缴纳的增值税，根据取得的缴款书回执联，作会计分录：

借：应交税费——应交增值税

贷：银行存款

5）减免增值税的会计核算

减免增值税分为先征后返、即征即退、直接减免三种形式，其会计处理也有所不同，但企业收到返还的增值税都应通过“营业外收入——政府补助”账户核算，作为企业利润总额的组成部分。

采用先征收后返、即征即退办法进行减免的企业，在销售货物时，应按正常会计核算程序核算应纳增值税税额。当办理增值税退还手续收到退税款时，直接作会计分录：

借：银行存款

贷：营业外收入——政府补助

直接减免增值税不属于政府补助。如果是免税，在会计处理时，借记“应收账款”等，贷记“主营业务收入”，即不反映“应交税费”的贷项；若是减税，只按应交增值税的税额，贷记“应交税费”即可。

6）生产企业“免、抵、退”增值税税额的会计核算

实行“免、抵、退”办法办理出口退税的生产企业，直接出口和委托外贸企业代理出口的货物，在出口销售环节免征增值税，并按规定的退税率计算出口货物的进项税额。企业按购进原材料等取得的增值税专用发票上记载的增值税税额与按照退税率计算的增值税税额的差额，借记“主营业务成本”账户，贷记“应交税费——应交增值税（进项税转出）”账户，按规定的退税率计算出口货物的进项税额抵减内销产品的应纳税额，借记“应交税费——应交增值税（出口抵减内销产品应纳税额）”账户，贷记“应交税费——应交增值税（出口退税）”账户；对确因出口比重过大，在规定期限内不足抵减的，不足部分可按有关规定给予退税，借记“其他应收款”账户，贷记“应交税费——应交增值税（出口退税）”账户。

2.4.2 简易方法应纳税额的核算

1. 购进增值税的会计核算

实行简易办法征收增值税的小规模纳税人，购进货物或接受应税劳务时，不论是否取得增值税专用发票，支付给销售方的增值税都应计入购进货物或应税劳务的成本，不得抵扣。在会计处理时，按全部价款和税款，借记“在途物资”或“库存商品”“原材料”“管理费用”“主营业务成本”“制造费用”等科目，贷记“银行存款”或“应付账款”等科目。

【例 2-44】某小规模纳税人购进商品的价款为 90 000 元，增值税款为 11 700 元，支付运费 800 元，装卸费 200 元。上述款项均已通过银行存款支付。进行相关的账务处理。

借：库存商品 101 700

贷：银行存款　　101 700

2. 销售增值税的会计核算

小规模纳税人销售货物实行简易征收方法，按征收率 3% 计算税额。小规模纳税人一般不得为购货方开具增值税专用发票，如果购货方特别提出开具专用发票要求的，小规模纳税人应持普通发票前往税务机关换开专用发票。无论是否开具专用发票，小规模纳税人均应按实现的应税收入和征收率计算应纳税额，并计入“应交税费——应交增值税”账户。实现销售时，按价税合计数，借记“银行存款”“应收账款”等科目，按不含税销售额，贷记“主营业务收入”“其他业务收入”等科目，按规定收取的增值税，贷记“应交税费——应交增值税”科目。

【例 2-45】佳佳商贸公司被认定为小规模纳税人，2021 年 5 月销售各类商品货物，取得收入 75 000 元（含税），购进货物金额为 60 000 元，计算应纳增值税额并进行账务处理。

应纳增值税额 =75 000 ÷（1+3%）× 3%=2 184.47（元）

借：银行存款　　75 000

　　贷：主营业务收入　　72 815.53

　　　　应交税费——应交增值税　　2 184.47

上交本月增值税时：

借：应交税费——应交增值税　　2 184.47

　　贷：银行存款　　2 184.47

3. 上缴增值税的核算

小规模纳税人在上缴增值税时，按实际缴纳的税款，借记“应交税费——应交增值税”科目，贷记“银行存款”科目。

2.5 增值税的税收优惠

关键词

免征增值税
统借统还业务
资产重组

情景

增值税的税收优惠。

北京昌达股份有限公司购进一批农业产品，根据《增值税暂行条例》规定，农业生产者销售的自产农业产品可以免征增值税。

1. 免税增值税项目

《增值税暂行条例》规定，下列项目免征增值税。

（1）农业生产者销售的自产农业产品。

（2）避孕药品和用具。

（3）古旧图书。

（4）直接用于科学研究、科学试验和教学的进口仪器、设备。

（5）外国政府、国际组织无偿援助的进口物资和设备。

（6）由残疾人组织直接进口供残疾人专用的物品。

（7）销售个人（不包括个体工商户）自己使用过的物品。

除上述规定外，增值税的免税、减税项目由国务院规定，任何地区、部门均不得规定免税、减税项目。

2. 免征增值税项目

（1）托儿所、幼儿园提供的保育和教育服务。

公办托儿所、幼儿园免征增值税的收入，是指在省级财政部门和价格主管部门审核报省级人民政府批准的收费标准以内收取的教育费、保育费。

民办托儿所、幼儿园免征增值税的收入，是指在报经当地有关部门备案并公示的收费标准范围内收取的教育费、保育费。

超过规定收费标准的收费，以开办实验班、特色班和兴趣班等为由另外收取的费用以及与幼儿入园挂钩的赞助费、支教费等超过规定范围的收入，不属于免征增值税的收入。

（2）养老机构提供的养老服务。

（3）残疾人福利机构提供的育养服务。

（4）婚姻介绍服务。

（5）殡葬服务。

（6）残疾人员本人为社会提供的服务。

（7）医疗机构提供的医疗服务。

医疗机构是指依据国务院《医疗机构管理条例》（中华人民共和国国务院令第 149 号）及卫生部《医疗机构管理条例实施细则》（中华人民共和国卫生部令第 35 号）的规定，经登记取得“医疗机构执业许可证”的机构，以及军队、武警部队各级各类医疗机构。

（8）从事学历教育的学校提供的教育服务。

学历教育是指受教育者经过国家教育考试或者国家规定的其他入学方式，进入国家有关部门批准的学校或者其他教育机构学习，获得国家承认的学历证书的教育形式，但不包括职业培训机构等国家不承认学历的教育机构。

提供教育服务免征增值税的收入，是指对列入规定招生计划的在籍学生提供学历教育服务取得的收入，但是学校以各种名义收取的赞助费、择校费等，不属于免征增值税的范围。

（9）学生勤工俭学提供的服务。

（10）农业机耕、排灌、病虫害防治、植物保护、农牧保险以及相关技术培训业务，家禽、牲畜、水生动物的配种和疾病防治。

对于动物诊疗机构销售动物食品和用品，提供动物清洁、美容、代理看护等服务，应按照现行规定缴纳增值税。

（11）纪念馆、博物馆、文化馆、文物保护单位管理机构、美术馆、展览馆、书画院、图书馆在自己的场所提供文化体育服务取得的第一道门票收入。

（12）寺院、宫观、清真寺和教堂举办的文化、宗教活动的门票收入。

（13）行政单位之外的其他单位收取的符合规定条件的政府性基金和行政事业性收费。

（14）个人转让著作权。

（15）个人销售自建自用住房。

（16）台湾航运公司、航空公司从事海峡两岸海上直航、空中直航业务在大陆取得的运输收入。

（17）纳税人提供的直接或者间接国际货物运输的代理服务。

（18）下列利息收入免征增值税：①国家助学贷款；②国债、地方政府债务；③人民银行对金融机构的贷款；④住房公积金管理中心用住房公积金在指定的委托银行发放的个人住房贷款；⑤外汇管理部门在从事国家外汇储备经营过程中，委托金融机构发放的外汇贷款。⑥统借统还业务中，企业集团或企业集团中的核心企业以及集团所属财务公司，按不高于支付给金融机构的借款利率水平或者支付的债券票面利率水平，向企业集团或者集团内下属单位收取的利息，统借方向资金使用单位收取的利息，高于支付给金融机构借款利率水平或者支付的债券票面利率水平的，应全额缴纳增值税；⑦自 2018 年 11 月 7 日起至 2021 年 11 月 6 日止，对境外机构投资境内债券市场取得的债券利息收入暂免征收增值税。

（19）保险公司开办的一年期以上人身保险产品取得的保费收入。一年期以上人身保险是指保险期间为一年期及以上返还本利的人寿保险、养老年金保险以及保险期间为一年期及以上的健康保险。

（20）再保险服务。

3. 不征税增值税项目

（1）根据国家指令无偿提供的铁路运输服务、航空运输服务，属于《营改增通知》规定的用于公益事业的服务。

（2）存款利息。

（3）被保险人获得的保险赔付。

（4）房地产主管部门或者其指定机构、公积金管理中心、开发企业以及物业管理单位代收的住宅专项维修资金。

（5）在资产重组过程中，通过合并、分立、出售、置换等方式，将全部或者部分实物资产以及与其相关联的债权、负债和劳动力一并转让给其他单位和个人，其中涉及的不动产、土地使用权转让行为。

（6）纳税人在资产重组过程中，通过合并、分立、出售、置换等方式，将全部或者部分实物资产以及与其相关联的债权、负债和劳动力一并转让给其他单位和个人的，不属于增值税的征税范围，其中涉及的货物转让，不征收增值税。

2.6 增值税的税收征管

关键词

税收征管
纳税期限
纳税申报

情景 1

增值税的纳税期限。

北京昌达股份有限公司购进一批进口货物，应当自海关填发海关进口增值税专用缴款书之日起 15 日内缴纳税款。

情景 2

增值税纳税地点。

北京昌达股份有限公司应当向其机构所在地主管税务机关申报纳税。

2.6.1 增值税的纳税时间

《增值税暂行条例》明确规定了增值税纳税义务的发生时间。纳税义务发生时间，是纳税人发生应税行为应当承担纳税义务的起始时间。税法明确规定纳税义务发生时间的作用在于：正式确认纳税人已经发生属于税法规定的应税行为，应承担纳税义务；有利于税务机关实施税务管理，合理规定申报期限和纳税期限，监督纳税人切实履行纳税义务。

销售货物或者应税劳务的纳税义务发生时间，可以分为一般规定和具体规定。

1. 一般规定

（1）纳税人销售货物或应税劳务，纳税义务的发生时间为收讫销售款项或者取得索取销售款凭据的当天；先开具发票的，为开具发票的当天。

（2）纳税人进口货物，纳税义务的发生时间为报关进口的当天。

（3）增值税扣缴义务的发生时间为纳税人增值税纳税义务发生的当天。

2. 具体规定

纳税人收讫销售款项或者取得索取销售款项凭据的当天，按销售结算方式的不同，纳税时间具体分为以下几种情况。

（1）采取直接收款方式销售货物的，不论货物是否发出，均为收到销售款或取得索取销售款凭据的当天。

（2）采取托收承付和委托银行收款方式销售货物的，为发出货物并办妥托收手续的当天。

（3）采取赊销和分期收款方式销售货物的，为书面合同约定的收款日期的当天，无书面合同或者书面合同没有约定收款日期的，为货物发出的当天。

（4）采取预收货款方式销售货物的，为货物发出的当天，但生产销售生产工期超过 12 个月的大型机械设备、船舶、飞机等货物的，为收到预收款或者书面合同约定的收款日期的当天。

（5）委托其他纳税人代销货物的，为收到代销清单或者收到全部或者部分货款的当天。未收到代销清单及货款的，为发出代销货物满 180 天的当天。

（6）销售应税劳务，为提供劳务同时收讫销售款或者取得索取销售款凭据的当天。

（7）纳税人发生《增值税暂行条例实施细则》第四条第（三）项至第（八）项所列视同销售货物行为的，为货物移送的当天。

上述销售货物或应税劳务纳税义务发生时间的确定，明确了企业在计算应纳税额时，对“当期销项税额”时间的限定，是增值税计税和征收管理中的重要规定。目前，一些企业没有按照上述规定的纳税义务发生时间将实现的销售收入及时入账并计算纳税，而是采取延迟入账或不计销售收入等做法，以拖延纳税或逃避纳税，这些做法都是错误的。企业必须按上述规定的时限及时、准确地记录销售额并计算当期销项税额。

2.6.2 增值税的纳税期限

增值税的纳税期限分别为 1 日、3 日、5 日、10 日、15 日、1 个月或者 1 个季度，其中以 1 个季度为纳税期限的规定仅适用于小规模纳税人。纳税人的具体纳税期限，由主管税务机关根据纳税人应纳税额的大小分别核定；不能按照固定期限纳税的，可以按次纳税。

纳税人以 1 个月或者 1 个季度为一个纳税期限的，自期满之日起 15 日内申报纳税；以 1 日、3 日、5 日、10 日或 15 日为一个纳税期限的，自期满之日起 5 日内预缴税款，于次月 1 日起 15 日内申报纳税并结清上月应纳税款。

扣缴义务人解缴税款的期限，依照有关规定执行。

纳税人进口货物，应当自海关填发海关进口增值税专用缴款书之日起 15 日内缴纳税款。

2.6.3 增值税纳税地点

（1）固定业户应当向其机构所在地主管税务机关申报纳税。

总机构和分支机构不在同一县（市）的，应当分别向各自所在地主管税务机关申报纳税；经国务院财政、税务主管部门或其授权的财政、税务机关批准，可以由总机构汇总，向总机构所在地主管税务机关申报纳税。

固定业户到外县（市）销售货物或应税劳务的，应当向其机构所在地主管税务机关申请开具外出经营活动税收管理证明，并向其机构所在地主管税务机关申报纳税；未开具证明的，应当向销售地或劳务发生地主管税务机关申报纳税；未向销售地或劳务发生地主管税务机关申报纳税的，由其机构所在地主管税务机关补征税款。

（2）非固定业户销售货物或应税劳务的，应当向销售地或者劳务发生地主管税务机关申报纳税；未向销售地或劳务发生地主管税务机关申报纳税的，由其机构所在地或居住地主管税务机关补征税款。

（3）进口货物，应当向报关地海关申报纳税。

（4）扣缴义务人应当向其机构所在地或居住地的主管税务机关申报缴纳扣缴税款。

项目小结

增值税的计算和会计核算是本书重点项目之一，本项目主要介绍了我国现行增值税的征税范围、纳税人和税率；一般纳税人和小规模纳税人应纳税额的计算；一般纳税人和小规模纳税人会计核算及会计处理方法；增值税的税收优惠。本项目涉及的内容多，会计处理方法也比较复杂，应在理解的基础上，重点把握。

项目3
消费税和关税法律制度

导语

消费税是以特定消费品为课税对象所征收的一种税，属于流转税的范畴；关税是引进出口商品经过一国关境时，由政府所设置的海关向其引进出口商所征收的税收。一般说来，出口商品大都免征关税，与此同时，出口商品也大都免征消费税。反之，进口商品大都征收进口关税，同时，也大都征收进口环节消费税。

通过本项目，可以学习：

1. 消费税的征税范围；
2. 消费税的税目；
3. 消费税的计算；
4. 关税的税率；
5. 关税的计算。

学习目标

- 熟悉消费税和关税的基本法律知识
- 掌握消费税的税目、税率
- 关税的税率及优惠政策

应知应会

- 消费税和关税应纳税额的计算
- 消费税和关税涉税业务的会计处理
- 消费税和关税的税收征管

项目地位

消费税作为中国流转税系中三大主体税种之一，在中国税制中占有十分重要的地位。消费需求是影响社会经济增长的关键要素，适度消费既能够满足居民的生活消费，又能够推动社会经济的稳定增长。关税是调节国家经济状况的重要手段，在一些对外贸易发达的国家，关税甚至是国家税收乃至国家财政的主要收入。

项目导图

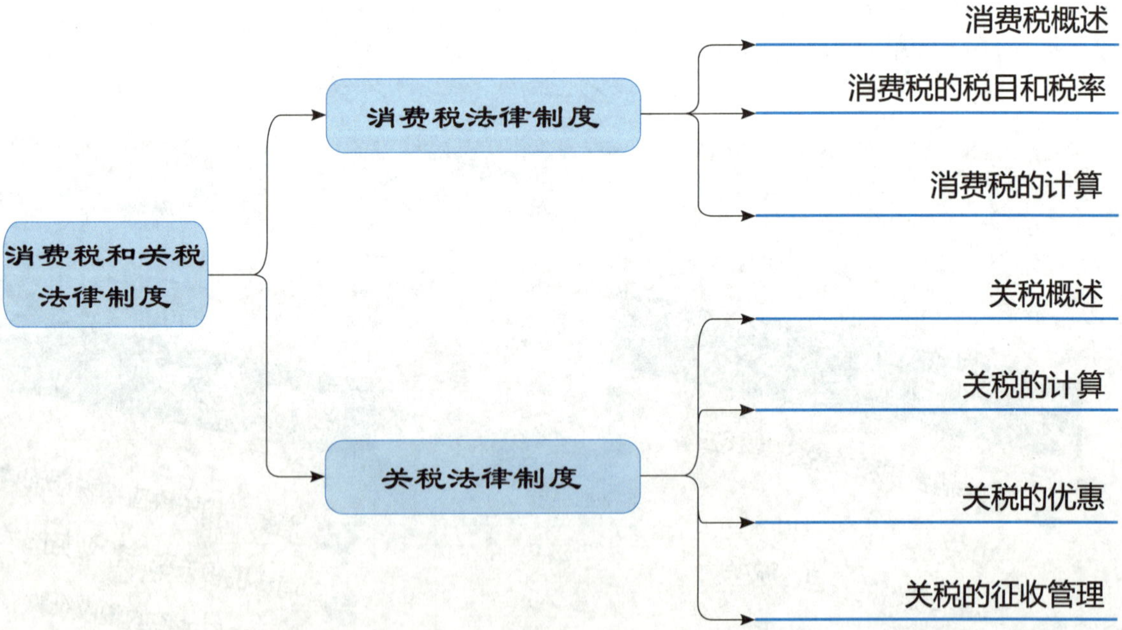

3.1 消费税法律制度

关键词

消费税
比例税率
定额税率

情景 1

消费税的计算。

北京昌达股份有限公司为增值税一般纳税人，2021 年 4 月销售各类鞭炮，开具增值税专用发票注明的销售额为 200 000 元；开具普通发票注明的销售额为 33 900 元。

情景 2

扣除税额的计算

天华卷烟厂 2021 年 6 月份库存烟丝（全部为外购）账户资料显示：月初库存 50 000 元，本月购进 230 000 元，月末库存 40 000 元，减少部分全部为生产卷烟领用。本月生产销售卷烟 20 标准箱，每标准条调拨价 56 元，取得不含税销售额 320 000 元，款项已收。

3.1.1 消费税概述

1. 消费税的概念

消费税是对消费品和特定消费行为征收的一种间接税。广义上，消费税应对所有消费品包括生活必需品和日用品普遍课税；但从征收实践上看，消费税主要指对特定消费品或特定消费行为等课税。税收随价格而转嫁给消费者负担，消费者是消费税的实际承担者。

消费税是国家贯彻消费政策、引导消费结构，引导产业结构的重要手段。消费税在保证国家财政收入，体现国家经济政策方面具有十分重要的意义。

2. 消费税的征税范围

根据《中华人民共和国消费税暂行条例》(简称《消费税暂行条例》)及实施细则规定，并非所有的消费品都属于应税消费品，而是仅限于该条例规定的消费品，即该条例所附的《消费税税目税率表》中所规定的消费品。新修订的《消费税税目税率表》中消费税的范围，是根据我国目前的经济发展现状和消费政策、产业政策，我国人民的消费水平、消费结构，资源供给和消费需求状况，以及国家财政需要，并借鉴国外的成功经验和通行做法确定的，主要是为了限制、调节人们的消费行为。

1）生产应税消费品

生产应税消费品的销售是消费税征收的主要环节，因消费税具有单一环节征收的特点，对于大多数消费税应税商品而言，在生产销售环节征税以后，货物在流通环节无论再转销多少次，均不再缴纳。生产应税消费品除了直接对外销售应当征收消费税外，纳税人将生产的应税消费品用于继续生产应税消费品以外的其他方面，以及将生产的应税消费品用于换取生产资料、消费资料、投资入股、偿还债务等，都应缴纳消费税。

2）委托加工应税消费品

委托加工应税消费品是指委托方提供原料和主要材料，受托方只收取加工费和代垫部分辅助材料加工的应税消费品。由受托方提供原料或其他情形的一律不能视同委托加工应税消费品。委托加工的应税消费品回收后，再继续用于生产应税消费品销售且符合现行政策规定的，加工环节缴纳的消费税可以扣除。

3）进口应税消费品

单位和个人进口货物属于消费税征收范围的，在进口环节缴纳消费税。为减少征税成本，进口环节缴纳的消费税由海关代征。

4）零售应税消费品

经国务院批准，自 1995 年 1 月 1 日起，贵重首饰和珠宝玉石的消费税由生产销售环节征收改为零售环节征收。由于纳税人销售金银首饰、钻石及钻石饰品、珠宝玉石时取得的收入含有增值税，故在计算消费税时，应以不含增值税的销售额作为计税依据。

对既销售金银首饰，又销售非金银首饰的生产、经营单位，应将两类商品划分清楚，分别核算销售额。凡划分不清楚不能分别核算的，若在生产环节销售，一律从高适用税率征收消费税；若在零售环节销售，一律按金银首饰征收消费税。金银首饰与其他产品组成成套消费品销售的，应按销售额全额征收消费税。

金银首饰连同包装物销售的，无论包装是否单独计价，也无论会计上如何核算，均应并入金银首饰的销售额，计征消费税。

带料加工的金银首饰，应按受托方销售同类金银首饰的销售价格确定计税依据征收消费税。没有同类金银首饰销售价格的，按组成计税价格计算纳税。

纳税人采用以旧换新（含翻新改制）方式销售的金银首饰，按实际收取的不含增值税的全部价款确定计税依据征收消费税。

5）批发销售卷烟

自 2015 年 5 月 10 日起，将卷烟批发环节从价税税率由 5% 提高至 11%，并按 0.005 元 / 支加征从量税。

烟草批发企业将卷烟销售给其他烟草批发企业的，不缴纳消费税。

卷烟消费税改为在生产和批发两个环节征收后，批发企业在计算应纳税额时不得扣除已含的生产环节的消费税税款。

纳税人兼营卷烟批发和零售业务的，应当分别核算批发和零售环节的销售额、销售数量；未分别核算批发和零售环节销售额、销售数量的，按全部销售额、销售数量计征批发环节消费税。

3. 消费税的纳税义务人

根据《消费税暂行条例》规定，消费税的纳税人为：在中华人民共和国境内生产、委托加工和进口应税消费品的单位和个人。自 2009 年 1 月 1 日起，增加了国务院确定的销售应税消费品的其他单位和个人。具体来说，消费税纳税人包括：生产应税消费品的单位和个人；进口应税消费品的单位和个人；委托加工应税消费品的单位和个人；自 2009 年 1 月 1 日起，国务院确定的销售应税消费品的单位和个人。其中委托加工的应税消费品由受托方于委托方提货时代扣代缴（受托方为个体经营者除外），自产自用的应税消费品，由自产自用单位和个人在移送使用时缴纳消费税。

进口的应税消费品，尽管其产制地不在我国境内，但在我国境内销售或消费。为了平衡进口应税消费品与本国应税消费品的税负，必须由从事进口应税消费品的进口人或其代理人按照规定缴纳消费税。个人携带或者邮寄入境的应税消费品的消费税连同关税一并计征，由携带入境者或者收件人缴纳消费税。

3.1.2 消费税的税目和税率

1. 消费税的税目

根据消费税法规规定，消费税的征税范围包括烟、酒、化妆品、贵重首饰及珠宝玉石、鞭炮焰火、成品油、摩托车、小汽车、高尔夫球及球具、高档手表、游艇、木制一次性筷子、实木地板、电池、涂料等 15 个税目，有的税目还可以进一步划分为若干子目。其具体范围如下。

1）烟

本税目下设卷烟（分生产环节和批发环节）、雪茄烟和烟丝 3 类。卷烟的征税范围包括各种规格、型号的国产卷烟、进口卷烟、白包卷烟、手工卷烟等；雪茄烟的征税范围包括各种规格、型号的雪茄烟；烟丝的征税范围包括以烟叶为原料加工生产的不经卷制的散装烟，如斗烟、莫合烟、烟末、水烟、黄红烟丝等。

2）酒

酒是酒精度在 1 度以上的各种酒类饮料，包括白酒、黄酒、啤酒和其他酒。啤酒每吨出厂价（含包装物及包装物押金）在 3 000 元（含 3 000 元，不含增值税）以上的是甲类啤酒，每吨出厂价（含包装物及包装物押金）在 3 000 元（不含增值税）以下的是乙类啤酒。其中包装物押金不包括重复使用的塑料周转箱的押金。对饮食业、商业、娱乐业举办的啤酒屋（啤酒坊）利用啤酒生产设备生产的啤酒，应当征收消费税。果啤属于啤酒，按啤酒征收消费税。配制酒（露酒）是指以发酵酒、蒸馏酒或食用酒精为酒基，加入可食用或药食两用的辅料或食品添加剂，进行调配、混合或再加工制成的并改变了其原酒风格的饮料酒，具体规定如下。

（1）以蒸馏酒或食用酒精为酒基，具有国家相关部门批准的国食健字或卫食健字文号并且酒精度低于 38 度（含）的配制酒，按《消费税税目税率表》“其他酒” 10% 的适用税率征收消费税。

（2）以发酵酒为酒基，酒精度低于 20 度（含）的配制酒，按《消费税税目税率表》“其他酒” 10% 的适用税率征收消费税。

（3）其他配制酒，按《消费税税目税率表》“白酒” 适用税率征收消费税。葡萄酒消费税适用 “酒” 税目下设的 “其他酒” 子目。葡萄酒是指以葡萄为原料，经破碎（压榨）、发酵而成的酒精度在 1 度（含）以上的葡萄原酒和成品酒（不含以葡萄为原料的蒸馏酒）。

3）高档化妆品

本税目征收范围包括各类高档美容、修饰类化妆品、高档护肤类化妆品和成套化妆品。高档美容、修饰类化妆品是指香水、香水精、香粉、口红、指甲油、胭脂、眉笔、唇笔、蓝眼油、眼睫毛以及成套化妆品。舞台、戏剧、影视演员化妆用的上妆油、卸装油、油彩不属于本税目的征收范围。高档护肤类化妆品的征收范围另行制定。

4）贵重首饰及珠宝玉石

本税目征收范围包括凡以金、银、铂金、宝石、珍珠、钻石、翡翠、珊瑚、玛瑙等高贵稀有物质以及其他金属、人造宝石等制作的各种纯金、银首饰及镶嵌首饰和经采掘、打磨、加工的各种珠宝玉石。对出国人员在免税商店销售的金银首饰也应征收消费税。

5）鞭炮、焰火

本税目征收范围包括各种鞭炮、焰火。体育上用的发令纸、鞭炮药引线不按本税目征收。

6）成品油

本税目征收范围包括汽油、柴油、石脑油、溶剂油、航空煤油、润滑油、燃料油 7 个子目；航空煤油暂缓征收。

（1）汽油。汽油是指用原油或其他原料加工生产的辛烷值不小于 66 的可用作汽油发动机燃料的各种轻质油。取消车用含铅汽油消费税，汽油税目不再划分二级子目，统一按照无铅汽油税率征收消费税。以汽油、汽油组分调和生产的甲醇汽油、乙醇汽油也属于本税目征收范围。

（2）柴油。柴油是指用原油或其他原料加工生产的倾点或凝点在 - 50 度至 30 度的可用作柴油发动机燃料的各种轻质油和以柴油组分为主、经调和精制可用作柴油发动机燃料的非标油。以柴油、柴油组分调和生产的生物柴油也属于本税目征收范围。

（3）石脑油。石脑油又叫化工轻油，是以原油或其他原料加工生产的用于化工原料的轻质油。石脑油的征收范围包括除汽油、柴油、航空煤油、溶剂油以外的各种轻质油。非标汽油、重整生成油、拔头油、戊烷原料油、轻裂解料（减压柴油 VGO 和常压柴油 AGO）、重裂解料、加氢裂化尾油、芳烃抽余油均属轻质油，属于石脑油征收范围。

（4）溶剂油。溶剂油是用原油或其他原料加工生产的用于涂料、油漆、食用油、印刷油墨、皮革、农药、橡胶、化妆品生产和机械清洗、胶粘行业的轻质油。橡胶填充油、溶剂油原料属于溶剂油征收范围。

（5）航空煤油。航空煤油也叫喷气燃料，是用原油或其他原料加工生产的用作喷气发动机和喷气推进系统燃料的各种轻质油。航空煤油的消费税暂缓征收。

（6）润滑油。润滑油是用原油或其他原料加工生产的用于内燃机、机械加工过程的润滑产品。润滑油分为矿物性润滑油、植物性润滑油、动物性润滑油和化工原料合成润滑油。

润滑油的征收范围包括矿物性润滑油、矿物性润滑油基础油、植物性润滑油、动物性润滑油和化工原料合成润滑油。以植物性、动物性和矿物性基础油（或矿物性润滑油）混合掺配而成的“混合性”润滑油，不论矿物性基础油（或矿物性润滑油）所占比例高低，均属润滑油的征收范围。

另外，用原油或其他原料加工生产的用于内燃机、机械加工过程的润滑产品均属于润滑油征税范围。润滑脂是润滑产品，生产、加工润滑脂应当征收消费税。变压器油、导热类油等绝缘油类产品不属于润滑油，不征收消费税。

（7）燃料油。燃料油也称重油、渣油，是用原油或其他原料加工生产，主要用于电厂发电、锅炉用燃料、加热炉燃料、冶金和其他工业炉燃料。蜡油、船用重油、常压重油、减压重油、180CTS 燃料油、7 号燃料油、糠醛油、工业燃料、4 ~ 6 号燃料油等油品的主要用途是作为燃料燃烧，属于燃料油征收范围。

7）小汽车

汽车是指由动力驱动，具有四个或四个以上车轮的非轨道承载的车辆。

本税目征收范围包括以下几项。

（1）乘用车：含驾驶员座位在内最多不超过9个座位（含）的，在设计和技术特性上用于载运乘客和货物的各类乘用车。

（2）中轻型商用客车：含驾驶员座位在内的座位数在10～23座（含23座）的在设计和技术特性上用于载运乘客和货物的各类中轻型商用客车。

（3）超豪华小汽车：每辆零售价格130万元（不含增值税）及以上的乘用车和中轻型商用客车。

用排气量小于1.5升（含）的乘用车底盘（车架）改装、改制的车辆属于乘用车征收范围。用排气量大于1.5升的乘用车底盘（车架）或用中轻型商用客车底盘（车架）改装、改制的车辆属于中轻型商用客车征收范围。

含驾驶员人数（额定载客）为区间值的（如8～10人、17～26人）小汽车，按区间值下限人数确定征收范围。

电动汽车不属于本税目征收范围。车身长度大于7米（含），并且座位在10～23座（含）以下的商用客车，不属于中轻型商用客车征税范围，不征收消费税。沙滩车、雪地车、卡丁车、高尔夫车不属于消费税征收范围，不征收消费税。

8）摩托车

本税目征收范围包括轻便摩托车和摩托车两种。对最大设计车速不超过50千米/小时，发动机气缸总工作容量不超过50毫升的三轮摩托车不征收消费税。

9）高尔夫球及球具

高尔夫球及球具是指从事高尔夫球运动所需的各种专用装备，包括高尔夫球、高尔夫杆及高尔夫球包（袋）等。

高尔夫球是指重量不超过45.93克、直径不超过42.67毫米的高尔夫球运动比赛、练习用球；高尔夫球杆是指被设计用来打高尔夫球的工具，由杆头、杆身和握把三部分组成；高尔夫球包（袋）是指专用于盛装高尔夫球及球杆的包（袋）。

本税目征收范围包括高尔夫球、高尔夫球杆、高尔夫球包（袋）。高尔夫球杆的杆头、杆身和握把也属于本税目的征收范围。

10）高档手表

高档手表是指销售价格（不含增值税）每只在10 000元（含）以上的各类手表。

11）游艇

游艇是指长度大于8米，小于90米，船体由玻璃钢、钢、铝合金、塑料等多种材料制作，可以在水上移动的水上浮载体。按照动力划分，游艇分为无动力艇、帆艇和机动艇。

本税目征收范围包括艇身长度大于8米（含）小于90米（含），内置发动机，可以在水上移动，一般为私人或团体购置，主要用于水上运动和休闲娱乐等非营利活动的各类机动艇。

12）木制一次性筷子

木制一次性筷子，又称卫生筷子，是指以木材为原料经过锯段、浸泡、旋切、刨切、烘干、筛选、打磨、倒角、包装等环节加工而成的各类一次性使用的筷子。

本税目征收范围包括各种规格的木制一次性筷子。未经打磨、倒角的木制一次性筷子属于本税目征税范围。

13）实木地板

实木地板是指以木材为原料，经锯割、干燥、刨光、截断、开榫、涂漆等工序加工而成的块状或条状的地面装饰材料。实木地板按生产工艺不同，可分为独板（块）实木地板、实木指接地板、实木复合地板三类；按表面处理状态不同，可分为未涂饰地板（白坯板、素板）和漆饰地板两类。

本税目征收范围包括各类规格的实木地板、实木指接地板、实木复合地板及用于装饰墙壁、天棚的侧端面为榫、槽的实木装饰板。未经涂饰的素板也属于本税目征税范围。

14）电池

电池是一种将化学能、光能等直接转换为电能的装置，一般是由电极、电解质、容器、极端，通常还有隔离层组成的基本功能单元，以及用一个或多个基本功能单元装配成的电池组。范围包括：原电池、蓄电池、燃料电池、太阳能电池和其他电池。

自 2015 年 2 月 1 日起对电池（铅蓄电池除外）征收消费税；对无汞原电池、金属氢化物镍蓄电池（又称“氢镍蓄电池”或“镍氢蓄电池”）、锂原电池、锂离子蓄电池、太阳能电池、燃料电池、全钒液流电池免征消费税。2015 年 12 月 31 日前对铅蓄电池缓征消费税；自 2016 年 1 月 1 日起，对铅蓄电池按 4% 税率征收消费税。

15）涂料

涂料是指涂于物体表面能形成具有保护、装饰或特殊性能的固态涂膜的一类液体或固体材料之总称。自 2015 年 2 月 1 日起对涂料征收消费税，施工状态下挥发性有机物（Volatile Organic Compounds，VOC）含量低于 420 克 / 升（含）的涂料免征消费税。

2. 消费税的税率

消费税的税率有比例税率（定率）和定额税率（定额）两种。实行比例税率的分为 8 个档次，最高的为 56%，最低的为 3%。定额税率共有 8 个档次，具体如表 3-1 所示。

纳税人兼营不同税率应税消费品的，应当分别核算不同税率应税消费品的销售额、销售数量。未分别核算销售额、销售数量，或者将不同税率的应税消费品组成成套消费品销售的，从高适用税率。

表 3-1　消费税税目、税率

税　目	税　率
一、烟	
1. 卷烟	
（1）甲类卷烟	56% 加 0.003 元 / 支
（2）乙类卷烟	36% 加 0.003 元 / 支
（3）批发环节	11% 加 0.005 元 / 支
2. 雪茄烟	36%
3. 烟丝	30%
二、酒及酒精	
1. 白酒	20% 加 0.5 元 /500 克（或者 500 毫升）
2. 黄酒	240 元 / 吨
3. 啤酒	
（1）甲类啤酒	250 元 / 吨
（2）乙类啤酒	220 元 / 吨
4. 其他酒	10%
三、化妆品	15%
四、贵重首饰及珠宝玉石	
1. 金银首饰、铂金首饰和钻石及钻石饰品	5%
2. 其他贵重首饰和珠宝玉石	10%
五、鞭炮、焰火	15%

续表

税　目	税　率

六、成品油 1. 汽油 2. 柴油 3. 航空煤油 4. 石脑油 5. 溶剂油 6. 润滑油 7. 燃料油	 1.52 元 / 升 1.2 元 / 升 1.2 元 / 升 1.52 元 / 升 1.52 元 / 升 1.52 元 / 升 1.2 元 / 升
七、摩托车 1. 气缸容量为 250 毫升的 2. 气缸容量在 250 毫升以上的	 3% 10%
八、小汽车 1. 乘用车 （1）气缸容量（排气量，下同）在 1.0 升（含 1.0 升）以下的 （2）气缸容量在 1.0 升以上至 1.5 升（含 1.5 升）的 （3）气缸容量在 1.5 升以上至 2.0 升（含 2.0 升）的 （4）气缸容量在 2.0 升以上至 2.5 升（含 2.5 升）的 （5）气缸容量在 2.5 升以上至 3.0 升（含 3.0 升）的 （6）气缸容量在 3.0 升以上至 4.0 升（含 4.0 升）的 （7）气缸容量在 4.0 升以上的 2. 中轻型商用客车 3. 超豪华小汽车（零售环节）	 1% 3% 5% 9% 12% 25% 40% 5% 10%
九、高尔夫球及球具	10%
十、高档手表	20%
十一、游艇	10%
十二、木制一次性筷子	5%
十三、实木地板	5%
十四、电池	4%
十五、涂料	4%

由表 3-1 可知，消费税税率有比例税率、定额税率和复合税率三种类型。其中，适用定额税率的应税消费品有黄酒、啤酒和成品油；适用复合税率的应税消费品有白酒和卷烟（批发环节除外）；其他应税消费品全部适用比例税率。

消费税采取列举法按具体应税消费品设置税目税率，征税界限清楚，一般不易发生错用税率的情况。但是，存在下列情况时，纳税人应按相关规定确定适用税率。

（1）纳税人兼营不同税率应税消费品的，应当分别核算不同税率应税消费品的销售额、销售数量。未分别核算销售额、销售数量，或者将不同税率的应税消费品组成成套消费品销售的，从高适用税率。

（2）配制酒适用税率的确定。

（3）纳税人自产自用的卷烟应当按照纳税人生产的同牌号规格的卷烟销售价格确定征税类别和适用税率。

（4）卷烟由于接装过滤嘴、改变包装或其他原因提高销售价格后，应按照新的销售价格确定征税类别和适用税率。

（5）委托加工的卷烟按照受托方同牌号规格卷烟的征税类别和适用税率征税，没有同牌号规格卷烟的，一律按卷烟最高税率征税。

（6）残次品卷烟应当按照同牌号规格正品卷烟的征税类别确定适用税率。

（7）下列卷烟不分征税类别一律按照 56% 的卷烟税率征税，并按照定额每标准箱 150 元计算征税：

①白包卷烟；

②手工卷烟；

③未经国务院批准纳入计划的企业和个人生产的卷烟。

3.1.3 消费税的计算

1. 生产环节应纳税额的计算

1）生产环节应纳消费税计算

（1）自产销售一般应税消费品应纳消费税的计算。应纳消费税税额的计算，根据应税消费品计税方法不同存在以下三种情况。

①从价计税应税消费品应纳消费税计算。计算公式为：

应纳税额 = 销售额 × 比例税率

由于我国现行税制对消费税和增值税实行交叉征收，因此，在从价计税情况下，消费税的计税依据与增值税的计税依据相同，均指纳税人销售应税消费品向购买方收取的全部价款和价外费用。其中，价款包含消费税，但不含增值税；价外费用的内容与增值税规定相同。

【例 3-1】北京昌达股份有限公司为增值税一般纳税人，2021 年 4 月销售各类鞭炮，开具增值税专用发票注明的销售额为 200 000 元；开具普通发票注明的销售额为 33 900 元。北京昌达股份有限公司上述业务该如何缴纳增值税和消费税?

增值税计税依据 = 消费税计税依据 =200 000+33 900 ÷（1+13%）=230 000（元）

增值税销项税额 =230 000 × 13%=29 900（元）

应纳消费税税额 =230 000 × 15%=34 500（元）

②从量计税应税消费品应纳消费税计算。计算公式为：

应纳税额 = 销售数量 × 定额税率

《消费税暂行条例》规定的从量计税消费品包括黄酒、啤酒和成品油。其中，黄酒、啤酒以吨为计税单位，成品油以升为计税单位。但在实际销售过程中，纳税人经常会将吨与升这两个计量单位混用，两者之间换算的准确性将直接影响消费税应纳税额计算的准确性。

应税消费品吨、升两个计量单位的换算标准如表 3-2 所示。

表 3-2　吨、升换算

序号	名 称	换 算
1	黄酒	1 吨 =962 升
2	啤酒	1 吨 =988 升
3	汽油	1 吨 =1 388 升
4	柴油	1 吨 =1 176 升
5	航空煤油	1 吨 =1 246 升
6	石脑油	1 吨 =1 385 升
7	溶剂油	1 吨 =1 282 升
8	润滑油	1 吨 =1 126 升
9	燃料油	1 吨 =1 015 升

【例 3-2】北京昌达股份有限公司为增值税一般纳税人，2021 年 6 月销售自产 A 牌号啤酒 30 吨。啤酒出厂不含税价每吨 3 300 元。北京昌达股份有限公司 6 月份上述业务应缴纳多少增值税和消费税?

出厂不含税价格 3 000 元以上的为甲类啤酒，其消费税税率为 250 元 / 吨。

增值税销项税额 =30 × 3 300 × 13%=12 870（元）

应纳消费税税额 =30 × 250=7 500（元）

③复合计税应税消费品应纳消费税计算。计算公式为：

应纳税额 = 销售数量 × 定额税率 + 销售额 × 比例税率

【例 3-3】北京昌达股份有限公司 2021 年 4 月销售散装粮食白酒 6 000 斤，开具的增值税专用发票注明的销售额为 50 000 元。北京市昌达股份有限公司上述业务应该缴纳多少增值税和消费税？

增值税销项税额 =50 000 × 13%=6 500（元）

应纳消费税税额 =6 000 × 0.5+20 000 × 20%=7 000（元）

（2）随产品销售出售、出借包装物应纳消费税的计算。消费税法规规定，包装物随同应税消费品销售的，无论包装物是否单独计价，也不论在会计上如何核算，均应并入应税消费品的销售额计征消费税。如果包装物不作价随同产品销售，而是收取押金，该押金能单独核算且又未逾期的，此项押金不应并入应税消费品的销售额计征消费税；对因逾期未收回包装物不再退还和已收取且时间超过 12 个月的押金，应并入应税消费品的销售额，按应税消费品的适用税率计征消费税。对酒类产品生产企业销售酒类产品（黄酒、啤酒除外）收取的包装物押金，无论押金是否返还，也不管会计上如何核算，均应并入酒类产品销售额，依酒类产品的适用税率计征消费税。但因黄酒、啤酒消费税实行从量计税，其计税依据与价格无关，因而销售黄酒、啤酒收取包装物押金无论是否逾期，均不计征消费税。

2）生产环节应纳消费税的会计核算

（1）自产销售一般应税消费品应纳消费税的会计核算。会计上核算自产销售应税消费品应纳消费税税额，借记“税金及附加”科目，贷记“应交税费——应交消费税”科目。

【例 3-4】接【例 3-1】编制会计分录。

根据销货发票和银行进账单，编制会计分录如下：

借：银行存款	259 900
贷：主营业务收入	230 000
应交税费——应交增值税（销项税额）	29 900

计提消费税编制会计分录如下：

借：税金及附加	34 500
贷：应交税费——应交消费税	34 500

（2）随产品销售出售、出借包装物应纳消费税的会计核算。出售、出借包装物涉及的消费税在会计上应区分以下情况进行会计核算：

①随同应税消费品出售不单独计价的包装物，按货物的全部销售额计提消费税，借记“税金及附加”科目，贷记“应交税费——应交消费税”科目。

②随同应税消费品出售单独计价的包装物，按包装物销售额计提消费税，借记“税金及附加”科目，贷记“应交税费——应交消费税”科目。

③出租包装物收取的租金，按收取的租金计提消费税，借记“税金及附加”科目，贷记“应交税费——应交消费税”科目。

④出售应税消费品时出租、出借包装物收取的押金，按押金计提的消费税，借记“税金及附加”科目，贷记“应交税费——应交消费税”科目。

【例 3-5】接【例 3-3】资料，2021 年 6 月北京昌达股份有限公司为销售散装粮食白酒收取包装物押金 3 955 元，开具收款收据，并单独核算。请问该押金是否需要缴纳增值税和消费税？如果需要，其金额是多少？计算应纳税额并编制会计分录。

根据税法规定，销售白酒收取的包装物押金，无论是否返还与会计上如何核算，均应计算缴纳增值税和消费税。

包装物押金不含税销售额 =3 955 ÷（1+13%）=3 500（元）

增值税销项税额 =3 500 × 13%=455（元）

应纳消费税税额 =3 500 × 20%=700（元）

收取押金时，根据收款收据，编制会计分录如下：

借：银行存款　　3 955

　　贷：其他应付款　　3 955

按包装物押金计算的增值税销项税额，编制会计分录如下：

借：其他应付款　　455

　　贷：应交税费——应交增值税（销项税额）　　455

按计提的消费税，编制会计分录如下：

借：税金及附加　　700

　　贷：应交税费——应交消费税　　700

2. 委托加工环节应税产品应纳税额的计算

1）委托加工应税消费品的认定

委托加工应税消费品是指由委托方提供原料或主要材料，受托方只收取加工费和代垫部分辅助材料加工的应税消费品。对于由受托方提供原材料生产的应税消费品，或受托方先将原材料卖给委托方，然后再接受加工的应税消费品，以及由受托方以委托方名义购进原材料生产的应税消费品，不论纳税人在财务上是否作销售处理，都不得作为委托加工应税消费品，而应按受托方销售自制应税消费品缴纳消费税。

2）委托加工应税消费品消费税的缴纳

消费税法规规定，纳税人委托加工应税消费品，应由受托方在向委托方交货时代扣代缴消费税。但纳税人委托个体经营者或个人加工应税消费品，一律于委托方收回后在委托方所在地的主管税务机关缴纳消费税。

如果受托方没有代扣代缴消费税，委托方应补交税款，补税的计税依据为：已直接销售的，按销售额计税；未销售或不能直接销售的，按组成计税价格计税。

3）委托加工环节应纳消费税的会计核算

（1）受托方代扣代缴消费税的会计核算。

会计上，当受托方收到代扣代缴消费税税款时，借记“银行存款”科目，贷记“应交税费——代扣代缴消费税”科目；缴纳代扣代缴的消费税款时，借记“应交税费——代扣代缴消费税”科目，贷记“银行存款”科目。

受托方应代扣代缴的消费税税额需区分以下情况计算确定。

①从价计税的委托加工应税消费品，按受托方同类消费品的销售价格计税；没有同类消费品销售价格的，以组成计税价格为计税依据计税。因此，从价计税委托加工应税消费品应纳消费税税额的计算公式有以下两种。

第一种：受托方有同类消费品销售价格的，计算公式为：

应纳税额 = 同类消费品销售价格 × 比例税率

第二种：受托方没有同类消费品销售价格的，计算公式为：

应纳税额 = 组成计税价格 × 比例税率

其中：

组成计税价格 =（材料成本 + 加工费）÷（1 − 比例税率）

公式中的“材料成本”是指委托方所提供的加工材料的实际成本；“加工费”是指受托方加工应税消费品向委托方收取的全部费用（包括代垫辅助材料的实际成本，但不包括增值税税额）。

②从量计税的委托加工应税消费品，应按委托方收回的数量为计税依据计税。

应纳税额 = 委托加工数量 × 定额税率

③复合计税的委托加工应税消费品，应按收回的数量和受托方同类货物的销售价格或组成计税价格计税。

受托方有同类消费品销售价格的，计算公式为：

应纳税额 = 委托加工数量 × 定额税率

受托方没有同类消费品销售价格的，计算公式为：

应纳税额 = 组成计税价格 × 比例税率 + 委托加工数量 × 定额税率

组成计税价格 =（材料成本 + 加工费 + 委托加工数量 × 定额税率）÷（1 －比例税率）

（2）委托方支付消费税的会计核算。

委托方支付消费税会计上应区分以下两种情况分别进行账务处理。

①收回后直接用于销售。委托方收回委托加工应税消费品直接用于销售的，应将由受托方代扣代缴的消费税计入委托加工物资的成本，借记“委托加工物资”科目，贷记“银行存款”等科目。委托方将委托加工收回的已由受托方代扣代缴消费税的消费品对外出售的，不再缴纳消费税。

②收回后用于连续生产应税消费品。委托方收回委托加工应税消费品后，用于连续生产应税消费品，且按税法规定准予抵扣已纳消费税税款的，按由受托方代扣代缴的消费税税款，借记“应交税费——应交消费税”科目（也可设置“待扣税金——待抵扣消费税”科目核算），贷记“银行存款”等科目。

【例 3-6】得力橡胶制品厂（一般纳税人）受轮琳轮胎厂委托加工车用内胎。轮琳轮胎厂提供原材料实际成本 42 000 元，得力橡胶厂已将加工完成的车用内胎交付轮琳轮胎厂，并向轮琳轮胎厂开具增值税专用发票，收取加工费 38 000 元、增值税 4 940 元。同时代收消费税，并向轮琳轮胎厂开具代扣代缴消费税凭证。该批车用内胎没有同类产品销售价格。得力橡胶制品厂应代扣代缴的消费税税额是多少？请作账务处理。

受托方无同类产品销售价格，应以组成计税价格为计税依据。

组成计税价格 =（42 000+38 000）÷（1 － 3%）=82 474.23（元）

代扣代缴消费税税额 =82 474.23 × 3%=2 474.23（元）

企业收取加工费、增值税和代收消费税税款时，会计分录如下：

借：银行存款	45 414.23
贷：主营业务收入	38 000
应交税费——应交增值税（销项税额）	4 940
——代扣代缴消费税	2 474.23

3. 进口环节应纳税额的计算

进口环节应纳消费税税额的计算，按照进口货物性质不同可分为以下几种情况。

1）进口一般货物应纳消费税的计算

（1）从价计税的进口应税消费品，以组成计税价格为计税依据计算应纳消费税。计算公式为：

组成计税价格 =（关税完税价格 + 关税）÷（1- 比例税率）

应纳税额 = 组成计税价格 × 比例税率

公式中所称“关税完税价格”，是指海关核定的关税计税价格。

【例 3-7】小夏商贸公司 2021 年 5 月从国外进口一批应税消费品，已知该批应税消费品的关税完税价格为 660 000 元，按规定应缴纳关税 150 000 元，假定进口的应税消费品的消费税税率为 10%。请计算该批消费品进口环节应缴纳的消费税税额。

组成计税价格 =（660 000+150 000）÷（1 － 10%）=900 000（元）

应缴纳消费税税额 =900 000 × 10% =90 000（元）

（2）从量计税的进口应税消费品，以海关核定的进口数量为计税依据计算应纳消费税额，计算公式为：

应纳税额 = 进口数量 × 定额税率

（3）复合计税的进口应税消费品，以组成计税价格和进口数量双重标准为计税依据计算应纳消费税。计算公式为：

组成计税价格 =（关税完税价格 + 关税 + 进口数量 × 定额税率）÷（1 —比例税率）

应纳税额 = 组成计税价格 × 比例税率 + 进口数量 × 定额税率

2）进口卷烟应纳消费税额的计算

（1）为统一进口卷烟与国产卷烟的消费税政策，自 2004 年 3 月 1 日起，进口卷烟消费税适用比例税率按以下办法确定。

①每标准条进口卷烟（200 支）确定消费税适用比例税率的价格 =（关税完税价格 + 关税 + 消费税定额税率）÷（1- 消费税税率）。

其中，关税完税价格和关税为每标准条的关税完税价格及关税税额；消费税定额税率为每标准条（200 支）0.6 元（依据现行消费税定额税率折算而成）；消费税税率固定为 30%。

②每标准条进口卷烟（200 支）确定消费税适用比例税率的价格 ≥70 元人民币的，适用比例税率为 56%；每标准条进口卷烟（200 支）确定消费税适用比例税率的价格 <70 元人民币的，适用比例税率为 36%。

（2）依据上述确定的消费税适用比例税率，计算进口卷烟消费税组成计税价格和应纳消费税税额。

①进口卷烟消费税组成计税价格的计算。

组成计税价格 =（关税完税价格 + 关税 + 消费税定额税）÷（1 —进口卷烟消费税适用比例税率）

②应纳税额的计算。

应纳消费税税额 = 进口卷烟消费税组成计税价格 × 进口卷烟消费税适用比例税率 + 消费税定额税

其中：

消费税定额税 = 海关核定的进口卷烟数量 × 消费税定额税率

消费税定额税率与国内相同，每标准箱为（50 000 支）150 元。

【例 3-8】烟冬烟草公司 2021 年 6 月进口卷烟 100 箱，海关核定的关税完税价格为 1 000 000 元。已知进口卷烟关税税率为 20%。请分别计算该烟草公司进口卷烟应纳的关税、消费税和增值税，并进行账务处理。

应纳关税 =1000 000 × 20%=200 000（元）

每标准条卷烟关税完税价格 =1 000 000 ÷ 100 ÷ 250=40（元）

每标准条卷烟的关税 =200 000 ÷ 100 ÷ 250=8（元）

每标准条进口卷烟确定消费税适用比例税率的价格 =（40+8+0.6）÷（1 — 36%）=75.94（元）> 70 元

所以，进口卷烟的适用消费税比例税率为 56%。

进口卷烟的组成计税价格 =（1 000 000+200 000+100 × 150）÷（1 — 56%）=2 761 364（元）

应纳进口消费税税额 =100 × 150+2 761 364 × 56%=1 561 364（元）

应纳进口增值税税额 =2 761 364 × 13%=358 977.3（元）

借：库存商品	2 761 364
应交税费 —— 应交增值税（进项税额）	358 977.3
贷：银行存款	33 120 341.3

4. 已纳消费税扣除的计算

根据税法规定，外购或委托加工收回应税下列应税消费品时，用于连续生产应税消费品的，对外购或委托加工环节已经缴纳的消费税税额，准予从应纳税额中扣除。

1）外购或委托加工应税消费品已纳消费税扣除

由于某些应税消费品是用外购已缴纳消费税的应税消费品连续生产出来的，在对这些连续生产出来的应税消费品计算征税时，税法规定应按当期生产领用数量计算准予扣除外购的应税消费品已纳的消费税税款。扣除范围如下。

（1）外购已税烟丝生产的卷烟。

（2）外购已税高档化妆品为原料生产的高档化妆品。

（3）外购已税珠宝、玉石为原料生产的贵重首饰及珠宝、玉石。

（4）外购已税鞭炮、焰火为原料生产的鞭炮、焰火。

（5）外购已税杆头、杆身和握把为原料生产的高尔夫球杆。

（6）外购已税木制一次性筷子为原料生产的木制一次性筷子。

（7）外购已税实木地板为原料生产的实木地板。

（8）外购已税汽油、柴油、石脑油、燃料油、润滑油为原料连续生产的应税成品油。

外购已税消费品的买价是指购货发票上注明的销售额（不包括增值税税款）。

另外，根据《葡萄酒消费税管理办法（试行）》规定，自 2015 年 5 月 1 日起，从葡萄酒生产企业购进、进口葡萄酒连续生产应税葡萄酒的，准予从葡萄酒消费税应纳税额中扣除所耗用应税葡萄酒已纳消费税税款。如本期消费税应纳税额不足抵扣的，余额留待下期抵扣。

2）扣除税额的计算

消费税扣除额计算的总原则是按生产领用数量抵扣，它不同于增值税的购进扣税法。.

（1）以外购应税消费品连续生产应税消费品允许扣除消费税税额的计算。计算公式为：

当期准予扣除的外购应税消费品已纳税额 = 当期准予扣除的外购应税消费品买价 × 消费品适用税率

当期准予扣除的外购应税消费品买价 = 期初库存的外购应税消费品买价 + 当期购进的应税消费品买价 − 期末库存的外购应税消费品买价

上述“买价”是指购货发票上注明的不含增值税销售额。

【例 3-9】天华卷烟厂 2021 年 6 月份库存烟丝（全部为外购）账户资料显示：月初库存 50 000 元，本月购进 230 000 元，月末库存 40 000 元，减少部分全部为生产卷烟领用。本月生产销售卷烟 20 标准箱，每标准条调拨价 56 元，取得不含税销售额 320 000 元，款项已收。计算该卷烟厂应纳消费税税额，并作账务处理。

当期生产领用金额 =50 000+230 000-40 000=240 000（元）

编制会计分录：

借：生产成本　　240 000

　　贷：原材料——烟丝　　240 000

销售卷烟增值税销项税额 =320 000 × 13%=41 600（元）

编制会计分录：

借：银行存款　　361 600

　　贷：主营业务收入　　320 000

　　　　应交税费——应交增值税（销项税额）　　41 600

销售卷烟计提消费税税额 =20 × 150+320 000 × 36%=118 200（元）

准予扣除的外购烟丝已纳税额 =240 000 × 30%=72 000（元）

本月实际应纳消费税税额 =118 200 — 72 000=46 200（元）

编制会计分录：

借：应交税费——应交消费税　　46 200

　　贷：银行存款　　46 200

（2）以委托加工收回应税消费品连续生产应税消费品允许扣除消费税税额的计算。计算公式为：

当期准予扣除的委托加工应税消费品已纳税额＝期初库存的委托加工应税消费品已纳税额＋当期收回的委托加工应税消费品已纳税额－期末库存的委托加工应税消费品已纳税额

纳税人以委托加工收回的已税消费品连续生产应税消费品的，应在纳税申报时提供“代扣代缴税款凭证”原件和复印件，不能提供的，一律不准扣除受托方代收代缴的消费税。

【例 3-10】甲化妆品厂发出材料委托佳成日化厂加工香水精 400 瓶，佳成厂同类香水精不含税售价每瓶 500 元。加工的香水精本月全部收回，支付加工费并取得增值税专用发票，其消费税已由佳成厂代收代缴。收回香水精的 50% 当月全部对外销售，实现不含税销售额 50 000 元；另 50% 用于本厂化妆品生产，本月生产的化妆品全部实现对外销售，实现不含税销售额 350 000 元。计算甲化妆品厂销售化妆品应纳消费税税额。

佳成日化厂受托加工香水精，应按佳成日化厂同类货物销售价格计税，则：

应代收消费税税额 =400 × 500 × 30%=60 000（元）

甲化妆品厂收回香水精对外销售的部分不再征收消费税；用于生产化妆品的部分已由佳成厂日化代扣缴的消费税可以扣除，则：

允许扣除消费税税额 =60 000 × 50%=30 000（元）

销售化妆品实际应纳消费税税额 =350 000 × 30%-30 000=75 000（元）

3）委托加工收回的应税消费品已纳税款的扣除

委托加工的应税消费品因为已由受托方代收代缴消费税，因此，委托方收回货物后用于连续生产应税消费品的，其已纳税款准予按规定从连续生产的应税消费品应纳税额中抵扣。按照国家税务总局规定，下列连续生产的应税消费品准予从应纳税额中，按当期生产领用数量计算扣除委托加工收回的应税消费品已纳税款。

（1）以委托加工收回的已税烟丝为原料生产的卷烟。

（2）以委托加工收回的已税高档化妆品为原料生产的高档化妆品。

（3）以委托加工收回的已税珠宝、玉石为原料生产的贵重首饰及珠宝、玉石。

（4）以委托加工收回的已税鞭炮、焰火为原料生产的鞭炮、焰火。

（5）以委托加工收回的已税杆头、杆身和握把为原料生产的高尔夫球杆。

（6）以委托加工收回的已税木制一次性筷子为原料生产的木制一次性筷子。

（7）以委托加工收回的已税实木地板为原料生产的实木地板。

（8）以委托加工收回的已税汽油、柴油、石脑油、燃料油、润滑油为原料用于连续生产的应税成品油。

上述当期准予扣除委托加工收回的应税消费品已纳消费税税款的计算公式为：

当期准予扣除的委托加工应税消费品已纳税款＝期初库存的委托加工应税消费品已纳税款＋当期收回的委托加工应税消费品已纳税款－期末库存的委托加工应税消费品已纳税款

纳税人以进口、委托加工收回的应税油品连续生产应税成品油，分别依据“海关进口消费税专用缴款书”、“税收缴款书（代扣代收专用）”规定，按现行政策计算扣除应税油品已纳税款。

纳税人以外购、进口、委托加工收回的应税消费品（以下简称外购应税消费品）为原料连续生产应税消费品的，准予按现行政策规定抵扣外购应税消费品已纳税款。经主管税务机关核实上述外购应税消费品未缴纳消费税的，纳税人应将已抵扣的消费税税款从核实当月允许抵扣的消费税中冲减。

需要说明的是，纳税人用委托加工收回的已税珠宝、玉石生产的改在零售环节征收消费税的金银首饰，在计税时一律不得扣除委托加工收回的珠宝、玉石已纳税款。

5. 消费税的税收征管

1）征税环节

目前，对消费税的征税分布于以下环节。

（1）生产应税消费品在生产销售环节征税。生产应税消费品销售是消费税征收的主要环节。一般情况下，消费税具有单一环节征税的特点，对于大多数消费税应税商品而言，在生产销售环节征税后，流通环节不再缴纳。纳税人生产应税消费品，除了直接对外销售需要征收消费税外，如将生产的应税消费品换取生产资料、消费资料、投资入股、偿还债务，以及用于继续生产应税消费品以外的其他方面都应缴纳消费税。

另外，工业企业以外的单位和个人的下列行为视为应税消费品的生产行为，按规定征收消费税。

①将外购的消费税非应税产品以消费税应税产品对外销售的。

②将外购的消费税低税率应税产品以高税率应税产品对外销售的。

（2）委托加工应税消费品在委托加工环节征税。委托加工应税消费品是指委托方提供原料和主要材料，受托方只收取加工费和代垫部分辅助材料加工的应税消费品。由受托方提供原材料或其他情形的，一律不能视同委托加工应税消费品。委托加工的应税消费品收回后，再继续用于生产应税消费品销售且符合现行政策规定的，加工环节缴纳的消费税税款可以予以扣除。

（3）进口应税消费品在进口环节征税。单位和个人进口属于消费税征税范围的货物，在进口环节缴纳消费税。为减少征税成本，进口环节缴纳的消费税由海关代征。

（4）零售特定应税消费品在零售环节征税。经国务院批准，自 1995 年 1 月 1 日起，金银首饰消费税由生产销售环节征收改为零售环节征收。改在零售环节征收消费税的金银首饰仅限于金基、银基合金首饰以及金、银和金基、银基合金的镶嵌首饰，进口环节暂不征收，零售环节适用税率为 5%，纳税人在销售金银首饰、钻石及钻石饰品时征收。计税依据是不含增值税销售额。

（5）移送使用应税消费品在移送使用环节征税。如果企业在生产经营过程中，将应税消费品移送用于加工非应税消费品的，则应对移送部分征收消费税。

（6）批发卷烟在卷烟批发环节征税。与其他消费税应税商品不同的是，卷烟除了在生产销售环节征收消费税外，还在批发环节征收一次。纳税人兼营卷烟批发和零售业务的，应当分别核算批发和零售环节的销售额、销售数量；未分别核算的，按照全部销售额、销售数量计征批发环节消费税。纳税人销售给纳税人以外的单位和个人的卷烟于销售时纳税。纳税人之间销售卷烟不缴纳消费税。卷烟批发企业的总、分支机构所在地不在同一地区的，由总机构申报纳税。卷烟消费税在生产和批发两个环节征收后，批发企业在计算纳税时不得扣除已含的生产环节的消费税税款。

2）纳税义务发生时间

消费税纳税义务的发生时间，按货款结算方式或行为发生时间分别确定。

（1）纳税人销售应税消费品，纳税义务的发生时间有以下几种情况。

①纳税人采取赊销和分期收款结算方式的，为书面合同约定收款日期的当天，书面合同没有约定收款日期或者无书面合同的，为发出应税消费品的当天。

② 纳税人采取预收货款结算方式的，为发出应税消费品的当天。

③纳税人采取托收承付和委托银行收款方式销售应税消费品的，为发出应税消费品并办妥托收手续的当天。

④纳税人采取其他结算方式的，为收讫销售款或取得索取销售款凭据的当天。

（2）纳税人自产自用应税消费品的，纳税义务的发生时间为移送使用的当天。

（3）纳税人委托加工应税消费品的，纳税义务的发生时间为纳税人提货的当天。

（4）纳税人进口应税消费品的，纳税义务的发生时间为报关进口的当天。

3）纳税期限

按《消费税暂行条例》规定，消费税的纳税期限分别为 1 日、3 日、5 日、10 日、15 日、1 个月或者 1 个季度。纳税人的具体纳税期限，由主管税务机关根据纳税人应纳税额的大小分别核定。不能按照固定期限纳税的，可以按次纳税。

纳税人以 1 个月或以 1 个季度为 1 个纳税期限的，自期满之日起 15 日内申报纳税；以 1 日、3 日、5 日、10 日或者 15 日为 1 个纳税期限的，自期满之日起 5 日内预缴税款，于次月 1 日起至 15 日内申报纳税并结清上月应纳税款。

纳税人进口应税消费品，应当自海关填发海关进口消费税专用缴款书之日起 15 日内缴纳税款。

如果纳税人不能按照规定的纳税期限依法纳税，将按《中华人民共和国税收征收管理法》有关规定处理。

4）纳税地点

消费税的纳税地点存在以下几种情况。

（1）纳税人销售应税消费品，以及自产自用应税消费品的，除国务院财政、税务主管部门另有规定外，应当向纳税人机构所在地或者居住地的主管税务机关申报纳税。

（2）委托加工应税消费品的，除受托方为个人外，由受托方向其机构所在地或者居住地的主管税务机关解缴税款。

（3）进口应税消费品的，由进口人或其代理人向报关地海关申报纳税。

（4）纳税人到外县（市）销售或者委托外县（市）代销自产应税消费品的，于应税消费品销售后，向纳税人机构所在地或者居住地主管税务机关申报纳税。

纳税人的总、分支机构不在同一县（市），但在同一省（自治区、直辖市）范围内，经省（自治区、直辖市）财政厅（局）、税务局审批同意，可以由总机构汇总向总机构所在地主管税务机关申报纳税。省（自治区、直辖市）财政厅（局）、税务局应将审批同意的结果，上报财政部、国家税务总局备案。

（5）纳税人销售应税消费品，因质量等原因发生退货的，已缴纳的消费税税款准予退还。

纳税人办理退税手续时，应将开具的红字增值税发票、退税证明等资料报主管税务机关备案，主管税务机关核对无误后办理退税手续。

（6）纳税人直接出口的应税消费品办理免税后，发生退关或者国外退货，复进口时已予以免税的，可暂不办理补税，待其转为国内销售的当月申报纳税。

3.2 关税

关键词

关税
财政关税
保护关税
协定关税

情景 1

进口货物应纳关税的计算。

南海进出口公司 2021 年 9 月从美国进口一批化工原料，到岸价格为 *CIF* 上海 USD900 000 元，另外在货物成交过程中，公司向卖方支付佣金 USD40 000 元，已知当时外汇牌价为 USD100= ￥650，该原料的进口关税税率为 20%。

情景 2

出口货物应纳关税的计算。

W 进出口公司自营出口商品一批，我国口岸 FOB 价格折合人民币为 750 000 元，出口关税税率为 20%，根据海关开出的专用缴款书，以银行转账支票付讫税款。

3.2.1 关税概述

1. 关税的概念

关税是国际通行的税种，是各国根据本国政治和经济发展需要，以法律形式确定，由海关对进出境的货物和物品征收的一种流转税。

所谓“境”指关境，又称“海关境域”或“关税领域”，是《中华人民共和国海关法》(简称《海关法》全面实施的领域。在通常情况下，一国关境与国境是一致的，包括国家全部的领土、领海、领空。但当某国在国境内设立了自由港、自由贸易区等，就进出口关税而言上述区域处在关境之外，此时该国家的关境小于国境，如我国。根据《中华人民共和国香港特别行政区基本法》和《中华人民共和国澳门特别行政区基本法》规定，香港和澳门保持自由港地位，为我国单独的关税地区，即单独关境区。单独关境区是不完全适用该国海关法律、法规或实施单独海关管理制度的区域。当几个国家结成关税同盟、组成一个共同的关境、实施统一的关税法令和统一的对外税则时，这些国家彼此之间货物进出国境不征收关税，只对来自或运往其他国家的货物进出共同关境时征收关税，这些国家的关境大于国境，如欧盟。

2. 关税的征税范围

(1) 按征收对象划分，包括进口税、出口税和过境税。

①进口税，指海关在外国货物进口时课征的关税。进口税通常在外国货物进入关境或国境时征收，或在外国货物从保税仓库提出运往国内市场时征收。征收进口税的目的在于保护本国市场、增加财政收入。

②出口税，指海关在本国货物出口时课征的关税。为降低出口货物成本，提高本国货物在国际市场上的竞争能力，世界各国一般少征或不征出口税。但为了限制本国某些产品或自然资源的输出、或为保护本国产品生产或市场供应、增加财政收入以及某些特定需要，有些国家也征收出口税。

③过境税，又称通过税是对外国货物通过本国国境或关境时征收的一种关税。过境税最早是为了增加国家财政收入而征收的。后来由于各国交通事业发展竞争激烈，征收过境税不仅妨碍了国际商品流通，而且还减少了港口、运输、仓储等方面的收入，便逐步废除了过境税条款。

(2) 按征收目的划分，包括财政关税和保护关税。

①财政关税又称收入关税，是以增加国家财政收入为目的而课征的关税。财政关税的税率比保护关税低，因为过高的关税会阻碍进出口贸易的发展，达不到增加财政收入的目的。因此，随着世界经济发展，财政关税逐渐被保护关税所代替。

②保护关税是以保护本国经济发展为目的而课征的关税。保护关税主要是进口税，税率较高，有的高达百分之几百。征收高额进口税会增加进口商品成本，削弱其在进口国市场上的竞争能力，达到保护本国经济发展的目的。保护关税是实现一个国家对外贸易政策的重要手段。

(3) 按计征方式划分，包括从量关税、从价关税、混合关税、选择性关税和滑动关税。

①从量关税以征税对象的数量为计税依据，按每单位数量预先制定的应税额计征。

②从价关税以征税对象的价格为计税依据，根据一定比例的税率计征。

③混合关税对进口货物同时制定从价、从量两种方式，分别计算税额，以两种税额之和作为该货物的应征税额。

④选择性关税。对同一种货物在税则中规定从价、从量两种税率，在征税时可以选择其中征收税额较多的一种计算关税，以免因物价波动影响财政收入，也可以选择税额较少的一种计算关税。

⑤滑动关税，又称滑准税，指对某种货物在税则中预先按该商品价格规定几档税率。当同一种货物价格高时适用较低税率，价格低时适用较高税率，其目的是使该货物的价格在国内市场上保持相对稳定。

（4）按税率制定划分，包括自主关税和协定关税。

①自主关税又称国定关税，是一个国家基于主权，独立制定并有权修订包括关税税率及各种法规、条例等在内的关税。国定税率一般高于协定税率，适用于没有签订关税贸易协定的国家。

②协定关税指两个或两个以上的国家，通过缔结关税贸易协定而制定的关税。协定关税税率包括双边协定税率、多边协定税率和片面协定税率。双边协定税率是两个国家达成协议而相互减让的关税税率；多边协定税率是两个以上的国家之间达成协议而相互减让的关税税率，如关税及贸易总协定中相互减让税率的协议；片面协定税率是一国对他国输入的货物降低税率，为其输入提供方便，而他国并不以降低税率作为回报的税率制度。

（5）按差别待遇和特定实施情况划分，包括进口附加税、差价税、特惠税和普遍优惠制。

①进口附加税。是指除了征收一般进口税以外，还根据某种目的再额外加征的关税。主要包括反补贴税和反倾销税。

②差价税。又称差额税。是指当本国生产的某种产品的国内价格高于同类进口商品价格时，为削弱进口商品的竞争能力，保护国内市场，而按国内价格与进口价格之间的差额征收的关税。

③特惠税。又称优惠税。是指对某个国家或地区进口的全部商品或部分商品，给予特别优惠的低关税或免税待遇。但它不适用于从非优惠国家或地区进口的商品。特惠税有的是互惠的，有的是非互惠的。

④普遍优惠制。简称普惠制。是发展中国家在联合国贸易与发展会议上经过长期斗争，于 1968 年通过建立普惠制决议后取得的。该决议规定，发达国家承诺对从发展中国家或地区输入的商品，特别是制成品和半成品，给予普遍的、非歧视性的和非互惠性的优惠关税待遇。

3. 关税的纳税人

贸易性商品的纳税人是经营进口货物的收货人、出口货物的发货人。进出口货物的收、发货人是依法取得对外贸易经营权，从事进口或者出口货物业务的法人或者其他社会团体。对虽然从事进出口业务，但没有自营进出口权的企业，必须委托专门的报关人代理报关和申报纳税。

进出境物品的纳税人是物品的所有人和推定为所有人的人。具体包括：对于携带进境的物品，推定其携带人为所有人；对分离运输的行李，推定相应的进出境旅客为所有人；对以邮递方式进境的物品，推定其收件人为所有人；以邮递或其他运输方式出境的物品，推定其寄件人或托运人为所有人。

4. 关税的税率

（1）进口税率。我国进口关税设置最惠国税率、协定税率、特惠税率、普通税率以及关税配额税率等。原产于共同适用最惠国待遇条款的世界贸易组织成员的进口货物，原产于与我国签订含有相互给予最惠国待遇条款的双边贸易协定的国家或者地区的进口货物，以及原产于我国境内的进口货物，适用最惠国税率；原产于与我国签订含有关税优惠条款的区域性贸易协定国家或者地区的进口货物，适用协定税率；原产于与我国签订含有特殊关税优惠条款的贸易协定国家或者地区的进口货物，适用特惠税率；原产于上述以外国家或者地区的进口货物，以及原产地不明的进口货物，适用普通税率。

（2）出口税率。我国出口税则为一栏税率，即出口税率。国家仅对少数资源性产品及易于竞相杀价盲目进口、需要规范出口秩序的半制成品征收出口关税。现行税则对 100 余种商品计征出口关税，主要包括鳗鱼苗、部分有色金属矿砂及其精矿、生锑、磷、氟钽酸钾、苯、山羊板皮、部分铁合金、钢铁废碎料、铜和铝原料及其制品、镍锭、锌锭、锑锭等。但对上述范围内的部分商品实行 0 ~ 25% 的暂定税率。此外，根据需要对其他 200 多种商品征收暂定税率。与进口暂定税率一样，出口暂定税率优先适用于出口税则中规定的出口税率。

（3）税率的适用。

①进出口货物，应当适用海关接受该货物申报进口或者出口之日实施的税率。

②进口货物到达前，经海关核准先行申报的，应当适用装载该货物的运输工具申报进境之日实施的税率。

③进口转关运输货物，应当适用指运地海关接受该货物申报进口之日实施的税率；货物运抵指运地前，经

海关核准先行申报的，应当适用装载该货物的运输工具抵达指运地之日实施的税率。

④出口转关运输货物，应当适用启运地海关接受该货物申报出口之日实施的税率。

⑤经海关批准，实行集中申报的进出口货物，应当适用每次货物进出口时海关接受该货物申报之日实施的税率。

⑥因超过规定期限未申报而由海关依法变卖的进口货物，其税款计征应当适用装载该货物的运输工具申报进境之日实施的税率。

⑦因纳税义务人违反规定需要追征税款的进出口货物，应当适用违反规定的行为发生之日实施的税率；行为发生之日不能确定的，适用海关发现该行为之日实施的税率。

⑧已申报进境并放行的保税货物、减免税货物、租赁货物或者已申报进出境并放行的暂时进出境货物，有下列情形之一需缴纳税款的，应当适用海关接受纳税义务人再次填写报关单申报办理纳税及有关手续之日实施的税率。

Ⅰ.保税货物经批准不复运出境的。

Ⅱ.保税仓储货物转入国内市场销售的。

Ⅲ.减免税货物经批准转让或者移作他用的。

Ⅳ.可暂不缴纳税款的暂时进出境货物，经批准不复运出境或者进境的。

Ⅴ.租赁进口货物，分期缴纳税款的。

⑨补征和退还进出口货物关税，按照前述规定确定适用的税率。

3.2.2 关税的计算

1. 关税的完税价格

1）进口货物完税价格的确定

关税完税价格是海关计征关税所使用的计税价格，是海关以进出口货物的实际成交价为基础审定的完税价格。实际成交价格是一般贸易项下进口或出口货物的买方为购买该项货物向卖方实际支付或应付的价格。实际成交价格不能确定时，完税价格由海关依法估定。纳税人向海关申报的价格不一定等于完税价格，只有经海关审核并接受的申报价格才能作为完税价格。

（1）一般进口货物完税价格的确定。

①以成交价格为基础的完税价格的确定。根据《海关法》规定，进口货物的完税价格包括货物的货价、货物运抵我国境内输入地起卸前的运输及相关费用和保险费。其中，货物的货价以成交价格为基础。进口货物的成交价格是指买方为购买该货物，按《中华人民共和国海关审定进出口货物完税价格办法》（简称《完税价格办法》）有关规定调整后的实付或应付价格。我国境内的输入地为入境海关地，包括内陆河、江口岸，一般为第一口岸。

Ⅰ.对进口货物成交价格的要求。进口货物成交价格应当符合下列要求：买方对进口货物的处置或使用不受限制，但国内法律、行政法规规定的限制和对货物转售地域的限制，以及对货物价格无实质影响的限制除外；货物的价格不得受到使该货物成交价格无法确定的条件或因素的影响；卖方不得直接或间接获得因买方转售、处置或使用进口货物而产生的任何收益，除非能够按照《完税价格办法》有关规定做出调整；买卖双方之间不存在特殊关系，如果存在特殊关系，应当符合《完税价格办法》的有关规定。

Ⅱ.对实付或应付价格进行调整的有关规定。“实付或应付价格”指买方为购买进口货物直接或间接支付的总额，即作为卖方销售进口货物的条件，由买方向卖方或为履行卖方义务向第三方已经支付或将要支付的全部款项。

下列费用或者价值未包括在进口货物的实付或者应付价格中，应计入完税价格：由买方负担的除购货佣金以外的佣金和经纪费。“购货佣金”指买方为购买进口货物向自己的采购代理人支付的劳务费用。“经纪费”包括下列费用：买方为购买进口货物向代表买卖双方利益的经纪人支付的劳务费用；由买方负担的与该货物视为一体的容器费用；由买方负担的包装材料和包装劳务费用；与该货物的生产和向中华人民共和国境内销售有关的，由买方以免费或者以低于成本的方式提供并可以按适当比例分摊的料件、工具、模具、消耗材料及类似货物的价款，以及在境外开发、设计等相关服务的费用；与该货物有关并作为卖方向我国销售该货物的一项条件，应当由买方直接或间接支付的特许权使用费，其中“特许权使用费”是指买方为获得与进口货物相关的、受著作权保护的作品、专利、商标、专有技术和其他权利的使用许可而支付的费用，但是在估定完税价格时，进口货物在境内的复制权费不得计入该货物的实付或应付价格之中；卖方直接或间接从买方对该货物进口后转售、处置或使用所得中获得的收益。

上述所列的费用或价值，应当由进口货物的收货人向海关提供客观量化的数据资料。如果没有客观量化的数据资料，完税价格由海关按《完税价格办法》规定的方法进行估定。

下列费用，如能与该货物实付或者应付价格区分，不得计入完税价格：厂房、机械、设备等货物进口后的基建、安装、装配、维修和技术服务的费用；货物运抵境内输入地点之后的运输费用、保险费和其他相关费用；进口关税及其他国内税收。

Ⅲ. 对买卖双方之间有特殊关系的规定。买卖双方之间存在特殊关系的，经海关审定其特殊关系未对成交价格产生影响，或进口货物的收货人能证明其成交价格与同时或大约同时发生的价格相近，海关应当接受该成交价格：向境内无特殊关系的买方出售相同或类似货物的成交价格；按照使用倒扣价格有关规定确定的相同或类似货物的完税价格；按照使用计算价格有关规定确定的相同或类似货物的完税价格。

海关在使用上述价格进行比较时，应当考虑商业水平和进口数量的差异，以及实付或者应付价格的调整规定所列各项目和交易中买卖双方有无特殊关系造成的费用差异。

有下列情形之一的，应当认定买卖双方存在特殊关系：买卖双方为同一家族成员；买卖双方互为商业上的高级职员或董事；一方直接或间接地受另一方控制；买卖双方都直接或间接地受第三方控制；买卖双方共同直接或间接地控制第三方；一方直接或间接地拥有、控制或持有对方 5% 及以上公开发行的有表决权的股票或股份；一方是另一方的雇员、高级职员或董事；买卖双方是同一合伙成员；买卖双方在经营上相互有联系，一方是另一方的独家代理、经销或受让人。

②进口货物海关估价的方法。进口货物的价格不符合成交价格条件或者成交价格不能确定的，海关应当依次以相同或类似货物成交价格方法、倒扣价格方法、计算价格方法及其他合理方法确定的价格为基础，估定完税价格。如果进口货物的收货人提出要求并提供相关资料，经海关同意可以选择倒扣价格方法和计算价格方法的适用次序。

Ⅰ. 相同或类似货物成交价格方法。相同或类似货物成交价格方法，即以与被估的进口货物同时或大约同时（在海关接受申报进口之日的前后各 45 天以内）进口的相同或类似货物的成交价格为基础，估定完税价格。

以该方法估定完税价格时，应使用与该货物相同商业水平且进口数量基本一致的相同或类似货物的成交价格，但对因运输距离和运输方式不同，在成本和其他费用方面产生的差异应进行调整。在没有上述相同或类似货物成交价格的情况下，可以使用不同商业水平或不同进口数量的相同或类似货物的成交价格，但对因商业水平、进口数量、运输距离和运输方式不同，在价格、成本和其他费用方面产生的差异应做出调整。

以该方法估定完税价格时，应当首先使用同一生产商生产的相同或类似货物的成交价格，只有在没有上述成交价格的情况下，才可以使用同一生产国或地区生产的相同或类似货物的成交价格。如果存在多个相同或类似货物的成交价格，应当以最低成交价格为基础，估定进口货物的完税价格。

上述“相同货物”是指与进口货物在同一国家或地区生产的，在物理性质、质量和信誉等所有方面都相同的货物，但表面的微小差异允许存在；“类似货物”是指与进口货物在同一国家或地区生产的，虽然不是在所有方面都相同，但却具有相似的特征、相似的组成材料、同样的功能并且在商业中可以互换的货物。

Ⅱ.倒扣价格方法。倒扣价格方法即以被估的进口货物、相同或类似进口货物在境内销售的价格为基础估定完税价格。按该价格销售的货物应当同时符合五个条件，即在被估货物进口时或大约同时销售；按进口时的状态销售；在境内第一环节销售；合计的货物销售总量最大；向境内无特殊关系方的销售。

以该方法估定完税价格时，应当扣除下列各项：

- 该货物的同等级或同种类货物，在境内销售时的利润和一般费用及通常支付的佣金；
- 货物运抵境内输入地点之后的运费、保险费、装卸费及其他相关费用；
- 进口关税、进口环节税和其他与进口或销售上述货物有关的国内税。

Ⅲ.计算价格方法。计算价格方法按下列各项总和计算出的价格估定完税价格。有关项为：

- 生产该货物使用的原材料价值和进行装配或其他加工的费用；
- 与向境内出口销售同等级或同种类货物的利润、一般费用相符的利润和一般费用；
- 货物运抵境内输入地点起卸前的运输及相关费用、保险费。

Ⅳ.其他合理方法。使用其他合理方法时，应根据《完税价格办法》规定的估价原则，以在境内获得的数据资料为基础估定完税价格。但不得使用以下价格：

- 境内生产的货物在境内的销售价格；
- 可供选择的价格中较高的价格；
- 货物在出口地市场的销售价格；
- 以计算价格方法规定的有关各项之外的价值或费用计算的价格；
- 出口到第三国或地区的货物的销售价格；
- 最低限价或武断虚构的价格。

（2）特殊进口货物完税价格的确定。

①加工贸易进口料件及其制成品。加工贸易进口料件及其制成品需征税或内销补税的，海关按照一般进口货物的完税价格规定，审定完税价格。

②保税区、出口加工区货物。从保税区或出口加工区销往区外、从保税仓库出库内销的进口货物（加工贸易进口料件及其制成品除外），以海关审定的价格估定完税价格。对经审核销售价格不能确定的，海关应当按照一般进口货物估价办法的规定，估定完税价格。如销售价格中未包括在保税区、出口加工区或保税仓库中发生的仓储、运输及其他相关费用的，按照客观量化的数据资料予以计入。

③运往境外修理的货物。运往境外修理的机械器具、运输工具或其他货物，出境时已向海关报明，并在海关规定期限内复运进境的，以海关审定的境外修理费和料件费为完税价格。

④运往境外加工的货物。运往境外加工的货物，出境时已向海关报明并在海关规定期限内复运进境的，以海关审定的境外加工费和料件费，以及该货物复运进境的运输及其相关费用、保险费估定完税价格。

⑤暂时进境货物。对于经海关批准的暂时进境的货物，按照一般进口货物估价办法的规定，估定完税价格。

⑥租赁方式进口货物。租赁方式进口的货物中，以租金方式对外支付的租赁货物，在租赁期间以海关审定的租金作为完税价格；留购的租赁货物，以海关审定的留购价格作为完税价格；承租人申请一次性缴纳税款的，经海关同意，按照一般进口货物估价办法的规定估定完税价格。

⑦留购的进口货样等。对于境内留购的进口货样、展览品和广告陈列品，以海关审定的留购价格作为完税价格。

⑧予以补税的减免税货物。减税或免税进口的货物需予补税时，以海关审定的该货物原进口时的价格扣除折旧部分价值作为完税价格。计算公式为：

完税价格 = 海关审定的该货物原进口时的价格 ×［1 − 申请补税时实际已使用的时间（月）÷（监管年限 ×12）］

⑨以其他方式进口的货物。以易货贸易、寄售、捐赠、赠送等方式进口的货物，按照一般进口货物估价办

法的规定，估定完税价格。

（3）进口货物关税完税价格中运输及其相关费用、保险费的计算。

①进口货物的运输及其相关费用，按照由买方实际支付或者应当支付的费用计算。如果进口货物的运输及其相关费用无法确定的，海关应当按照该货物进口同期的正常运输成本审查确定。

运输工具作为进口货物利用自身动力进境的，海关在审查确定完税价格时，不再另行计入运输及其相关费用。

②进口货物的保险费，按照实际支付的费用计算。如果进口货物的保险费无法确定或者未实际发生，海关应当按照“货价加运费”两者总额的 3% 计算保险费，计算公式为：

保险费 =（货价 + 运费）× 3‰

邮运进口的货物，以邮费作为运输及其相关费用、保险费。

2）出口货物完税价格的确定

（1）以成交价格为基础的完税价格。出口货物的完税价格，由海关以该货物向境外销售的成交价格为基础审查确定。出口货物的成交价格，是指该货物出口销售到我国境外时买方向卖方实付或应付的价格。成交价格中应包括货物运至我国境内输出地点装载前的运输及其相关费用、保险费，但应当扣除其中包含的出口关税税额。出口货物的成交价格中含有支付给境外的佣金的，如果单独列明应当扣除。

（2）出口货物海关估价方法。当出口货物的成交价格不能确定时，由海关使用下列方法依次估定完税价格：

①同时或大约同时向同一国家或地区出口的相同货物的成交价格；

②同时或大约同时向同一国家或地区出口的类似货物的成交价格；

③根据境内生产相同或类似货物的成本、利润和一般费用、境内发生的运输及其相关费用、保险费计算所得的价格。

④按照合理方法估定的价格。

2. 进口货物应纳关税的计算

1）从价关税应纳税额的计算

从价税是一种最常用的关税计税标准。它是以货物的价格或者价值为征税标准，以应征税额占货物价格或者价值的百分比为税率，价格越高，税额越高。货物进口时，以此税率和海关审定的实际进口货物完税价格相乘计算应征税额。目前，我国海关计征关税标准主要是从价税。计算公式为：

关税税额 = 应税进口货物数量 × 单位完税价格 × 关税税率

具体分以下几种情况。

（1）以我国口岸到岸价格（*CIF*）成交的，或者和我国毗邻的国家以两国共同边境地点交货价格成交的进口货物，成交价格即为完税价格。计算公式为：

应纳进口关税额 =*CIF* × 关税税率

【例 3-11】南海进出口公司 2021 年 9 月从美国进口一批化工原料，到岸价格为 *CIF* 上海 USD900 000 元，另外在货物成交过程中，公司向卖方支付佣金 USD40 000 元，已知当时外汇牌价为 USD100= ￥650，该原料的进口关税税率为 20%。该公司进口该批货物应纳的关税是多少？

该批原料的完税价格包括到岸价格和支付给卖方的佣金，

完税价格 =（900 000+40 000）× 6.5=6 110 000（元）

应纳进口关税额 =6 110 000 × 20%=1 222 000（元）

（2）以国外口岸离岸价（*FOB*）或国外口岸到岸价格成交的，应以另加从发货口岸或国外交货口岸运到我国口岸以前的运杂费和保险费作为完税价格。计算公式为：

应纳进口关税额 =（*FOB*+ 运杂费 + 保险费）× 关税税率

在国外口岸成交情况下，完税价格中包括的运杂费、保险费，原则上应按实际支付的金额计算，若无法取得实际支付金额，也可以按外贸系统海运进口运杂费率或按协商规定的固定运杂费率计算运杂费，保险费按中国人民保险公司的保险费率计算。计算公式为：

应纳税额 =（*FOB*+ 运杂费）×（1+ 保险费率）× 关税税率

【例 3-12】美途公司委托逸飞进出口贸易公司代理进口材料一批。该批材料实际支付离岸价为 USD460 000，海外运输费、包装费、保险费共计 USD20 000（支付日市场汇率为 6.70 元人民币），进口报关当日人民银行公布的市场汇价为 1 美元 =6.65 元人民币，进口关税税率为 20%。该公司进口该批货物应纳的关税是多少？

应纳进口关税 =（460 000+20 000）×6.65×20%=638 400（元）

（3）以国外口岸离岸价格加运费（即 *CFR* 价格）成交的，应另加保险费作为完税价格。计算公式为：

应纳进口关税额 =（*CFR*+ 保险费）× 关税税率 =*CFR*×（1+ 保险费率）× 关税税率

【例 3-13】EM 企业从中国香港进口原产地为日本的设备 3 台，该设备的总成交价格为 *CFR* 上海港 HKD18 000，保险费率为 3‰，设备进口关税税率为 10%，当日外汇牌价 HKD100= ￥83。该企业应纳的关税是多少？

关税完税价格 =180 000×0.83×（1+3‰）=149 848.2（元）

应纳进口关税 =149 848.2×10%=14 984.82（元）

（4）特殊进口商品关税计算。特殊进口货物种类繁多，需在确定完税价格的基础上，再计算应纳税额。计算公式为：

应纳税额 = 特殊进口货物完税价格 × 关税税率

【例 3-14】EM 企业 2021 年将以前年度进口的设备运往境外修理，设备进口时成交价格 580 000 元，发生境外运费和保险费共计 60 000 元；在海关规定的期限内复运进境，进境时同类设备价格 650 000 元；发生境外修理费 80 000 元，料件费 70 000 元，境外运输费和保险费共计 30 000 元，进口关税税率 20%。该设备复运进境时应纳的进口关税是多少？

运往境外修理的机械器具、运输工具或其他货物，出境时已向海关报明并在海关规定期限内复运进境的，应当以海关审定的境外修理费和料件费为完税价格。

应纳关税税额 =（90 000+80 000）×20%=30 000（元）

2）从量关税应纳税额的计算

从量税是以货物的数量、重量、体积、容量等计量单位为计税标准的，以每计量单位货物的应征税额为税率。我国目前对原油、啤酒和胶卷等进口商品征收从量税。计算公式为：

关税税额 = 应税进口货物数量 × 单位税额

3）复合关税应纳税额的计算

复合税又称混合税，即订立从价、从量两种税率，随完税价格和进口数量的变化而变化，征收时两种税率合并计征。它是对某种进口货物混合使用从价税和从量税的一种关税计征标准。我国目前仅对录像机、放像机、摄像机、数字照相机和摄录一体机等进口商品征收复合税。计算公式为：

关税税额 = 应税进口货物数量 × 单位税额 + 应税进口货物数量 × 单位完税价格 × 税率

3. 出口货物应纳关税的计算

1）从价关税应纳税额的计算

计算公式为：

关税税额 = 应税出口货物数量 × 单位完税价格 × 税率

具体分为以下几种情况。

（1）以我国口岸离岸价格（*FOB*）成交的出口关税。计算公式为：

应纳关税额 =*FOB*÷（1+ 关税税率）× 关税税率

（2）以国外口岸到岸价格（*CIF*）成交的出口关税。计算公式为：

应纳关税额 =（*CIF*—保险费—运费）÷（1+ 关税税率）× 关税税率

（3）以国外口岸价格加运费价格（*CFR*）成交的出口关税。计算公式为：

应纳关税额 =（*CFR*—运费）÷（1+ 关税税率）× 关税税率

【例 3-15】W 进出口公司自营出口商品一批，我国口岸 *FOB* 价格折合人民币为 750 000 元，出口关税税率为 20%，根据海关开出的专用缴款书，以银行转账支票付讫税款。该企业应缴纳的出口关税税额是多少？

应纳出口关税 =750 000÷（1+20%）×20%=125 000（元）

（2）从量关税应纳税额的计算。

计算公式为：

出口关税税额 = 应税出口货物数量 × 单位货物税额

（3）复合关税应纳税额的计算。

我国目前实行的复合税都是先计征从量税，再计征从价税。计算公式为：

出口关税税额 = 应税出口货物数量 × 单位税额 + 应税出口货物数量 × 单位完税价格 × 税率

（4）滑准税应纳税额的计算 。

滑准税是根据货物的不同价格适用不同税率的一类特殊的从价关税。这是一种关税税率随进口货物价格由高至低而其税率则由低至高设置计征关税的方法。简单来说，就是进口货物的价格越高，进口关税税率越低；反之，进口关税税率越高。滑准税的特点是，可以保持实行滑准税商品的国内市场价格的相对稳定，不受国际市场价格波动的影响。计算公式为：

关税税额 = 应税进（出）口货物数量 × 单位完税价格 × 滑准税税率

现行税则在《进（出）口商品从量税、复合税、滑准税税目税率表》后注明了滑准税税率的计算公式，该公式是一个与应税进（出）口货物完税价格相关的取整函数。

【例 3-16】隆德商场于 2021 年 2 月进口一批高档美容修饰类化妆品。该批货物在国外的买价为 1 000 000 元，货物运抵我国入关前发生的运输费、保险费和其他费用分别为 100 000 元、60 000 元、30 000 元。货物报关后，该商场按规定缴纳了进口环节的增值税和消费税并取得了海关开具的缴款书。将化妆品从海关运往商场所在地取得增值税专用发票，注明运输费用 60 000 元、增值税进项税额 5 400 元，该批化妆品当月在国内全部销售，取得不含税销售额 4 000 000 元（假定化妆品进口关税税率为 20%，增值税税率为 13%，消费税税率为 15%）。计算该批化妆品进口环节应缴纳的关税、增值税、消费税和国内销售环节应缴纳的增值税。

关税完税价格 =1 000 000+100 000+60 000+30 000=1 190 000（元）；

应缴纳进口关税 =1 190 000×20%=238 000（元）；

进口环节的组成计税价格 =（1 190 000+238 000）÷（1-15%）=1 470 000（元）；

进口环节应缴纳增值税 =1 470 000×13%=191 100（元）；

进口环节应缴纳消费税 =1 470 000×15%=220 500（元）；

国内销售环节应缴纳增值税 =4 000 000×13%-5 400-191 100=323 500（元）。

4. 关税的会计核算

1）会计科目的设置

有进出口货物业务的企业在核算关税时，应在“应交税费”科目下设“应交进口关税”“应交出口关税”两个明细科目分别对进、出口关税进行核算。企业按规定计算应纳税额时，借记有关科目，贷记“应交税费——应交进（出）口关税”；实际缴纳时，借记“应交税费——应交进（出）口关税”，贷记“银行存款”。

在实际工作中，由于企业经营进出口业务的形式和内容不同，具体会计核算方式有所不同。

2）自营进出口业务关税的核算

自营进出口是指由有进出口自营权的企业，办理对外洽谈并签订进出口合同、办理运输、开证、付汇全过程业务，自负进出口盈亏。

企业自营进口商品计算应纳关税额时，借记“在途物资”等科目，贷记“应交税费——应交进口关税”，进口当时直接支付关税的，也可不通过“应交税费”科目；企业自营出口商品计算应纳关税额时，借记“税金及附加”等科目，贷记“应交税费——应交出口关税”。

【例 3-17】外贸企业从国外自营进口商品一批，*CIF* 价格折合人民币为 300 000 元，进口关税税率为 40%，代征增值税税率为 13%，根据海关开出的专用缴款书，以银行转账支票付讫税款。计算该企业应交关税并进行相关的账务处理。

应交关税 =300 000 × 40%=120 000（元）

物资采购成本 =300 000+120 000=420 000（元）

代征增值税 =420 000 × 13%=54 600（元）

会计分录如下：

计提关税和增值税时：

借：在途物资	420 000	
贷：应交税费——应交进口关税		120 000
应付账款		300 000

支付关税和增值税时：

借：应交税费——应交进口关税	120 000	
——应交增值税（进项税额）	54 600	
贷：银行存款		174 600

商品验收入库时：

借：库存商品	420 000	
贷：在途物资		420 000

【例 3-18】海腾企业直接对外出口产品一批，离岸价为 1 900 000 元，出口税税率为 15%。计算应缴纳的出口关税税额，并进行相应的账务处理。

应纳出口关税额 =1 900 000 ÷（1+15%）× 15%=247 826.09（元）

会计分录如下：

借：银行存款	1 900 000	
贷：主营业务收入		1 900 000
借：税金及附加	247 826.09	
贷：应交税费——应交出口关税		247 826.09

缴纳出口关税时：

借：应交税费——应交出口关税	247 826.09	
贷：银行存款		247 826.09

3）代理进出口业务关税的核算

代理进出口是指外贸企业接受国内委托方的委托，办理对外洽谈和签订进出口合同并办理运输、开证、付汇全过程的进出口业务。受托企业不负担进出口盈亏，只按规定收取一定比例的手续费。因此，受托企业进出口商品计算应纳关税时，借记“应收账款”等有关科目，贷记“应交税费——应交进（出）口关税”科目；代交进出口关税时，借记“应交税费——应交进（出）口关税”科目，贷记“银行存款”科目；收到委托单位的税款时，借记“银行存款”科目，贷记“应收账款”科目。

【例 3-19】海洋进出口公司接受泰达公司的委托进口商品一批，进口货款 2 300 000 元，已汇入进出口公司存款户。该进口商品我国口岸 *CIF* 价格为 USD300 000，进口关税税率为 20%，当日的外汇牌价为 USD100=RMB660，代理手续费按货价 3% 收取，现该批商品已运达，向委托单位办理结算。计算应缴纳的关税并进行会计处理。

$$商品货价 =300\ 000 \times 6.6=1\ 980\ 000（元）$$

$$进口关税 =1\ 980\ 000 \times 20\%=396\ 000（元）$$

$$代理手续费 =1\ 980\ 000 \times 3\%=59\ 400（元）$$

会计分录如下：

收到委托单位划来进口货款时：

借：银行存款　　2 300 000

　　贷：应付账款——泰达公司　　2 300 000

对外付汇进口商品时：

借：应收账款——外商　　1 980 000

　　贷：银行存款　　1 980 000

支付进口关税时：

借：应付账款——泰达公司　　396 000

　　贷：应交税费——应交进口关税　　396 000

借：应交税费——应交进口关税　　396 000

　　贷：银行存款　　396 000

将进口商品交付委托单位并收取手续费时：

借：应付账款——泰达公司　　2 039 400

　　贷：其他业务收入（或主营业务收入）　　59 400

　　　　应收账款——外商　　1 980 000

3.2.3 关税的优惠

1. 法定减免

法定减免是指《海关法》、《进出口关税条例》和《中华人民共和国进出口税则》等法律法规中规定的减免税。法定减免税货物进口时，纳税人无须提出申请，海关可以按规定直接予以减免。海关对法定减免税货物一般不进行后续管理。享受法定减免税待遇的情形主要包括以下几种。

（1）关税税额在人民币 50 元以下的一票货物，免征关税。

（2）无商业价值的广告品和货样，免征关税。

（3）外国政府、国际组织无偿赠送的物资，免征关税。

（4）进出境运输工具装载的途中必需的燃料、物料和饮食用品，免征关税。

（5）有下列情形之一的进口货物，海关可以酌情减免关税：

①在境外运输途中或者在起卸时，遭受损坏或者损失；

②起卸后海关放行前，因不可抗力遭受损坏或者损失；

③海关查验时已经破漏、损坏或者腐烂，经证明不是保管不慎造成的。

（6）为境外厂商加工、装配成品和为制造外销产品而进口的原材料、辅料、零件、部件、配套件和包装物料，海关按实际加工出口的成品数量免征进口关税；或者对进口料件，先征进口关税，再按实际加工出口的成品数量予以退税。

（7）经海关核准，暂时进境或暂时出境并在6个月内复运出境或复运进境的货样、展览品、施工机械、工程车辆、工程船舶、安装设备时使用的仪器和工具、电视或电影摄制器械、盛装货物的容器，以及剧团的服装道具等，在货物收发货人向海关缴纳相当于税款的保证金或提供担保后，准予暂时免纳关税。

（8）因故退还的中国出口货物，经海关查实，准予免征进口关税，但已征的出口关税不予退还。

（9）因故退还的境外进口货物，经海关查实，准予免征出口关税，但已征的进口关税不予退还。

（10）中华人民共和国缔结或者参加的国际条约规定减征、免征关税的货物、物品，海关按规定减免关税。

2. 特定减免税

特定减免税也称政策性减免税。在法定减免税情形之外，国家按照国际通行规则和我国实际情况，制定发布的有关进出口货物减免关税的政策，称为特定或政策性减免税。特定减免税货物一般有地区、企业和用途等的限制，海关需要进行后续管理，也需要进行减免税统计。

（1）科教用品。为促进我国科研、教育事业发展，国务院制定了《科学研究和教学用品免征进口税收规定》，对科学研究机构和学校，不以营利为目的，在合理数量范围内进口国内不能生产的科学研究和教学用品，直接用于科学研究或者教学的，免征进口关税和进口环节增值税、消费税。该规定对享受该优惠的科研机构和学校资格、类别以及可以免税的物品都做了明确规定。

（2）残疾人专用品。为支持残疾人康复工作，国务院制定了《残疾人专用品免征进口税收暂行规定》，对规定的残疾人个人专用品，免征进口关税和进口环节增值税、消费税；对康复、福利机构、假肢厂和荣誉军人康复医院进口国内不能生产的残疾个人专用品，免征进口关税和进口环节增值税、消费税。该规定对可以免税的残疾人专用品种类和品名做了明确规定。

（3）扶贫、慈善性捐赠物资。为促进公益事业的健康发展，经国务院批准，财政部、国家税务总局、海关总署发布了《扶贫、慈善性捐赠物资免征进口税收的暂行办法》。对境外自然人、法人或者其他组织等境外捐赠人，无偿向经国务院主管部门依法批准成立的、以人道救助和发展扶贫、慈善事业为宗旨的社会团体以及国务院有关部门和各省、自治区、直辖市人民政府捐赠的，直接用于扶贫、慈善事业的物资，免征进口关税和进口环节增值税。上述所称扶贫、慈善事业，是指非营利性的扶贫济困、慈善救助等社会慈善和福利事业。该办法对可以免税的捐赠物资种类和品名做了明确规定。

（4）重大技术装备。为继续支持我国重大技术装备制造业发展，财政部会同工业和信息化部、海关总署、国家税务总局、能源局发布了《重大技术装备进口税收政策管理办法》，自2020年1月8日起实施。

对符合规定条件的企业及核电项目业主，为生产国家支持发展的重大技术装备或产品而确有必要进口的部分关键零部件及原材料，免征关税和进口环节增值税。

工业和信息化部会同财政部、海关总署、国家税务总局、能源局核定企业及核电项目业主免税资格，每年对新申请享受进口税收政策的企业及核电项目业主进行认定，每3年对已享受进口税收政策企业及核电项目业主进行复核。

取得免税资格的企业及核电项目业主可向主管海关提出申请，选择放弃免征进口环节增值税，只免征进口关税。企业及核电项目业主主动放弃免征进口环节增值税后，36个月内不得再次申请免征进口环节增值税。

取得免税资格的企业及核电项目业主。应按照《中华人民共和国海关进出口货物减免税管理办法》及海关有关规定，办理有关重大技术装备或产品进口关键零部件及原材料的减免税手续。

3. 暂时免税

暂时进境或者暂时出境的下列货物，在进境或者出境时纳税义务人向海关缴纳相当于应纳税款的保证金或提供其他担保的，可以暂不缴纳关税，并应当自进境或者出境之日起 6 个月内复运出境或者复运进境；需要延长复运出境或者复运进境期限的，纳税义务人应根据海关总署的规定向海关办理延期手续。

（1）在展览会、交易会、会议及类似活动中展示或者使用的货物。

（2）文化、体育交流活动中使用的表演、比赛用品。

（3）进行新闻报道或者摄制电影、电视节目使用的仪器、设备及用品。

（4）开展科研、教学、医疗活动使用的仪器、设备及用品。

（5）在上述第（1）项至第（4）项所列活动中使用的交通工具及特种车辆。

（6）货样。

（7）供安装、调试、检测设备时使用的仪器、工具。

（8）盛装货物的容器。

（9）其他用于非商业目的的货物。

4. 临时减免税

临时减免税是指除上述法定和特定减免税情形以外的其他减免税，即由国务院根据《海关法》对某个单位、某类商品、某个项目或某批进出口货物的特殊情况，给予特别照顾，一案一批，专文下达的减免税。一般有单位、品种、期限、金额或数量等限制。

3.2.4 关税的征收管理

1. 进出口货物的报关

1）报关时间

进口货物的纳税人应当自运输工具申报进境之日起 14 日内，向货物的进境地海关申报。如实填写海关进口货物报关单并提交进口货物的发票、装箱清单、进口货物提货单或运单、关税免税或免予查验的证明文件等。

出口货物的发货人除海关特准外，应当在运抵海关监管区装货的 24 小时以前填报出口货物报关单，交验出口许可证和其他证件申报出口，由海关放行。否则货物不得离境出口。

2）报关应提交的相关材料

进出口货物时应提交以下材料：

（1）进出口货物报关单；

（2）合同；

（3）发票；

（4）装箱清单；

（5）载货清单（舱单）；

（6）提（运）单；

（7）代理报关授权委托协议；

（8）进出口许可证件；

（9）海关要求的加工贸易手册（纸质或电子数据的）及其他进出口有关单证。

2. 关税的缴纳

1）缴纳地点

根据纳税人的申请及进出口货物的具体情况，关税可以在关境地缴纳，也可在主管地缴纳。关境地缴纳是指进出口货物在哪里通关，纳税人即在哪里缴纳关税，这是最常见的做法。主管地纳税是指由纳税人住址所在地海关监管通关并征收关税，它只适用于集装箱运载的货物。

2）缴纳凭证

海关在接受进出口货物通关手续申报后，逐票计算应征关税并向纳税人或其代理人填发“海关进（出）口关税专用缴款书”，由纳税人或其代理人持“海关进（出）口关税专用缴款书”在规定期限内，向银行办理税款交付手续。

进出口货物收货人或其代理人缴纳税款后，应将盖有“收讫”章的“海关进（出）口关税专用缴款书”第一联送签发海关验核，海关凭其办理有关手续。

3）缴纳期限

纳税人应当自海关填发税款缴款书之日起 15 日内，向指定银行缴纳税款。关税缴纳期限的最后 1 日是周末或法定节假日的，关税缴纳期限顺延至周末或法定节假日过后的第 1 个工作日。

关税纳税人因不可抗力或者在国家税收政策调整的情形下，不能按期缴纳税款的，经海关总署批准，可以延期缴纳税款，但最长不得超过 6 个月。

3. 关税的补征和追征

关税的补征和追征是海关在纳税人按海关规定交纳关税后，发现实际征收税额少于应当征收的税额时，责令纳税人补缴差额税款的一种行政行为。

关税的补征，是指非因纳税人违反规定而造成少征的关税。根据《海关法》规定，进出境货物或物品放行后，海关发现少征或漏征税款，应当自缴纳税款或者货物、物品放行之日起 1 年内向纳税人补征。

关税的追征，是指由于纳税人违反规定而造成少征的关税。因纳税人违反规定而造成的少征或漏征的税款，自纳税人应缴纳税款之日起 3 年以内可以追征，并从缴纳税款之日起按日加收少征或者漏征税款万分之五的滞纳金。

项目小结

本项目主要介绍了消费税和关税的基本法律知识、征税范围、纳税义务人、应纳税额的计算和会计处理。在税务会计实务中，消费税的计算和会计处理往往是与增值税同步进行的。因此，要综合运用。关税分为进口关税与出口关税，其会计处理方式不同。对进口货物，海关要代征消费税、增值税。对关税、消费税、增值税的计算程序、会计处理方法应重点掌握。

项目 4
企业所得税

导语

企业所得税是对我国内资企业和经营单位的生产经营所得和其他所得征收的一种税，是规范和处理国家与企业分配关系的重要形式。在我国现行税制中，企业所得税是仅次于增值税的第二大税种。企业所得税借助于会计才得以进行，现代会计因企业所得税而更加规范，当然也更加复杂。

通过本项目，可以学习：

1. 企业所得税的税率；
2. 应付税款法的会计核算；
3. 资产负债表债务法会计核算；
4. 企业所得税的优惠政策。

学习目标

- 理解企业所得税的概念及纳税人
- 掌握企业所得税征收对象
- 掌握企业所得税的优惠政策

应知应会

- 企业所得税的税率
- 企业所得税应纳税所得额的计算
- 企业所得税的会计核算

项目地位

企业所得税在组织财政收入、促进社会经济发展等方面具有重要的职能作用。企业所得税调节的是国家与企业之间的利润分配关系，这种分配关系是我国经济分配制度中最重要的一个方面，是处理其他分配关系的前提和基础。

项目导图

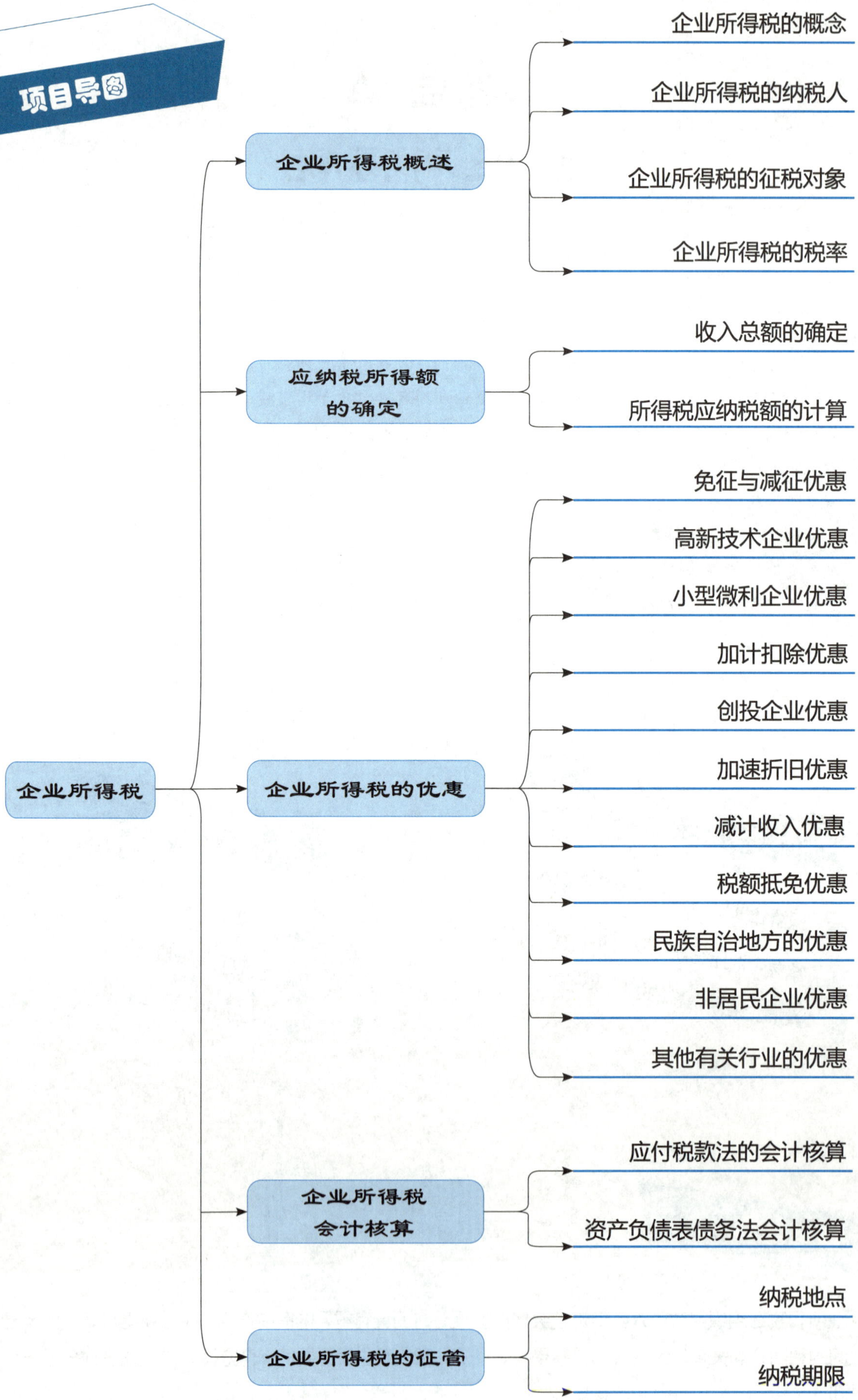
企业所得税
企业所得税概述
企业所得税的概念
企业所得税的纳税人
企业所得税的征税对象
企业所得税的税率
应纳税所得额的确定
收入总额的确定
所得税应纳税额的计算
企业所得税的优惠
免征与减征优惠
高新技术企业优惠
小型微利企业优惠
加计扣除优惠
创投企业优惠
加速折旧优惠
减计收入优惠
税额抵免优惠
民族自治地方的优惠
非居民企业优惠
其他有关行业的优惠
企业所得税会计核算
应付税款法的会计核算
资产负债表债务法会计核算
企业所得税的征管
纳税地点
纳税期限

4.1 企业所得税概述

关键词

企业所得税
居民企业
非居民企业

情景

企业所得税的税率。

北京昌达股份有限公司在中国境内设有机构，企业所得税的税率按 25% 征收。

4.1.1 企业所得税的概念

企业所得税是对我国境内企业的生产、经营所得和其他所得征收的一种税，征税对象是企业的应纳税所得额。所谓应纳税所得额是指纳税人在一定期间内的生产、经营等取得的可用货币计量的收入，扣除为取得这些收入所需各种耗费后的净额。企业所得税是我国税制中的一个重要税种，是国家参与利润分配的重要手段。

4.1.2 企业所得税的纳税人

企业所得税的纳税义务人是在中华人民共和国境内的企业和其他取得收入的组织。《中华人民共和国企业所得税法》第一条规定，除个人独资企业、合伙企业不适用企业所得税法外，凡在我国境内的企业和其他取得收入的组织（以下统称企业）为企业所得税的纳税人，需按照本法规定缴纳企业所得税。

企业所得税的纳税人，分为居民企业和非居民企业。这是根据企业纳税义务范围的宽窄进行的分类方法，不同企业在向中国政府缴纳所得税时，纳税义务不同。把企业分为居民企业和非居民企业，是为了更好地保障我国税收管辖权的有效行使。税收管辖权是一国政府在征税方面的主权，是国家主权的重要组成部分。根据国际通行做法，为最大限度地维护税收利益，我国选择了地域管辖权和居民管辖权双重标准。

1. 居民企业

居民企业是指依法在中国境内成立，或者依照外国（地区）法律成立但实际管理机构在中国境内的企业。这里的企业包括国有企业、集体企业、私营企业、联营企业、股份制企业、外商投资企业、外国企业，以及有生产、经营所得和其他所得的其他组织。其中，有生产、经营所得和其他所得的其他组织，是指经国家有关部门批准，依法注册、登记的事业单位、社会团体等组织。由于我国的一些社会团体组织、事业单位在完成国家事业计划过程中，开展多种经营和有偿服务活动，取得除财政部门拨款、财政部和国家价格主管部门批准的各项规费收入以外的经营收入，具有了经营的特点，应当视同收入纳入征税范围。其中，实际管理机构是指对企业的生产经营、人员、账务、财产等实施实质性全面管理和控制的机构。

2. 非居民企业

非居民企业是指依照外国（地区）法律成立且实际管理机构不在中国境内，但在中国境内设立机构、场所的，或者在中国境内未设立机构、场所，但有来源于中国境内所得的企业。

上述所称机构、场所是指在中国境内从事生产经营活动的机构、场所，包括以下几类。

（1）管理机构、营业机构、办事机构。

（2）工厂、农场、开采自然资源的场所。

（3）提供劳务的场所。

（4）从事建筑、安装、装配、修理、勘探等工程作业的场所。

（5）其他从事生产经营活动的机构、场所。

非居民企业委托营业代理人在中国境内从事生产经营活动的，包括委托单位或者个人经常代其签订合同，或者储存、交付货物等，该营业代理人视为非居民企业在中国境内设立的机构、场所。

4.1.3 企业所得税的征税对象

1. 居民企业的征税对象

居民企业应当就其来源于中国境内、境外的所得缴纳企业所得税。包括销售货物所得、提供劳务所得、转让财产所得、股息红利等权益性投资所得、利息所得、租金所得、特许权使用费所得、接受捐赠所得和其他所得。

2. 非居民企业的征税对象

非居民企业在中国境内设立机构、场所的，应当就其所设机构、场所取得的来源于中国境内的所得，以及发生在中国境外但与其所设机构、场所有实际联系的所得，缴纳企业所得税。

非居民企业在中国境内未设立机构、场所的，或者虽设立机构、场所但取得的所得与其所设机构、场所没有实际联系的，应当就其来源于中国境内的所得缴纳企业所得税。

实际联系是指非居民企业在中国境内设立的机构、场所拥有据以取得所得的股权、债权以及拥有、管理、控制据以取得所得的财产等。

3. 来源于中国境内、境外所得的确定原则

来源于中国境内、境外的所得，按照以下原则确定。

（1）销售货物所得，按照交易活动发生地确定。

（2）提供劳务所得，按照劳务发生地确定。

（3）转让财产所得，不动产转让所得按照不动产所在地确定，动产转让所得按照转让动产的企业或者机构、场所所在地确定，权益性投资资产转让所得按照被投资企业所在地确定。

（4）股息、红利等权益性投资所得，按照分配所得的企业所在地确定。

（5）利息所得、租金所得、特许权使用费所得，按照负担、支付所得的企业或者机构、场所所在地确定，或者按照负担、支付所得的个人的住所地确定。

（6）其他所得，由国务院财政、税务主管部门确定。

4.1.4 企业所得税的税率

企业所得税税率是体现国家与企业分配关系的核心要素。税率设计的原则是兼顾国家、企业、职工个人三者利益，既要保证财政收入的稳定增长，又要使企业在发展生产、经营方面有一定的财力保证；既要考虑到企业的实际情况和负担能力，又要维护税率的统一性。

企业所得税实行比例税率。比例税率简便易行，透明度高，不会因征税而改变企业间收入分配比例，有利于促进效率的提高。现行规定如下。

（1）基本税率为 25%，适用于居民企业和在中国境内设有机构、场所且所得与机构、场所有关联的非居民企业。

（2）低税率为 20%，适用于在中国境内未设立机构、场所的，或者虽设立机构、场所但取得的所得与其所设机构、场所没有实际联系的非居民企业，但实际征税时适用的税率是 10%。

现行企业所得税基本税率设定为 25%，从世界各国比较而言还是偏低的。据有关资料介绍，全世界上近 160 个实行企业所得税的国家（地区）平均税率为 28.6%，我国周边 18 个国家（地区）的平均税率为 26.7%。现行税率的确定，既考虑了我国的财政承受能力，又考虑了企业的负担水平。

4.2 应纳税所得额的确定

关键词

免税收入
财政拨款
公益性捐赠
固定资产

情景 1

利息费用。

北京昌达股份有限公司年初因生产经营需要，向中国工商银行借款 5 000 000 元，期限三年，利率为 6%；向非金融机构借款 1 000 000 元，期限三年，利率为 8%；全年实际计提借款利息共计 380 000 元。

情景 2

捐赠支出的扣除。

北京昌达股份有限公司 2021 年销售收入 68 000 000 元，实现会计利润为 4 000 000 元。当年公益捐赠总额为 450 000 元。

4.2.1 收入总额的确定

收入总额是指企业以货币形式和非货币形式从各种来源取得的收入总和，包括纳税人来源于中国境内、境外的收入。

货币形式是指企业取得现金、存款、应收账款、应收票据、准备持有至到期的债券投资以及债务的豁免等形式的收入；非货币形式是指企业取得固定资产、生物资产、无形资产、股权投资、存货、不准备持有至到期的债券投资、劳务以及有关权益等形式的收入，以非货币形式取得的收入应当按照公允价值确定。

1. 收入确定的基本规定

税法规定的收入总额包括以下 9 个方面的内容。

（1）销售货物收入，指企业销售商品、产品、原材料、包装物、低值易耗品以及其他存货取得的收入。

（2）提供劳务收入，指企业从事建筑安装、修理修配、交通运输、仓储租赁、金融保险、邮电通信、咨询经纪、文化体育、科学研究、技术服务、教育培训、餐饮住宿、中介代理、卫生保健、社区服务、旅游、娱乐、加工以及其他劳务服务活动取得的收入。

（3）转让财产收入，指企业转让固定资产、生物资产、无形资产、股权、债权等财产取得的收入。

（4）股息、红利等权益性投资收益，指企业因权益性投资从被投资方取得的收入。股息、红利等权益性投资收益，除国务院财政、税务主管部门另有规定外，按照被投资方做出利润分配决定的日期确认收入的实现。

（5）利息收入，指企业将资金提供他人使用但不构成权益性投资，或者因他人占用本企业资金取得的收入，包括存款利息、贷款利息、债券利息、欠款利息等收入。按照合同约定的债务人应付利息的日期确认收入的实现。

（6）租金收入，指企业提供固定资产、包装物或者其他有形资产的使用权取得的收入。租金收入按照合同约定的承租人应付租金的日期确认收入的实现。

（7）特许权使用费收入，指企业提供专利权、非专利技术、商标权、著作权以及其他特许权的使用权取得的收入。按照合同约定的特许权使用人应付特许权使用费的日期确认收入的实现。

（8）接受捐赠收入，指企业接受的来自其他企业、组织或者个人无偿给予的货币性资产、非货币性资产。按照实际收到捐赠资产的日期确认收入的实现。

（9）其他收入，指企业取得的除上述收入以外的其他收入，包括企业资产溢余收入、逾期未退包装物押金收入、确实无法偿付的应付款项、已作坏账损失处理后又收回的应收款项、债务重组收入、补贴收入、违约金收入、汇兑收益等。

【例 4-1】北京昌达股份有限公司以库存商品与康力公司原材料进行交换。昌达公司库存商品的账面余额为 1 000 000 元，公允价值和计税价格均为 1 200 000 元。康力公司原材料的账面余额为 1 000 000 元，公允价值和计税价格均为 1 200 000 元。昌达公司换入的原材料和康力公司换入的库存商品均作为存货核算。双方均开具了增值税专用发票。假定两家公司均为增值税一般纳税人，适用的增值税税率均为 13%。请对昌达公司上述行为的涉税业务进行会计处理。

换入原材料的入账价值 =1 200 000 元

借：原材料	1 200 000	
应交税费 —— 应交增值税（进项税额）	156 000	
贷：主营业务收入		1 200 000
应交税费 —— 应交增值税（销项税额）		156 000
借：主营业务成本	1 000 000	
贷：库存商品		1 000 000

2. 收入确定的特别规定

（1）企业以分期收款方式销售货物的，按照合同约定的收款日期确认收入的实现。

（2）企业受托加工制造大型机械设备、船舶、飞机，以及从事建筑、安装、装配工程业务或者提供其他劳务等，持续时间超过 12 个月的，按照纳税年度内完工进度或者完成的工作量确认收入的实现。

（3）采取产品分成方式取得收入的，按照企业分得产品的日期确认收入的实现，其收入额按照产品的公允价值确定。

（4）企业发生非货币性资产交换，以及将货物、财产、劳务用于捐赠、偿债、赞助、集资、广告、样品、职工福利或者利润分配等用途的，应当视同销售货物、转让财产或者提供劳务，但国务院财政、税务主管部门另有规定的除外。

4.2.2 不征税收入

企业的下列收入为不征税收入。

1. 财政拨款

财政拨款指各级人民政府对纳入预算管理的事业单位、社会团体等组织拨付的财政资金，但国务院和国务院财政、税务主管部门另有规定的除外。

2. 依法收取并纳入财政管理的行政事业性收费、政府性基金

其中行政事业性收费，是指依照法律法规等有关规定，经国务院规定程序批准，在实施社会公共管理，以及在向公民、法人或者其他组织提供特定公共服务过程中，向特定对象收取并纳入财政管理的费用。政府性基金，是指企业依照法律、行政法规等有关规定，代政府收取的具有专项用途的财政资金。

3. 国务院规定的其他不征税收入

国务院规定的其他不征税收入指企业取得的，由国务院财政、税务主管部门规定专项用途并经国务院批准的财政性资金。

县级以上人民政府将国有资产无偿划入企业，凡指定专门用途并按规定进行管理的，企业可作为不征税收入进行企业所得税处理。其中，该项资产属于非货币性资产的，应按政府确定的接收价值计算不征税收入。

2018 年 9 月 20 日起，对全国社会保障基金理事会及基本养老保险基金投资管理机构在国务院批准的投资范围内，运用养老基金投资取得的归属于养老基金的投资收入，作为企业所得税不征税收入。

2018 年 9 月 10 日起，对全国社会保障基金取得的直接股权投资收益、股权投资基金收益，作为企业所得税不征税收入。

县级以上人民政府将国有资产无偿划入企业，凡指定专门用途并按规定进行管理的，企业可作为不征税收入进行企业所得税处理。其中，该项资产属于非货币性资产的，应按政府确定的接收价值计算不征税收入。

2018 年 9 月 20 日起，对全国社会保障基金理事会及基本养老保险基金投资管理机构在国务院批准的投资范围内，运用养老基金投资取得的归属于养老基金的投资收入，作为企业所得税不征税收入。

2018 年 9 月 10 日起，对全国社会保障基金取得的直接股权投资收益、股权投资基金收益，作为企业所得税不征税收入。

4.2.3 免税收入

（1）国债利息收入。国债利息收入指企业持有国务院财政部门发行的国债取得的利息收入。

（2）符合条件的居民企业之间的股息、红利等权益性投资收益。符合条件的居民企业之间的股息、红利等

权益性投资收益指居民企业直接投资于其他居民企业取得的投资收益，不包括连续持有居民企业公开发行并上市流通的股票不足 12 个月取得的投资收益。

（3）在中国境内设立机构、场所的非居民企业从居民企业取得与该机构、场所有实际联系的股息、红利等权益性投资收益。不包括连续持有居民企业公开发行并上市流通的股票不足 12 个月取得的投资收益。

（4）符合条件的非营利组织的收入。

具体认定管理办法由国务院财政、税务主管部门会同国务院有关部门制定。

4.2.4 扣除项目

1. 基本扣除项目

基本扣除项目指企业实际发生的与取得收入有关的、合理的支出，包括成本、费用、税金、损失和其他支出。这里“有关的支出”是指与取得收入直接相关的支出。“合理的支出”是指符合生产经营活动常规，应当计入当期损益或者有关资产成本的必要和正常的支出。

（1）成本是指企业在生产经营活动中发生的销售成本、业务支出及其他耗费。

（2）费用，是指企业在生产经营活动中发生的销售费用、管理费用和财务费用，已经计入成本的有关费用除外。

（3）税金是指企业发生的除企业所得税和允许抵扣的增值税以外的各项税金及其附加。

（4）损失是指企业在生产经营活动中发生的固定资产和存货的盘亏、毁损、报废损失，转让财产损失，呆账损失，坏账损失，自然灾害等不可抗力因素造成的损失以及其他损失。企业发生的损失，减除责任人赔偿和保险赔款后的余额，依照国务院财政、税务主管部门的规定扣除。企业已经作为损失处理的资产，在以后纳税年度又全部收回或者部分收回时，应当计入当期收入。

（5）其他支出是指除成本、费用、税金、损失外，企业在生产经营活动中发生的与生产经营活动有关的、合理的支出。

企业发生的支出应当区分收益性支出和资本性支出，收益性支出在发生当期直接扣除；资本性支出应当分期扣除或者计入有关资产成本，不得在发生当期直接扣除。企业的不征税收入用于支出所形成的费用或者财产，不得扣除或者计算对应的折旧、摊销扣除。

2. 限定条件扣除项目

1）工资、薪金支出

企业发生的合理的工资、薪金支出，准予扣除。这里的工资、薪金，是指企业每一纳税年度支付给在本企业任职或者受雇的员工的所有现金形式或者非现金形式的劳动报酬，包括基本工资、奖金、津贴、补贴、年终加薪、加班工资，以及与员工任职或者受雇有关的其他支出。

2）职工福利费、工会经费、职工教育经费

企业发生的职工福利费、工会经费、职工教育经费按标准扣除，未超过标准的按实际数扣除，超过标准的按标准扣除。

企业发生的职工福利费支出，不超过工资、薪金总额 14% 的部分准予扣除。

企业职工福利费，包括以下内容：尚未实行分离办社会职能的企业，内设福利部门所发生的设备、设施和人员费用，包括职工食堂、职工浴室、理发室、医务所、托儿所、疗养院等集体福利部门的设备、设施及维修保养费用和福利部门工作人员的工资、薪金、社会保险费、住房公积金、劳务费等。

为职工卫生保健、生活、住房、交通等所发放的各项补贴和非货币性福利，包括企业向职工发放的因公外地就医费用、未实行医疗统筹企业职工医疗费用、职工供养直系亲属医疗补贴、供暖费补贴、职工防暑降温费、职工困难补贴、救济费、职工食堂经费补贴、职工交通补贴等。

按照其他规定发生的其他职工福利费，包括丧葬补助费、抚恤费、安家费、探亲假路费等。

值得注意的是，企业发生的职工福利费应该单独设置账册准确核算。没有单独设置账册准确核算的，税务机关应责令企业在规定的期限内进行改正。逾期仍未改正的，税务机关可对企业发生的职工福利费进行核定。

（1）企业拨缴的工会经费，不超过工资、薪金总额 2% 的部分准予扣除。

（2）除国务院财政、税务主管部门另有规定外，企业发生的职工教育经费支出，不超过工资、薪金总额 8% 的部分准予扣除，超过部分准予结转以后纳税年度扣除。

上述计算职工福利费、工会经费、职工教育经费的“工资、薪金总额”是指企业按照上述第 1 条规定实际发放的工资、薪金总和，不包括企业的职工福利费、职工教育经费、工会经费以及养老保险费、医疗保险费、失业保险费、工伤保险费、生育保险费等社会保险费和住房公积金。属于国有性质的企业，其工资、薪金不得超过政府有关部门给予的限定数额；超过部分，不得计入企业工资、薪金总额，也不得在计算企业应纳税所得额时扣除。

【例 4-2】北京昌达股份有限公司职工 1 000 人，全年实际发放的职工薪金为 9 700 000 元，另外，全年为职工缴纳基本养老保险费、基本医疗保险费、失业保险费、工伤保险费、生育保险费等基本保险 800 000 元，缴纳住房公积金 1200 000 元，为职工缴纳商业保险 200 000 元。计算应扣除的工资、薪酬支出。

应扣除的工资、薪金支出 =9 700 000+800 000+1 200 000=11 700 000（元）。

（3）社会保险费。企业按规定为职工缴纳的“五险一金”，即基本养老保险费、基本医疗保险费、失业保险费、工伤保险费、生育保险费等基本保险，以及为职工缴纳的住房公积金，准予扣除。

企业为投资者或者职工支付的补充养老保险费、补充医疗保险费，在国务院财政、税务主管部门规定的范围和标准内，准予扣除。

但需要注意的是，除企业依照国家有关规定为特殊工种职工支付的人身安全保险费和国务院财政、税务主管部门规定可以扣除的其他商业保险费外，企业为投资者或者职工支付的商业保险费，不得扣除。

企业参加财产保险，按照规定缴纳的保险费，准予扣除。

（4）利息费用。

①非金融企业向金融企业借款的利息支出、金融企业的各项存款利息支出和同业拆借利息支出、企业经批准发行债券的利息支出，准予扣除。

②非金融企业向非金融企业借款的利息支出，不超过按照金融企业同期同类贷款利率计算的数额的部分，准予扣除。超过金融机构同期同类贷款利率计算的部分不允许扣除。

③为购置、建造和生产固定资产、无形资产而发生的借款，在有关资产购建期间发生的利息，应作为资本性支出计入有关资产的成本，不得扣除。

④企业在生产经营活动中发生的合理的不需要资本化的借款费用，准予扣除。

对于企业为购置、建造固定资产、无形资产和经过 12 个月以上的建造才能达到预定可销售状态的存货发生借款的，在购置、建造期间发生的合理的借款费用，应计入有关固定资产、生产性生物资产、无形资产和其他资产的成本，并依照固定资产、生产性生物资产、无形资产和其他资产的税务处理以折旧、摊销等方式分期扣除。

【例 4-3】北京昌达股份有限公司年初，因生产经营需要，向中国工商银行借款 5 000 000 元，期限三年，利率为 6%；向非金融机构借款 1 000 000 元，期限三年，利率为 8%；全年实际计提借款利息共计 380 000 元。计算借款利息的扣除数额和不允许扣除的借款利息数额。

借款利息的扣除数额 =5 000 000 × 6%+1 000 000 × 6%=360 000（元）

不允许扣除借款利息的数额 = 1 000 000 ×（8% — 6%）=20 000（元）

（5）业务招待费。企业发生的与生产经营活动有关的业务招待费支出，按照发生额的 60% 扣除，但最高不得超过当年销售（营业）收入的 5‰。

所谓的销售（营业）收入，是指纳税人从事生产经营活动以及其他有关活动取得的各项收入，包括主营业务收入和其他业务收入。纳税人申报扣除的业务招待费，主管税务机关要求提供证明资料的，应提供能证明真实性的足够有效凭证或资料。不能提供的，不得在税前扣除。

【例 4-4】北京昌达股份有限公司全年销售收入为 12 000 000 元，全年业务招待费实际支付 500 000 元。计算业务招待费的扣除数额和不允许扣除业务招待费的数额。

业务招待费的扣除数额 =500 000 × 60%=300 000（元）

最高限额 =12 000 000 × 5‰ =60 000（元）

企业应扣除的业务招待费应为 60 000（元）

不允许扣除的业务招待费应为 300 000 — 60 000=240 000（元）

（6）广告费与业务宣传费。企业发生的符合条件的广告费和业务宣传费支出，除国务院财政、税务主管部门另有规定外，不超过当年销售（营业）收入 15% 的部分，准予扣除；超过部分，准予在以后纳税年度结转扣除。

【例 4-5】北京昌达股份有限公司全年销售收入为 20 000 000 元，全年广告费实际支付 2 800 000 元，业务宣传费 230 000 元。计算广告费与业务宣传费的扣除数额和不允许扣除的广告费与业务宣传费的数额。

广告费和业务宣传费的扣除数额最高限额 =20 000 000 × 15%=3 000 000（元）

广告费和业务宣传费扣除数额 =3 000 000（元）

不允许扣除广告费与业务宣传费的数额 =（2 800 000+230 000）— 3 000 000=50 000（元）

⑦捐赠支出的扣除。企业发生的公益性捐赠支出，在年度利润总额 12% 以内的部分，准予在计算应纳税所得额时扣除。年度利润总额，是指企业依照国家统一会计制度的规定计算的年度会计利润。

公益性捐赠，是指企业通过公益性社会团体或者县级以上人民政府及其部门，用于《中华人民共和国公益事业捐赠法》规定的公益事业的捐赠。纳税人直接向受赠人的捐赠不允许扣除。

【例 4-6】北京市昌达股份有限公司 2021 年销售收入 68 000 000 元，实现会计利润为 4 000 000 元。当年公益捐赠总额为 450 000 元，计算允许扣除的公益捐赠支出额。

允许扣除的公益救济性捐赠 =4 000 000 × 12%=480 000（元）

实际捐赠额 450 000 元，未超过捐赠限额，据实扣除。

（8）用于环境保护、生态恢复等方面的专项资金。企业依照法律、行政法规有关规定提取的用于环境保护、生态恢复等方面的专项资金，准予扣除。上述专项资金提取后改变用途的，不得扣除。

（9）劳动保护支出。企业发生的合理的劳动保护支出，准予扣除。

（10）汇兑损失。企业发生的汇兑损失，除已经计入有关资产成本以及与向所有者进行利润分配相关的部分外，准予扣除。

（11）其他项目。非居民企业在中国境内设立的机构、场所，就其中国境外总机构发生的与该机构、场所生产经营有关的费用，能够提供总机构出具的费用汇集范围、定额、分配依据和方法等证明文件并合理分摊的，准予扣除。

企业之间支付的管理费、企业内各营业机构之间支付的租金和特许权使用费，以及非银行企业内各营业机构之间支付的利息，不得扣除。

3. 不准予扣除的项目

（1）向投资者支付的股息、红利等权益性投资收益款项。

（2）企业所得税税款。

（3）税收滞纳金。

（4）罚金、罚款和被没收财物的损失。

（5）非公益救济性捐赠支出。

（6）赞助支出，指企业发生的与生产经营活动无关的各种非广告性质支出。

（7）未经核定的准备金支出，指不符合国务院财政、税务主管部门规定的各项资产减值准备、风险准备等准备金支出。

（8）企业之间支付的管理费、企业内各营业机构之间支付的租金和特许权使用费，以及非银行企业内各营业机构之间支付的利息，不得扣除。

（9）与取得收入无关的其他支出。

4. 亏损弥补

企业纳税年度发生的亏损，准予向以后年度结转，用以后年度的所得称补，但结转年限最长不得超过 5 年。纳税人发生的年度亏损，可以用下一纳税年度的所得弥补；下一纳税年度的所得不足弥补的，可以逐年延续弥补，但是延续弥补期最长不得超过 5 年。弥补期从亏损年度后一年算起，连续 5 年内不论是盈利或亏损，都作为实际弥补年限计算。5 年内又发生年度亏损，也必须从亏损年度后一年算起，先亏先补，按顺序连续计算补亏期限，不允许将每个亏损年度的亏损相加或连续弥补期相加，更不得断开计算。

【例 4-7】北京昌达股份有限公司 2013—2021 年的盈亏情况如表 4-1 所示。

表 4-1　年度应纳所得税额

金额单位：元

年度	2013	2014	2015	2016	2017	2018	2019	2020	2021
应纳税所得额	-800 000	100 000	-400 000	200 000	300 000	400 000	-300 000	150 000	600 000

请问该企业各年应纳税所得额为多少？

（1）2013 年度的 800 000 元亏损，弥补期为 2014—2018 年，可依次用 2014 年、2015 年、2016 年、2017 年的盈利弥补，2018 年弥补亏损后尚有 200 000 元盈利。

（2）2015 年度的 400 000 元亏损，弥补期为 2016—2020 年，因 2016 年、2017 年和 2018 年一部分盈利已弥补 2013 年的亏损，因此只能用 2018 年剩余的 200 000 元和 2020 年的盈利弥补，2020 年弥补 2015 年度亏损后，仍有 50 000 元尚未弥补；2021 年不能再在税前扣除，只能用税后利润弥补。

（3）2019 年度亏损 300 000 元，弥补期为 2020—2024 年，2020 年的盈利已弥补 2015 年度的亏损，2021 年盈利 600 000 元，弥补 2019 年度的 300 000 元后，尚余 300 000 元，应依法纳税。

因此，该企业 9 年中只有 2021 年需要缴纳企业所得税，应纳税所得额为 300 000 元。

5. 资产的税务处理

企业的各项资产，包括固定资产、生物资产、无形资产、长期待摊费用、投资资产、存货等，以历史成本为计税基础。所谓历史成本是指企业取得该项资产时实际发生的支出。企业持有各项资产期间资产的增值或者减值，除国务院财政、税务主管部门规定可以确认损益外，不得调整该资产的计税基础。

1）固定资产的税务处理

固定资产，是指企业为生产产品、提供劳务、出租或者经营管理而持有的、使用时间超过 12 个月的非货币性资产，包括房屋、建筑物、机器、机械、运输工具以及其他与生产经营活动有关的设备、器具、工具等。

（1）固定资产计税基础。

①外购的固定资产，以购买价款和支付的相关税费以及直接归属于使该资产达到预定用途发生的其他支出为计税基础。

②自行建造的固定资产，以竣工结算前发生的支出为计税基础。

③融资租入的固定资产，以租赁合同约定的付款总额和承租人在签订租赁合同过程中发生的相关费用为计税基础，租赁合同未约定付款总额的，以该资产的公允价值和承租人在签订租赁合同过程中发生的相关费用为计税基础。

④盘盈的固定资产，以同类固定资产的重置完全价值为计税基础。

⑤通过捐赠、投资、非货币性资产交换、债务重组等方式取得的固定资产，以该资产的公允价值和支付的相关税费为计税基础。

⑥改建的固定资产，除已足额提取折旧的固定资产的改建支出、租入固定资产的改建支出外，以改建过程中发生的改建支出增加计税基础。

（2）固定资产折旧。

③折旧方法和依据。按照直线法计算的折旧，准予扣除。企业应当自固定资产投入使用月份的次月起计算折旧；停止使用的固定资产，应当自停止使用月份的次月起停止计算折旧。企业应当根据固定资产的性质和使用情况，合理确定固定资产的预计净残值。固定资产的预计净残值一经确定，不得随意变更。

②折旧年限。除国务院财政、税务主管部门另有规定外，固定资产计算折旧的最低年限如下：房屋、建筑物，为 20 年；飞机、火车、轮船、机器、机械和其他生产设备为 10 年；与生产经营活动有关的器具、工具、家具等为 5 年；飞机、火车、轮船以外的运输工具为 4 年；电子设备为 3 年。

特别规定，从事开采石油、天然气等矿产资源的企业，在开始商业性生产前发生的费用和有关固定资产的损耗、折旧方法，由国务院财政、税务主管部门另行规定。

③折旧范围。下列固定资产不得计算折旧扣除：房屋、建筑物以外未投入使用的固定资产；以经营租赁方式租入的固定资产；以融资租赁方式租出的固定资产；已足额提取折旧仍继续使用的固定资产；与经营活动无关的固定资产；单独估价作为固定资产入账的土地；其他不得计算折旧扣除的固定资产。

2）生产性生物资产的税务处理

生产性生物资产，是指企业为生产农产品、提供劳务或者出租等而持有的生物资产，包括经济林、薪炭林、产畜和役畜等。

（1）生产性生物资产计税基础。

①外购的生产性生物资产，以购买价款和支付的相关税费为计税基础。

③通过捐赠、投资、非货币性资产交换、债务重组等方式取得的生产性生物资产，以该资产的公允价值和支付的相关税费为计税基础。

（2）生产性生物资产折旧。

①折旧方法和依据。生产性生物资产按照直线法计算的折旧，准予扣除。企业应当自生产性生物资产投入使用月份的次月起计算折旧；停止使用的生产性生物资产，应当自停止使用月份的次月起停止计算折旧。企业应当根据生产性生物资产的性质和使用情况，合理确定生产性生物资产的预计净残值。生产性生物资产的预计净残值一经确定，不得随意变更。

②折旧年限。生产性生物资产计算折旧的最低年限如下：林木类生产性生物资产为 10 年；畜类生产性生物资产为 3 年。

3）无形资产的税务处理

无形资产是指企业为生产产品、提供劳务、出租或者经营管理而持有的、没有实物形态的非货币性长期资产，包括专利权、商标权、著作权、土地使用权、非专利技术和商誉等。

（1）无形资产计税基础。

①外购的无形资产，以购买价款和支付的相关税费以及直接归属于使该资产达到预定用途发生的其他支出为计税基础；

②自行开发的无形资产，以开发过程中该资产符合资本化条件后至达到预定用途前发生的支出为计税基

础；

③通过捐赠、投资、非货币性资产交换、债务重组等方式取得的无形资产，以该资产的公允价值和支付的相关税费为计税基础。

（2）无形资产的摊销。

①摊销方法和依据。无形资产按照直线法计算的摊销费用，准予扣除。

②摊销期限。无形资产的摊销年限不得低于 10 年。作为投资或者受让的无形资产，有关法律规定或者合同约定了使用年限的，可以按照规定或者约定的使用年限分期摊销。外购商誉的支出，在企业整体转让或者清算时，准予扣除。

③摊销范围。下列无形资产不得计算摊销费用扣除：自行开发的支出已在计算应纳税所得额时扣除的无形资产；自创商誉；与经营活动无关的无形资产；其他不得计算摊销费用扣除的无形资产。

4）长期待摊费用的税务处理

在计算应纳税所得额时，企业发生的下列支出作为长期待摊费用，按照规定摊销的，准予扣除。

（1）已足额提取折旧的固定资产的改建支出，指改变房屋或者建筑物结构、延长使用年限等发生的支出，按照固定资产预计尚可使用年限分期摊销。

（2）租入固定资产的改建支出，指改变房屋或者建筑物结构、延长使用年限等发生的支出，按照合同约定的剩余租赁期限分期摊销。

（3）固定资产的大修理支出。该修理支出是指同时符合下列条件的支出：修理支出达到取得固定资产时的计税基础 50% 以上的；修理后固定资产的使用年限延长 2 年以上的。固定资产大修理支出应按固定资产尚可使用年限分期摊销。

（4）其他应当作为长期待摊费用的支出。自支出发生月份的次月起，分期摊销，摊销年限不得低于 3 年。

5）投资资产的税务处理

企业对外投资期间，投资资产的成本在计算应纳税所得额时不得扣除。投资资产，是指企业对外进行权益性投资和债权性投资形成的资产。企业在转让或者处置投资资产时，投资资产的成本准予扣除。

投资资产成本确定：通过支付现金方式取得的投资资产，以购买价款为成本；通过支付现金以外的方式取得的投资资产，以该资产的公允价值和支付的相关税费为成本。

6）存货资产的税务处理

企业使用或者销售存货，按照规定计算的存货成本，准予在计算应纳税所得额时扣除。存货是指企业持有以备出售的产品或者商品、处在生产过程中的在产品、在生产或者提供劳务过程中耗用的材料和物料等。

（1）存货成本确定。

①通过支付现金方式取得的存货，以购买价款和支付的相关税费为成本。

②通过支付现金以外的方式取得的存货，以该存货的公允价值和支付的相关税费为成本。

③生产性生物资产收获的农产品，以产出或者采收过程中发生的材料费、人工费和分摊的间接费用等必要支出为成本。

（2）存货成本结转。企业使用或者销售的存货的成本计算方法，可以在先进先出法、加权平均法、个别计价法中选用一种。计价方法一经选用，不得随意变更。

企业转让资产，该项资产的净值，准予在计算应纳税所得额时扣除。财产净值，是指有关资产、财产的计税基础减除已经按照规定扣除的折旧、折耗、摊销、准备金等后的余额。

除国务院财政、税务主管部门另有规定外，企业在重组过程中，应当在交易发生时确认有关资产的转让所得或者损失，相关资产应当按照交易价格重新确定计税基础。

6. 非居民企业应纳税所得额的确定

非居民企业在中国境内未设立机构、场所的，或者虽设立机构、场所但取得的所得与其所设机构、场所没有实际联系的，应当就其来源于中国境内的所得缴纳企业所得税。应纳税所得额的确定如下：

（1）股息、红利等权益性投资收益和利息、租金、特许权使用费所得，以收入全额为应纳税所得额；

（2）转让财产所得，以收入全额减除财产净值后的余额为应纳税所得额；

（3）其他所得，参照前两项规定的方法计算应纳税所得额。

4.2.5 所得税应纳税额的计算

1. 居民企业应纳税额的计算

居民企业应缴纳所得税额等于应纳税所得额乘以适用税率，计算公式为：

应纳税额 = 应纳税所得额 × 适用税率 - 减免税额 - 抵免税额

根据计算公式可以看出，应纳税额的多少，取决于应纳税所得额和适用税率两个因素。在实际过程中，应纳税所得额的计算一般有两种方法。

（1）直接计算法。在直接计算法下，企业每一纳税年度的收入总额减除不征税收入、免税收入、各项扣除以及允许弥补的以前年度亏损后的余额为应纳税所得额。计算公式与前述相同，即：

应纳税所得额 = 收入总额 — 不征税收入 — 免税收入 — 各项扣除金额 — 允许弥补的以前年度亏损

（2）间接计算法。在间接计算法下，在会计利润总额的基础上加或减按照税法规定调整的项目金额后，即为应纳税所得额。计算公式为：

应纳税所得额 = 会计利润总额 ± 纳税调整项目金额

纳税调整项目金额包括两方面的内容：一是税收规定范围与会计规定不一致的应予以调整的金额；二是税法规定扣除标准与会计规定不一致的应予以调整的金额。

【例 4-8】北京昌达股份有限公司为居民企业，2021 年发生经营业务如下：

（1）取得产品销售收入 48 000 000 元。

（2）应结转产品销售成本 32 000 000 元。

（3）发生销售费用 8 500 000 元（其中广告费 8 000 000 元）；管理费用 4 800 000 元（其中业务招待费 300 000 元）；财务费用 500 000 元。

（4）销售税金 1 400 000 元（含增值税 1 200 000 元）。

（5）营业外收入 1 000 000 元，营业外支出 400 000 元（含通过公益性社会团体向贫困山区捐款 300 000 元，支付税收滞纳金 50 000 元）。

（6）计入成本、费用中的实发工资总额 3 000 000 元、拨缴职工工会经费 72 000 元、发生职工福利费 460 000 元、发生职工教育经费 75 000 元。计算该企业 2021 年度实际应纳的企业所得税。

（1）会计利润总额 =48 000 000+1 000 000-32 000 000-8 500 000-4 8000 000-500 000-200 000-400 000=2 600 000（元）

（2）广告费和业务宣传费调增所得额 =8 000 000-48 000 000 × 15%=800 000（元）

（3）业务招待费调增所得额 =300 000-300 000 × 60% =300 000-180 000=120 000（元）；

48 000 000 × 5‰ =2 400 000（元）>300 000 × 60%=180 000（元）。

（4）捐赠支出应调增所得额 =300 000-1 000 000 × 12%=180 000（元）

（5）工会经费应调增所得额 =72 000-3000 000 × 2%=12 000（元）

（6）职工福利费应调增所得额 =460 000-3000 000 × 14%=40 000（元）

（7）职工教育经费扣除限额 =3 000 000 × 8%=240 000（元）

实际发生额小于扣除限额，不作纳税调整。

（8）应纳税所得额 =2 600 000+800 000+120 000+180 000+180 000+50 000+12 000+40 000=3 982 000（元）

（9）2021 年应缴企业所得税 =3 982 000×25%=995 500（元）

【例 4-9】北京市鼎盛股份有限公司为居民企业，2021 年度发生经营业务如下：

全年取得产品销售收入 50 000 000 元，发生产品销售成本 36 000 000 元；其他业务收入 6 000 000 元，其他业务成本 6 000 000 元；取得购买国债的利息收入 300 000 元；缴纳非增值税销售税金及附加 2 300 000 元；发生的管理费用 7 200 000 元，其中新技术的研究开发费用 550 000 元、业务招待费用 650 000 元；发生财务费用 1 000 000 元；取得直接投资其他居民企业的权益性收益 350 000 元（已在投资方所在地按 15% 的税率缴纳了所得税）；取得营业外收入 1 000 000 元，发生营业外支出 2 200 000 元（其中含公益捐赠 320 000 元），计算该企业 2021 年应纳的企业所得税。

（1）利润总额 =50 000 000+6 000 000+300 000+350 000+1 000 000-36 000 000-6 000 000-2 300 000-7 200 000-1 000 000-2 200 000=2 950 000（元）

（2）国债利息收入免征企业所得税，应调减所得额 300 000 元。

（3）技术开发费调减所得额 =550 000×75%=412 500（元）

（4）按实际发生业务招待费的 60% 计算 =650 000×60%=390 000（元）；

按销售（营业）收入的 5‰计算 =（50 000 000+6 000 000）×5‰ =280 000（元）；

按照规定税前扣除限额应 280 000 元。

实际应调增应纳税所得额 =650 000-280 000=370 000（元）

（5）取得直接投资其他居民企业的权益性收益属于免税收入，应调减应纳税所得额 350 000 元。

（6）捐赠扣除标准 =2 950 000×12%=354 000（元）

实际捐赠额 320 000 元小于扣除标准 354 000 元，可按实捐数扣除，不做纳税调整。

（7）应纳税所得额 =2 950 000-300 000-412 500+370 000-350 000=2 257 500（元）

2. 境外所得抵扣税额的计算

（1）基本政策。企业已在境外缴纳的所得税税额，可以从当期应纳税额中抵免，抵免限额为该项所得依照本法规定计算的应纳税额：超过抵免限额的部分，可以在以后 5 个年度内，用每年度抵免当年应抵免税额后的余额进行抵补。可抵扣的情况有以下几种。

①居民企业来源于中国境外的应税所得。

②非居民企业在中国境内设立机构、场所，取得发生在中国境外但与该机构、场所没有实际联系的应税所得。

③居民企业从直接或者间接控制的外国企业分得的来源于中国境外的股息、红利等权益性投资收益，外国企业在境外实际缴纳的所得税税额中属于该项所得负担的部分，可以作为该居民企业的可抵免所得税税额，在税法规定的抵免限额内抵免。

按照税法规定企业抵免所得税税额时，应当提供中国境外税务机关出具的税款所属年度的有关纳税凭证。

（2）抵免限额的计算。抵免限额是指企业来源于中国境外的所得，依照企业所得税法和企业所得税实施条例的规定计算的应纳税额。除国务院财政、税务主管部门另有规定外，该抵免限额应当分国（地区）不分项计算，计算公式为：

抵免限额 = 中国境内、境外所得依照企业所得税法和本条例的规定计算的应纳税总额 × 来源于某国（地区）的应纳税所得额 ÷ 中国境内、境外应纳税所得总额

①公式中的应纳税所得额是税前利润，若从国外分回的是税后利润，需换算为税前利润，换算方法为：

所得额 =（分回利润 + 国外已纳税款）= 分回利润 ÷（1 —某外国所得税税率）

②公式中计算应纳税总额时的税率均为 25% 法定税率，即抵免限额的计算是分国不分项，则

$$抵免限额 = 来源于某国（地区）的应纳税所得额 \times 25\%$$

如果抵免限额小于实纳税额，扣除抵免限额；如果抵免限额大于实纳税额，则将国外的已纳税额全部扣除。

3. 居民企业核定征收应纳税额的计算

为加强企业所得税征收管理，规范核定征收企业所得税工作，保障国家税款及时足额入库，维护纳税人合法权益，根据《中华人民共和国企业所得税法》及其实施条例、《中华人民共和国税收征收管理法》及其实施细则的有关规定，核定征收企业所得税的有关规定如下。

（1）核定征收企业所得税的范围。核定征收办法适用于居民企业纳税人，纳税人具有下列情形之一的，需要核定征收企业所得税。

①依照法律、行政法规的规定可以不设置账簿的。

②依照法律、行政法规的规定应当设置但未设置账簿的。

③擅自销毁账簿或者拒不提供纳税资料的。

④虽设置账簿，但账目混乱或者成本资料、收入凭证、费用凭证残缺不全，难以查账的。

⑤发生纳税义务，未按照规定的期限办理纳税申报，经税务机关责令限期申报，逾期仍不申报的。

⑥申报的计税依据明显偏低，又无正当理由的。

特殊行业、特殊类型的纳税人和一定规模以上的纳税人不适用核定征收办法。上述特定纳税人由国家税务总局另行明确。

根据《国家税务总局关于企业所得税核定征收有关问题的公告》，自 2012 年 1 月 1 日起，专门从事股权（股票）投资业务的企业，不得核定征收企业所得税。

对依法按核定应税所得率方式核定征收企业所得税的企业，取得的转让股权（股票）收入等转让财产收入，应全额计入应税收入额，按照主营项目（业务）确定适用的应税所得率计算征税；若主营项目（业务）发生变化，应在当年汇算清缴时，按照变化后的主营项目（业务）重新确定适用的应税所得率计算征税。

（2）核定征收的办法。税务机关应根据纳税人具体情况，对核定征收企业所得税的纳税人，核定应税所得率或者核定应纳所得税额。

①具有下列情形之一的，核定应税所得率。

Ⅰ. 能正确核算（查实）收入总额，但不能正确核算（查实）成本费用总额的。

Ⅱ. 能正确核算（查实）成本费用总额，但不能正确核算（查实）收入总额的。

Ⅲ. 通过合理方法，能计算和推定纳税人收入总额或成本费用总额的。

纳税人不属于以上情形的，核定应纳所得税额。

②税务机关采用下列方法核定征收企业所得税。

Ⅰ. 参照当地同类行业或者类似行业中经营规模和收入水平相近的纳税人的税负水平核定。

Ⅱ. 按照应税收入额或成本费用支出额定率核定。

Ⅲ. 按照耗用的原材料、燃料、动力等推算或测算核定。

Ⅳ. 按照其他合理方法核定。

采用前款所列一种方法不足以正确核定应纳税所得额或应纳税额的，可以同时采用两种以上的方法核定。采用两种以上方法测算的应纳税额不一致时，可按测算的应纳税额从高核定。

采用应税所得率方式核定征收企业所得税的，应纳所得税额计算公式为：

$$应纳所得税额 = 应纳税所得额 \times 适用税率$$

$$应纳税所得额 = 应税收入额 \times 应税所得率$$

或

应纳所得税额 = 成本（费用）支出额 ÷（1 —应税所得率）× 应税所得率

实行应税所得率方式核定征收企业所得税的纳税人，经营多业的，无论其经营项目是否单独核算，均由税务机关根据其主营项目确定适用的应税所得率。

主营项目应为纳税人所有经营项目中，收入总额或者成本（费用）支出额或者耗用原材料、燃料、动力数量所占比重最大的项目。应税所得率的幅度标准如表 4-2 所示。

表 4-2 应税所得率的幅度标准

单位：%

行业	应税所得率
农、林、牧、渔业	3 ~ 10
制造业	5 ~ 15
批发和零售贸易业	4 ~ 15
交通运输业	7 ~ 15
建筑业	8 ~ 20
饮食业	8 ~ 25
娱乐业	15 ~ 30
其他行业	10 ~ 30

纳税人的生产经营范围、主营业务发生重大变化，或者应纳税所得额或应纳税额增减变化达到 20% 的，应及时向税务机关申报调整已确定的应纳税额或应税所得率。

3. 核定征收企业所得税的管理

（1）主管税务机关应及时向纳税人送达“企业所得税核定征收鉴定表”，及时完成对其核定征收企业所得税的鉴定工作。

纳税人应在收到“企业所得税核定征收鉴定表”后 10 个工作日内，填好该表并报送主管税务机关。“企业所得税核定征收鉴定表”一式三联，主管税务机关和县税务机关各执一联，另一联送达纳税人执行。主管税务机关还可根据实际工作需要，适当增加联次备用。

纳税人收到“企业所得税核定征收鉴定表”后，未在规定期限内填列、报送的，税务机关视同纳税人已经报送，按上述程序进行复核认定。

（2）纳税人实行核定应税所得率方式的，按下列规定申报纳税。

①主管税务机关根据纳税人应纳税额的大小确定纳税人按月或者按季预缴，年终汇算清缴。预缴方法一经确定，一个纳税年度内不得变更。

②纳税人应依照确定的应税所得率计算纳税期间实际应缴纳的税额，进行预缴。按实际数额预缴有困难的，经主管税务机关同意，可按上一年度应纳税额的 1/12 或 1/4 预缴，或者按经主管税务机关认可的其他方法预缴。

③纳税人预缴税款或年终进行汇算清缴时，应按规定填写《中华人民共和国企业所得税月（季）度预缴纳税申报表（B 类）》，在规定的纳税申报时限内报送主管税务机关。

（3）纳税人实行核定应纳所得税额方式的，按下列规定申报纳税：

①纳税人在应纳所得税额尚未确定之前，可暂按上年度应纳所得税额的 1/12 或 1/4 预缴，或者按经主管税务机关认可的其他方法，按月或按季分期预缴。

②在应纳所得税额确定以后，减除当年已预缴的所得税额，余额按剩余月份或季度均分，以此确定以后各月或各季的应纳税额，由纳税人按月或按季填写《中华人民共和国企业所得税月（季）度预缴纳税申报表（B

类)》，在规定的纳税申报期限内进行纳税申报。

③年度终了后，纳税人在规定的时限内按照实际经营额或实际应纳税额向税务机关申报纳税。申报额超过核定经营额或应纳税额的，按申报额缴纳税款；申报额低于核定经营额或应纳税额的，按核定经营额或应纳税额缴纳税款。

(4) 对违反核定征收规定的行为，按《中华人民共和国税收征收管理法》及其实施细则的有关规定处理。

4. 非居民企业应纳税额的计算

对于在中国境内未设立机构、场所的，或者虽设立机构、场所但取得的所得与其所设机构、场所没有实际联系的非居民企业的所得，按照下列方法计算应纳税所得额：

(1) 股息、红利等权益性投资收益和利息、租金、特许权使用费所得，以收入全额为应纳税所得额。营业税改征增值税试点中的非居民企业，以不含增值税的收入全额作为应纳税所得额。

(2) 转让财产所得，以收入全额减除财产净值后的余额为应纳税所得额。财产净值是指财产的计税基础减除已经按照规定扣除的折旧、折耗、摊销、准备金等后的余额。

《中华人民共和国企业所得税法》第十九条第二项规定的转让财产所得包含转让股权等权益性投资资产(以下称股权)所得。股权转让收入减除股权净值后的余额为股权转让所得应纳税所得额。

股权转让收入是指股权转让人转让股权所收取的对价，包括货币形式和非货币形式的各种收入。

股权净值是指取得股权的计税基础。股权的计税基础是股权转让人投资入股时向中国居民企业实际支付的出资成本，或购买该项股权时向该股权的原转让人实际支付的股权受让成本。股权在持有期间发生减值或者增值，按照国务院财政、税务主管部门规定可以确认损益的，需要对股权净值进行调整。企业在计算股权转让所得时，不得扣除被投资企业未分配利润等股东留存收益中按该项股权所可能分配的金额。

多次投资或收购的同项股权被部分转让的，从该项股权全部成本中按照转让比例计算确定被转让股权对应的成本。

(3) 其他所得，参照前两项规定的方法计算应纳税所得额。

(4) 扣缴企业所得税应纳税额计算。计算公式为：

扣缴企业所得税应纳税额 = 应纳税所得额 × 实际征收率

①扣缴义务人扣缴企业所得税的，按照扣缴义务发生之日人民币汇率中间价折合成人民币，计算非居民企业应纳税所得额。扣缴义务发生之日为相关款项实际支付或者到期应支付之日。

②取得收入的非居民企业在主管税务机关责令限期缴纳税款前自行申报缴纳应源泉扣缴税款的，按照填开税收缴款书之日前一日人民币汇率中间价折合成人民币，计算非居民企业应纳税所得额。

③主管税务机关责令取得收入的非居民企业限期缴纳应源泉扣缴税款的，按照主管税务机关作出限期缴税决定之日前一日人民币汇率中间价折合成人民币，计算非居民企业应纳税所得额。

5. 非居民企业所得税核定征收办法

非居民企业因会计账簿不健全，资料残缺难以查账，或者其他原因不能准确计算并据实申报应纳税所得额的，税务机关有权采取以下方法核定应纳税所得额。

(1) 按收入总额核定应纳税所得额：适用于能够正确核算收入或通过合理方法推定收入总额，但不能正确核算成本费用的非居民企业。计算公式为：

应纳税所得额 = 收入总额 × 经税务机关核定的利润率

(2) 按成本费用核定应纳税所得额：适用于能够正确核算成本费用，但不能正确核算收入总额的非居民企业。计算公式为：

应纳税所得额 = 成本费用总额 ÷ (1 − 经税务机关核定的利润率) × 经税务机关核定的利润率

(3) 按经费支出换算收入核定应纳税所得额：适用于能够正确核算经费支出总额，但不能正确核算收入总额和成本费用的非居民企业。计算公式为：

应纳税所得额 = 经费支出总额 ÷（1 —经税务机关核定的利润率）× 经税务机关核定的利润率

（4）税务机关可按照以下标准确定非居民企业的利润率：

①从事承包工程作业、设计和咨询劳务的，利润率为 15% ~ 30%。

②从事管理服务的，利润率为 30% ~ 50%。

③从事其他劳务或劳务以外经营活动的，利润率不低于 15%。

税务机关有根据认为非居民企业的实际利润率明显高于上述标准的，可以按照比上述标准更高的利润率核定应纳税所得额。

（5）非居民企业与中国居民企业签订机器设备或货物销售合同，同时提供设备安装、装配、技术培训、指导、监督服务等劳务，销售货物合同中未列明提供上述劳务服务收费金额，或者计价不合理的，主管税务机关可以根据实际情况，参照相同或相近业务的计价标准核定劳务收入。无参照标准的，以不低于销售货物合同总价款的 10% 为原则，确定非居民企业的劳务收入。

6. 房地产开发企业所得税预缴税款的处理

（1）房地产开发企业按当年实际利润据实分季（或月）预缴企业所得税的，对开发建造的住宅、商业用房以及其他建筑物、附着物、配套设施等开发产品，在未完工前采取得的预售收入，按规定的预计利润率分季（或月）计算出预计利润额，计入利润总额预缴，开发产品完工、结算计税成本后再按照实际利润进行调整。

（2）房地产开发企业按当年实际利润据实预缴企业所得税的，对开发、建造的住宅、商业用房以及其他建筑物、附着物、配套设施等开发产品，在未完工前采取预售方式销售取得的预收收入，按照规定的预计利润率分季（或月）计算出预计利润额，填报在《中华人民共和国企业所得税月（季）度预缴纳税申报表（A 类）》“利润总额”内。

（3）房地产开发企业对经济适用房项目的预售收入进行初始纳税申报时，必须附送有关部门批准经济适用房项目开发、销售的文件以及其他相关证明材料。凡不符合规定或未附送有关部门的批准文件以及其他相关证明材料的，一律按销售非经济适用房的规定执行。

4.3 企业所得税的优惠

关键词

税收优惠政策
加计扣除
加速折旧
减计收入

情景 1

企业所得税免征。

某企业从事林木的培育和种植，免征企业所得税。

情景 2

加速折旧优惠。

北京昌达股份有限公司由于技术进步，对产品更新换代较快的固定资产，采取双倍余额递减法计算。

税收优惠政策是指为了照顾某些纳税人的特殊情况而给予减征或免征所得税款的规定。是税法原则性和灵活性的相结合的体现，是发挥税收特殊调节作用的重要手段。税法规定的企业所得税的税收优惠方式，包括免税、减税、加计扣除、加速折旧、减计收入以及税额抵免等。

4.3.1 免征与减征优惠

企业的下列所得，可以免征、减征企业所得税。企业如果从事国家限制和禁止发展的项目，不得享受企业所得税优惠。

1. 从事农、林、牧、渔业项目所得

企业从事农、林、牧、渔业项目的所得，包括免征和减征两部分。

（1）企业从事下列项目的所得，免征企业所得税。蔬菜、谷物、薯类、油料、豆类、棉花、麻类、糖料、水果、坚果的种植；农作物新品种的选育；中药材的种植；林木的培育和种植；牲畜、家禽的饲养；林产品的采集；灌溉、农产品初加工、兽医、农技推广、农机作业和维修等农、林、牧、渔服务业项目；远洋捕捞。

（2）企业从事下列项目的所得，减半征收企业所得税。花卉、茶以及其他饮料作物和香料作物的种植；海水养殖、内陆养殖。

2. 从事国家重点扶持的公共基础设施项目投资经营所得

企业所得税法所称国家重点扶持的公共基础设施项目，是指《公共基础设施项目企业所得税优惠目录》规定的港口码头、机场、铁路、公路、电力、水利等项目。

企业从事国家重点扶持的公共基础设施项目的投资经营的所得，自项目取得第一笔生产经营收入所属纳税年度起，第 1 年至第 3 年免征企业所得税，第 4 年至第 6 年减半征收企业所得税。

企业承包经营、承包建设和内部自建自用本条规定的项目，不得享受本规定的企业所得税优惠。

3. 从事符合条件的环境保护、节能节水项目所得

环境保护、节能节水项目的所得，自项目取得第一笔生产经营收入所属纳税年度起，第 1 年至第 3 年免征企业所得税，第 4 年至第 6 年减半征收企业所得税。

符合条件的环境保护、节能节水项目，包括公共污水处理、公共垃圾处理、沼气综合开发利用、节能减排技术改造、海水淡化等。项目的具体条件和范围由国务院财政、税务主管部门同国务院有关部门制订，报国务院批准后公布施行。

但是以上规定享受减免税优惠的项目，在减免税期限内转让的，受让方自受让之日起，可以在剩余期限内享受规定的减免税优惠；减免税期限届满后转让的，受让方不得就该项目重复享受减免税优惠。

4. 符合条件的技术转让所得

企业所得税法所称符合条件的技术转让所得免征、减征企业所得税，是指一个纳税年度内，居民企业转让技术所有权所得不超过 500 万元的部分，免征企业所得税；超过 500 万元的部分，减半征收企业所得税。

4.3.2 高新技术企业优惠

国家需要重点扶持的高新技术企业减按 15% 的所得税税率征收企业所得税。

国家需要重点扶持的高新技术企业，是指拥有核心自主知识产权，并同时符合下列条件的企业。

（1）拥有核心自主知识产权，是指在中国境内（不含港、澳、台地区）注册的企业，近 3 年内通过自主研发、受让、受赠、并购等方式，或通过 5 年以上的独占许可方式，对主要产品（服务）的核心技术拥有自主知识产权。

（2）产品（服务）属于《国家重点支持的高新技术领域》规定的范围。

（3）研究开发费用占销售收入的比例不低于规定比例。

（4）高新技术产品（服务）收入占企业总收入的比例不低于规定比例。是指高新技术产品（服务）收入占企业当年总收入的 60% 以上。

（5）科技人员占企业职工总数的比例不低于规定比例。是指具有大学专科以上学历的科技人员占企业当年职工总数的 30% 以上，其中研发人员占企业当年职工总数的 10% 以上。

（6）高新技术企业认定管理办法规定的其他条件。《国家重点支持的高新技术领域》和高新技术企业认定管理办法，由国务院科技、财政、税务主管部门会同国务院有关部门制订，报国务院批准后公布施行。

4.3.3 小型微利企业优惠

小型微利企业（小微企业）减按 20% 的所得税税率征收企业所得税。小微企业的确认标准如下：

（1）工业企业，年度应纳税所得额不超过 100 万元，从业人数不超过 100 人，资产总额不超过 3 000 万元。

（2）其他企业，年度应纳税所得额不超过 100 万元，从业人数不超过 80 人，资产总额不超过 1 000 万元。

上述“从业人数”按企业全年平均从业人数计算，“资产总额”按企业年初和年末的资产总额平均计算。

小微企业，是指企业的全部生产经营活动产生的所得均负有我国企业所得税纳税义务的企业。仅就来源于我国所得负有我国纳税义务的非居民企业，不适用上述规定。

4.3.4 加计扣除优惠

加计扣除优惠包括以下两项内容。

（1）研究开发费。研究开发费，是指企业为开发新技术、新产品、新工艺发生的研究开发费用，未形成无形资产计入当期损益的，在按照规定据实扣除的基础上，按照研究开发费用的 75% 加计扣除；形成无形资产的，按照无形资产成本的 175% 摊销。

（2）企业为安置残疾人员支付的工资。企业安置残疾人员的，在按照支付给残疾职工工资据实扣除的基础上，按照支付给残疾职工工资的 100% 加计扣除。残疾人员的范围适用《中华人民共和国残疾人保障法》的有关规定。企业安置国家鼓励安置的其他就业人员所支付工资的加计扣除办法，由国务院另行规定。

4.3.5 创投企业优惠

创投企业从事国家需要重点扶持和鼓励的创业投资，可以按投资额的一定比例抵扣应纳税所得额。

创投企业优惠，是指创业投资企业采取股权投资方式投资于未上市的中小高新技术企业 2 年以上的，可以按照投资额的 70% 在股权持有满 2 年的当年抵扣该企业的应纳税所得额，当年不足抵扣的，可以在以后纳税年度结转抵扣。

4.3.6 加速折旧优惠

企业的固定资产由于技术进步等原因，确需加速折旧的，可以缩短折旧年限或者采取加速折旧的方法。可采用以上折旧方法的固定资产有以下几种。

（1）由于技术进步，产品更新换代较快的固定资产。

（2）常年处于强震动、高腐蚀状态的固定资产。

采取缩短折旧年限方法的，最低折旧年限不得低于规定折旧年限的 60%；采取加速折旧方法的，可以采取双倍余额递减法或者年数总和法。

4.3.7 减计收入优惠

减计收入优惠，是指企业综合利用资源，生产符合国家产业政策规定的产品所取得的收入，可以在计算应纳税所得额时减计收入。

综合利用资源，是指企业以《资源综合利用企业所得税优惠目录》规定的资源为主要原材料，生产国家非限制和禁止并符合国家和行业相关标准的产品取得的收入，减按 90% 计入收入总额。

4.3.8 税额抵免优惠

税额抵免是指企业购置并实际使用《环境保护专用设备企业所得税优惠目录》《节能节水专用设备企业所得税优惠目录》和《安全生产专用设备企业所得税优惠目录》规定的环境保护、节能节水、安全生产等专用设备的，该专用设备投资额的 10% 可以从企业当年的应纳税额中抵免；当年不足抵免的，可以在以后 5 个纳税年度结转抵免。

4.3.9 民族自治地方的优惠

民族自治地方的自治机关对本民族自治地方的企业应缴纳的企业所得税中属于地方分享的部分，可以决定减征或者免征。自治州、自治县决定减征或者免征的，须报省、自治区、直辖市人民政府批准。

4.3.10 非居民企业优惠

非居民企业减按 10% 的所得税税率征收企业所得税，非居民企业取得下列所得免征企业所得税。

（1）外国政府向中国政府提供贷款取得的利息所得。

（2）国际金融组织向中国政府和居民企业提供优惠贷款取得的利息所得。

（3）经国务院批准的其他所得。

4.3.11 其他有关行业的优惠

1. 鼓励软件产业和集成电路产业发展的优惠政策

（1）软件生产企业实行增值税即征即退政策，所退还的税款由企业用于研究开发软件产品和扩大再生产，不作为企业所得税应税收入，不予征收企业所得税。

（2）我国境内新办软件生产企业经认定后，自获利年度起，第 1 年和第 2 年免征企业所得税，第 3 年至第 5 年减半征收企业所得税。

（3）国家规划布局内的重点软件生产企业，如当年未享受免税优惠的，减按 10% 的税率征收企业所得税。

（4）软件生产企业的职工培训费用，可按实际发生额在计算应纳税所得额时扣除。

（5）企事业单位购进软件，凡符合固定资产或无形资产确认条件的，可以按照固定资产或无形资产进行核算，经主管税务机关核准，折旧或摊销年限可以适当缩短，最短可为 2 年。

（6）集成电路设计企业视同软件企业，享受上述软件企业的有关企业所得税政策。

（7）集成电路生产企业的生产性设备，经主管税务机关核准，折旧年限可以适当缩短，最短可为 3 年。

（8）投资额超过 80 亿元人民币或集成电路线宽小于 0.25 微米的集成电路生产企业，可以减按 15% 的税率缴纳企业所得税。其中，经营期在 15 年以上的，从开始获利的年度起，第 1 年至第 5 年免征企业所得税，第 6 年至第 10 年减半征收企业所得税。

（9）对生产线宽小于 0.8 微米（含）集成电路产品的生产企业，经认定后自获利年度起，第 1 年和第 2 年免征企业所得税，第 3 年至第 5 年减半征收企业所得税。

已经享受自获利年度起企业所得税“两免三减半”政策的企业，不再重复执行本规定。

（10）自 2008 年 1 月 1 日起至 2010 年底，对集成电路生产企业、封装企业的投资者，以其取得的缴纳企业所得税后的利润，直接投资于本企业增加注册资本，或作为资本投资开办其他集成电路生产企业、封装企业，经营期不少于 5 年的，按 40% 的比例退还其再投资部分已缴纳的企业所得税税款。再投资不满 5 年撤出该投资的，追缴已退的企业所得税税款。

自 2008 年 1 月 1 日起至 2010 年底，对国内外经济组织作为投资者，以其在境内取得的缴纳企业所得税后的利润，作为资本投资于西部地区开办集成电路生产企业、封装企业或软件产品生产企业，经营期不少于 5 年的，按 80% 的比例退还其再投资部分已缴纳的企业所得税税款。再投资不满 5 年撤出该投资的，追缴已退的企业所得税税款。

2. 鼓励证券投资基金发展的优惠政策

（1）对证券投资基金从证券市场中取得的收入，包括买卖股票、债券的差价收入，股权的股息、红利收入。债券的利息收入及其他收入，暂不征收企业所得税。

（2）对投资者从证券投资基金分配中取得的收入，暂不征收企业所得税。

（3）对证券投资基金管理人运用基金买卖股票、债券的差价收入，暂不征收企业所得税。

4.4 企业所得税会计核算

关键词

资产负债表债务法
暂时性差异
计税基础

情景 1

资产的计税基础。

兴泰制药厂于 2021 年 12 月 7 日购入一台环保用设备，原值 5 800 000 元，预计使用年限 10 年，预计净残值为零，会计上采用年限平均法计提折旧。2021 年 12 月 31 日，企业经测试该固定资产的可收回金额为 4 200 000 元，当期计提固定资产减值准备 400 000 元。

情景 2

负债的计税基础。

北京昌达股份有限公司 2021 年因销售产品承诺提供 3 年的保修服务，在当年度利润表中确认了 1 000 000 元的销售费用，同时确认为预计负债，当年度未发生任何保修支出。

所得税会计，是研究如何对按会计制度计算的税前会计利润（或亏损）与按税法计算的应纳税所得（或亏损）之间的差异进行会计处理的会计理论和方法。

各国的法律体制和会计体制不同，所得税会计处理方法各不相同，但从应纳税额与所得税费用关系的处理看主要有两种：一是以应纳税额作为所得税费用；二是对应纳税额进行调整后确定所得税费用。前者被称之为应付税款法，后者被称之为纳税影响会计法。纳税影响会计法分为递延法和债务法。债务法分为利润表债务法和资产负债表债务法。根据《企业会计准则第 18 号 —— 所得税》规定，我国上市公司应采用资产负债表债务法，在实际业务中非上市公司通常采用应付税款法。

4.4.1 应付税款法的会计核算

应付税款法是指企业不确认时间性差异对所得税的影响金额，将当期计算的应交所得税确认为所得税费用的方法。在这种情况下，当期所得税费用等于当期应交的所得税。该核算方法的特点是本期所得税费用为按照本期应税所得与适用的所得税率计算的应交所得税，即本期从净利润中扣除的所得税费用等于本期应交的所得税。时间性差异产生的影响所得税的金额均在本期确认所得税费用，或在本期抵减所得税费用，在会计报表中不反映为一项负债或一项资产。例如：按照我国税法规定，固定资产一般应按直线法提取折旧。但会计准则对企业的固定资产采用什么方法提取折旧由企业自行确定。在这种情况下，按直线法提取折旧额计算的应税所得与采用加速折旧法提取折旧额计算的税前会计利润之间必然会产生差额。按税法规定，在采用应付税款法进行处理时，就需要对本期税前会计利润进行纳税调整，将其调整为应税所得，再将按照应税所得计算的本期应交所得税作为本期的所得税费用。根据实际应缴的所得税额进行会计核算。

借：所得税费用

　　贷：应交税费 —— 应交所得税

实际上交所得税时：

借：应交税费 —— 应交所得税

　　贷：银行存款

在应付税款法下，本期发生的暂时性差异与永久性差异同样处理，不单独进行会计核算。也就是说，不管税前会计利润是多少，在计算缴纳所得税时均应按税法规定对税前会计利润进行调整，将其调整为应税所得，再按应税所得计算出本期应交的所得税，作为本期所得税费用，即本期所得税费用等于本期应交所得税。

【例 4-10】北京昌达股份有限公司 2021 年度的生产经营情况如下：产品销售收入 5 000 000 元，产品销售成本 3 000 000 元，产品销售费用 400 000 元，发生管理费用 350 000 元（其中业务招待费 50 000 元），当年出租固定资产取得收入 400 000 元，购买国债取得利息收入 100 000 元，准许税前扣除的有关税费 300 000 元，经批准向企业职工集资 1 000 000 元，支付年息 150 000 元，同期银行贷款利率为 10%，经过县级人民政府向南方遭受雪灾地区捐款 200 000 元。按应付税款法进行会计核算。

税法规定业务招待费的扣除限额为实际发生额的 60%，同时不得超过营业收入的 5‰，

计算业务招待费的扣除限额：

50 000×60%=30 000（元）；（5 000 000+400 000）×5‰=27 000（元）；

30 000 ＞ 27 000，所以业务招待费的扣除金额为 27 000 元，应调增 50 000-27 000=23 000（元）。

国债利息收入免税，应调减 100 000 元，

利息支出的扣除限额为 =1 000 000×10%=100 000（元），应调增 150 000-100 000=50 000（元）；

捐赠的扣除限额为会计利润的 12%，会计利润 =5 000 000-3 000 000-400 000-350 000+400 000+100 000-300 000-150 000-200 000=1 100 000（元）；

捐赠的扣除限额 =1 100 000×12%=132 000（元）。

实际捐赠 200 000 元，超过了扣除限额，应调增 200 000-132 000=680 000（元）。

该企业 2021 年度应纳税所得额 =1 100 000+23 000-100 000+50 000+68 000=1 145 000（元）；

该企业 2021 年度应纳企业所得税 =1 145 000 × 25%=286 250（元）。

借：所得税费用　　286 250

　贷：应交税费——应交所得税　　286 250

4.4.2 资产负债表债务法会计核算

资产负债表债务法是以资产负债表及其附注为依据，结合账簿资料分析比较企业会计准则、会计制度确定的各项资产、负债的账面价值与按照税法确定的各项资产、负债的计税基础之间的差异，确认递延所得税资产、递延所得税负债，并确定利润表中的所得税费用。

1. 资产负债表债务法下所得税会计核算程序

采用资产负债表债务法进行所得税会计核算时，企业应于每一资产负债表日按下列程序进行所得税会计核算。

（1）按照会计准则确定资产负债表中除递延所得税资产和递延所得税负债以外的其他资产或负债项目的账面价值。

（2）以税法为依据确定资产负债表中有关资产项目与负债项目的计税基础。

（3）比较资产、负债的账面价值与计税基础，对两者之间存在的暂时性差异，根据性质确定是应纳税暂时性差异还是可抵扣暂时性差异。

（4）以暂时性差异乘以适用税率，确定资产负债表日递延所得税负债与递延所得税资产的应有金额，并与期初递延所得税负债与递延所得税资产的余额比较，确定当期递延所得税负债与递延所得税资产的发生额，作为利润表中所得税费用的一个组成部分，即递延所得税费用。

（5）按税法规定计算确定当期应纳税所得额，按应纳税所得额与适用所得税税率计算确定当期应交所得税，作为利润表中所得税费用的另一组成部分，即当期所得税费用。

（6）计算确定利润表中的所得税费用。企业在计算确定了当期所得税费用和递延所得税费用后，两者之和（或之差）就是利润表中的所得税费用。

2. 暂时性差异的确认

暂时性差异是指资产或负债的账面价值与计税基础之间的差额。账面价值是指按照企业会计准则规定确定的有关资产、负债在企业的资产负债表中应列示的金额；计税基础分为资产的计税基础和负债的计税基础。

3. 确认资产和负债计税基础

1）资产的计税基础

资产的计税基础是指企业在收回资产账面价值过程中，计算应纳税所得额时按税法规定可以从应税经济利益中抵扣的金额，即该项资产在未来期间计税时按税法规定可以税前扣除的金额。从税收的角度考虑，资产的计税基础是假定企业按照税法规定进行核算所提供的资产负债表中资产的应有金额，本质上就是税收口径的资产价值标准。资产的计税基础可用公式表示如下：

资产的计税基础 = 未来可税前扣除的金额

通常情况下，资产在取得时入账价值与计税基础是相同的，后续计量过程中因会计准则与税法规定不同，可能造成计税基础与账面价值的不同。常见的资产项目有以下几项。

（1）固定资产。

①初始计量。以各种方式取得的固定资产在初始计量时，税法基本上也同样认可按会计准则确定的入账价

值。因此，固定资产初始确认时的账面价值一般等于其计税基础。

②后续计量。固定资产后续计量时，根据会计准则规定，账面价值为“成本－累计折旧（会计）－固定资产减值准备”；而根据税法规定，计税基础为“成本－累计折旧（税法）”。因此，固定资产后续计量期间，折旧方法、折旧年限、减值准备等因素均有可能导致账面价值与计税基础存在差异。

因折旧方法、折旧年限不同产生的差异。会计准则规定，企业可以根据消耗固定资产经济利益的方式合理选择折旧方法，可以按直线法计提折旧，也可以按照双倍余额递减法、年数总和法等计提折旧，前提是有关方法能够反映固定资产为企业带来经济利益的实现方式。税法一般规定固定资产的折旧方法，除某些按规定可以加速计提折旧的情况外，基本上可以税前扣除的是按照直线法计提的折旧。

因计提固定资产减值准备产生的差异。固定资产的持有期间内，在对固定资产计提了减值准备后，由于计提的减值准备不允许税前扣除，账面价值下降，但计税基础不会因资产减值准备的提取而发生变化。因此，也会造成账面价值与计税基础的差异。

【例 4-11】兴泰制药厂于 2021 年 12 月 7 日购入一台环保用设备，原值 5 800 000 元，预计使用年限 10 年，预计净残值为零，会计上采用年限平均法计提折旧。2021 年 12 月 31 日，经测试企业该固定资产的可收回金额为 4 200 000 元，当期计提固定资产减值准备 400 000 元。计算该固定资产在 2021 年资产负债表日的账面价值与计税基础。

2021 年资产负债表日该固定资产的账面价值 =5 800 000-580 000 × 2-400 000=4 240 000（元）

由于该设备属于环保设备，符合税法规定加速计提折旧的条件，若该企业在计税时采用双倍余额递减法计提折旧，其他条件税法与会计规定相同，则：

2021 年资产负债表日该固定资产的计税基础 =5 800 000-（5 800 000 × 20%+4 640 000 × 20%）=3 712 000（元）

2021 年该固定资产的账面价值与计税基础的差额 528 000 元（4 240 000-3 712 000）。

（2）无形资产。

在无形资产后续计量和内部研究开发形成无形资产的初始确认方面，入账价值与税法规定的成本之间会存在差异。

①无形资产在后续计量时，会计与税收的差异主要产生于对无形资产是否需要摊销，以及无形资产减值准备的提取。会计准则规定，应根据无形资产的使用寿命，将其区分为使用寿命有限的无形资产与使用寿命不确定的无形资产。对于使用寿命不确定的无形资产，不要求摊销，在会计期末应进行减值测试。税法规定，企业取得的无形资产成本，应在一定期限内摊销，合同、法律未明确规定摊销期限的，按不少于 10 年的期限摊销。因摊销规定不同，会造成账面价值与计税基础的差异；在对无形资产计提减值准备的情况下，因所计提的减值准备不允许税前扣除，也会造成其账面价值与计税基础的差异。

②对于内部研发形成的无形资产，会计准则规定，研究开发应区分为两个阶段，研究阶段的支出应当费用化计入当期损益，开发阶段符合资本化条件后发生的支出应当资本化计入无形资产的成本；税法规定，企业发生的研发支出可税前加计扣除，即可按当期实际发生研发支出的 75% 加计扣除，形成无形资产的按无形资产成本的 175% 摊销。二者造成了账面价值与计税基础的差异。

【例 4-12】北京昌达股份有限公司 2021 年 10 月 8 日以 3 000 000 元购入一项无形资产，根据有关资料，该项无形资产的使用寿命无法合理估计，会计上视为使用寿命不确定的无形资产管理。2021 年 12 月 31 日对该项无形资产进行减值测试表明未发生减值。计算该无形资产在 2021 资产负债表日的账面价值与计税基础。

解析：会计上将该项无形资产作为使用寿命不确定的无形资产，且年末未发生减值。即在 2021 年资产负债表日的账面价值为 3 000 000 元。

根据税法规定，该项无形资产应按 10 年采用直线法进行摊销。因此，其在 2020 年资产负债表日的计税基础为 2 925 000 元（3 000 000 － 3 000 000 ÷ 10 × 3 ÷ 12）。

2021 年该无形资产账面价值与计税基础的差额 75 000 元。

（3）以公允价值计量且其变动计入当期损益的金融资产。

按照《企业会计准则第 22 号——金融工具确认和计量》规定，对于以公允价值计量且变动计入当期损益的金融资产在某一会计期末的账面价值为该时点的公允价值；税法规定，按照会计准则确认的公允价值变动损益在计税时不予考虑，即有关金融资产在某一会计期末的计税基础仍为其取得成本。二者造成了该类金融资产的账面价值与计税基础之间的差异。

【例 4-13】2021 年 11 月 20 日，北京昌达股份有限公司以 1 000 000 元从证券二级市场购入某公司股票，作为交易性计入资产核算。2021 年 12 月 31 日，此项金融资产的市价为 1 600 000 元。计算 2021 年资产负债表日该交易性金融资产的账面价值与计税基础。

根据会计准则规定，交易性金融资产在持有期间的每个会计期末应以公允价值计量。因此，2021 年 12 月 31 日该资产的账面价值为 1 600 000 元。

根据税法规定，交易性金融资产持有期间公允价值变动不计入应纳税所得额，待出售时一并计算应纳税所得额。因此，2021 年 12 月 31 日该资产的计税基础应维持原取得成本不变，仍为 1 000 000 元。

2021 年该交易性金融资产的账面价值与计税基础的差额为 600 000 元。

（4）其他资产。

因会计准则规定与税法规定不同，企业持有的其他资产也存在账面价值与计税基础的差异。

①投资性房地产。对于采用公允价值模式进行后续计量的投资性房地产，其期末账面价值为公允价值；而如果税法规定不认可该类资产在持有期间因公允价值变动产生的利得或损失，则其计税基础应以取得时支付的历史成本为基础计算确定，从而会造成账面价值与计税基础之间的差异。

②其他计提了资产减值准备的各项资产。有关资产计提减值准备后，其账面价值会随之下降，税法规定，资产的减值准备在转化为实质性损失前，不允许税前扣除，即计税基础不会因减值准备的提取而发生变化，从而造成了资产的账面价值与其计税基础之间的差异。

【例 4-14】2021 年 12 月 31 日，物美商场有一批存货，账面成本为 10 000 000 元，经测试可变现净值为 8 000 000 元。根据会计准则规定，当期末存货的可变现净值低于账面成本时，可按差额计提存货跌价准备 2 000 000 元。计算 2021 年资产负债表日该存货的账面价值和计税基础。

存货的账面价值为 8 000 000 元（账面成本 10 000 000- 存货跌价准备 2 000 000）；据税法规定，计提的存货跌价准备不得税前扣除，只有发生实质性损失时才能确认，即计税基础为 10 000 000 元。

2）负债的计税基础

负债的计税基础是指负债的账面价值减去未来期间计算应纳税所得额时按税法规定可以税前扣除的金额。负债的账面价值与计税基础的关系如下：

负债的计税基础 = 负债的账面价值—未来期间可予税前扣除的金额

一般情况下，负债的确认与偿还不会影响企业损益，也不会影响应纳税所得额，未来期间计算应纳税所得额时按税法规定可予抵扣的金额为零，计税基础等于账面价值，如短期借款、应付账款等。但在某些情况下，负债的确认可能会影响企业损益，进而影响不同期间的应纳税所得额，使得账面价值与计税基础产生差异，如企业因销售商品提供售后服务而确认的预计负债、预收账款等。

（1）企业因销售商品或提供售后服务等原因确认的预计负债。

按照《企业会计准则 13 号——或有事项》的规定，企业应在销售当期将预计提供售后服务发生的支出确认为费用，同时确认预计负债。如果税法规定，与销售产品有关的支出应于发生时税前扣除，该事项产生的预计负债在期末的计税基础为其账面价值与未来兑付时允许扣除的全部账面价值之间的差额，因有关的支出实际发生时可全部税前扣除，即计税基础为零。

因其他事项确认的预计负债，按照税法规定的计税原则确定计税基础。某些情况下，因有些事项确认的预计负债，如果税法规定其支出无论是否实际发生均不允许税前扣除，即未来期间按照税法规定可予抵扣的金额为零，其账面价值与计税基础相同。

【例 4-15】北京昌达股份有限公司 2021 年因销售产品承诺提供 3 年的保修服务，在当年度利润表中确认了 1 000 000 元的销售费用，同时确认为预计负债，当年度未发生任何保修支出。计算 2021 年 12 月 31 日此项负债的账面价值和计税基础。

按照会计准则规定，负债账面价值 =1 000 000（元）。

按照税法规定，与产品售后服务相关的费用在实际发生时允许税前扣除，负债计税基础 =1 000 000-1 000 000=0。

（2）预收账款。

企业在收到客户预付款项时，因不符合收入的确认条件，会计上将其确认为负债。税法中对于收入的确认原则一般与会计规定相同，即会计上未确认收入时，计税时一般也不计入应纳税所得额，该部分经济利益在未来期间计税时可予税前扣除的金额为零，计税基础等于账面价值。

如果不符合会计准则规定的收入确认条件，但按照税法规定应计入当期应纳税所得额时，预收账款的计税基础为零，即因其产生时已经计算交纳所得税，未来期间可全额税前扣除，计税基础为账面价值减去在未来期间可全额税前扣除的金额，即其计税基础为零。

【例 4-16】北京昌达股份有限公司于 2021 年 12 月 20 日收到一笔合同预付款，金额为 2 400 000 元，作为预收账款核算。按照税法规定，该款项应计入取得当期应纳税所得额计算交纳所得税。计算 2021 年末该项负债的账面价值和计税基础。按会计准则规定，账面价值为 2 400 000 元。

按照税法规定，该项预收款在未来期间计算应纳税所得额时可予全部抵扣，计税基础 =2 400 000-2 400 000=0。

（3）应付职工薪酬。

会计准则规定，企业为获得职工提供的服务而给予的各种形式的报酬以及其他相关支出均应作为企业的成本费用，在未支付之前确认为负债。税法中对于合理的职工薪酬基本允许税前扣除，但税法中如果规定了税前扣除标准的，按会计准则规定计入成本费用支出的金额超过规定标准部分，应进行纳税调整。因超过部分在发生当期不允许税前扣除，以后期也不允许税前扣除，该部分差额对未来期间计税不产生影响，故应付职工薪酬的账面价值等于计税基础。

【例 4-17】北京昌达股份有限公司 2021 年 12 月计入成本费用的职工工资总额为 40 000 000 元，2021 年 12 月 31 日尚未支付。按照税法规定，当期计入成本费用的 40 000 000 元工资支出中，可予税前扣除的金额为 30 000 000 元。计算 2021 年末此项负债的账面价值和计税基础。

按照会计准则规定，账面价值为 40 000 000 元。

按照税法规定，当期可以抵扣的是 30 000 000 元，当期不能抵扣的 10 000 000 元在发生时进行了纳税调整，以后也不能在税前扣除。因此，未来期间计算应纳税所得额时可予抵扣的金额为 0，计税基础 =40 000 000-0=40 000 000 元。

（4）其他负债。

其他负债，如企业应交的罚款和滞纳金等，在尚未支付前按照会计准则规定确认为费用，同时作为负债反映。税法规定，罚款和滞纳金不能税前扣除，即该部分费用无论是在发生当期还是在以后期间均不允许税前扣除，其计税基础为账面价值减去未来期间计税时可予税前扣除的金额零之间的差额，即计税基础等于账面价值。

【例 4-18】北京昌达股份有限公司 2021 年 12 月 31 日“预计负债”账户资料显示：因产品质量保证确认预计负债 1 500 000 元；涉及诉讼的环保部门罚款支出确认预计负债 500 000 元。请分别确认该预计负债的计税基础。

根据税法规定，因产品质量保证计提的费用只有在实际发生时才能在税前据实扣除，而环保部门罚款支出无论是否发生均不得扣除。所以因产品质量保证而确认的预计负债计税基础为零（1 500 000-1 500 000），该项负债的账面价值与计税基础之间的差额为 1 500 000 元。

涉及诉讼的环保部门罚款确认的预计负债计税基础为 500 000 元（500 000 — 0），其账面价值与计税基础相等。

4. 确认应纳税暂时性差异与可抵扣暂时性差异

暂时性差异是指因资产、负债的账面价值与计税基础不同而产生的差异。根据对未来期间应纳税所得额的影响，可将暂时性差异分为应纳税暂时性差异和可抵扣暂时性差异。

1）应纳税暂时性差异

应纳税暂时性差异是指在确定未来收回资产或清偿负债期间的应纳税所得额时，将导致产生应税金额的暂时性差异。该差异在未来期间转回时，会增加转回期间的应纳税所得额。应纳税暂时性差异通常产生于以下两种情况。

（1）资产的账面价值大于计税基础。资产的账面价值代表的是企业在持续使用及最终出售该资产时能够取得的经济利益的总额；计税基础代表的是一项资产在未来期间可予税前扣除的总金额。当资产的账面价值大于计税基础，意味着该项资产未来期间产生的经济利益不能全部税前扣除，两者之间的差额需要缴税，产生应纳税暂时性差异。

（2）负债的账面价值小于计税基础。负债的账面价值为企业预计在未来期间清偿该项负债时的经济利益流出，而计税基础代表的是账面价值在扣除税法规定未来期间允许税前扣除的金额之后的差额。负债的账面价值小于其计税基础，则意味着就该项负债在未来期间可以税前抵扣的金额为负数，即应在未来期间应纳税所得额的基础上调增，增加应纳税所得额和应交所得税金额，产生应纳税暂时性差异，这种情况一般不会产生。

2）可抵扣暂时性差异

可抵扣暂时性差异是指在确定未来收回资产或清偿负债期间的应纳税所得额时，将导致产生可抵扣金额的暂时性差异。该差异在未来期间转回时，会减少转回期间的应纳税所得额，减少未来期间的应交所得税。在该暂时性差异产生当期，应当确认相关的递延所得税资产。可抵扣暂时性差异通常产生于以下两种情况。

（1）资产的账面价值小于计税基础。从经济含义来看，资产在未来期间产生的经济利益少，按照税法规定允许税前扣除的金额多，则企业在未来期间可以减少应税所得额并减少应交所得税，形成可抵扣暂时性差异。

（2）负债的账面价值大于计税基础。负债产生的暂时性差异实质上是税法规定就该项负债可以在未来期间税前扣除的金额。负债的账面价值大于计税基础，意味着未来期间按照税法规定构成负债的全部或部分金额可以从未来应税经济利益中扣除，减少未来期间的应交所得税，产生可抵扣暂时性差异。

3）特殊项目产生的暂时性差异

（1）可抵扣亏损和税款抵减。对于按税法规定可结转以后年度弥补的亏损和税款抵减，虽然不是因资产与负债的账面价值与计税基础的不同而产生的，但本质上可抵扣亏损和税款抵减与可抵扣暂时性差异具有相同的作用，均能减少未来期间的应纳税所得额，应视为可抵扣暂时性差异处理。

（2）某些交易或事项的发生，因不符合资产、负债的确认条件而未体现为资产负债表中资产或负债，但按税法规定能够确定计税基础的，其账面价值（视为零）与计税基础之间的差异应视为暂时性差异。

5. 会计科目的设置

企业在选择资产负债表债务法时，应设置“递延所得税负债”“递延所得税资产”“所得税费用”“应交税费——应交所得税”等科目。

（1）“递延所得税负债”是负债类科目。核算企业确认的应纳税暂时性差异产生的所得税负债。贷方反映企业确认的各类递延所得税负债以及递延所得税负债的应有余额大于其账面余额的差额；与直接计入所有者权益的交易或事项相关的递延所得税负债，以及企业合并中取得资产、负债的入账价值与其计税基础不同形成应纳税暂时性差异也贷记本科目。借方反映资产负债表日递延所得税负债的应有余额小于其账面余额的差额。期末贷方余额反映企业已确认的递延所得税负债。

（2）“递延所得税资产”是资产类科目。核算企业由于可抵扣暂时性差异确认的递延所得税资产，以及按规定可用以后年度税前利润弥补的亏损及税款抵减产生的所得税资产。借方反映期末确认的各类递延所得税资产以及递延所得税资产应有余额大于其账面余额的差额。贷方反映企业期末递延所得税资产应有余额小于其账面余额的差额；资产负债表日，预计未来期间很可能无法获得足够的应纳税所得额用以抵扣可抵扣暂时性性差异的，按原已确认的递延所得税资产中应减记的金额也贷记本科目。本科目期末借方余额，反映企业确认的递延所得税资产。

（3）“所得税费用”是损益类科目。核算企业确认的应从当期利润总额中扣除的所得税费用，按“当期所得税费用”“递延所得税费用”进行明细核算。借方反映资产负债表日，企业按照税法规定计算确定的当期应交所得税（当期所得税费用）和递延所得税资产的应有余额小于“递延所得税资产”科目余额的差额（递延所得税费用）。贷方反映资产负债表日，递延所得税资产的应有余额大于“递延所得税资产”科目余额的差额（递延所得税费用）。企业应予确认的递延所得税负债，也比照上述原则调整本科目。期末，应将本科目的余额转入“本年利润”，结转后无余额。

6. 资产负债表债务法的会计处理

会计准则规定，企业应采用资产负债表债务法核算所得税。资产负债表债务法是指从资产负债表出发，通过比较资产负债表上列示的资产、负债，按照会计准则规定确定的账面价值与按照税法规定的计税基础，对于两者之间的差额分别应纳税暂时性差异与可抵扣暂时性差异，确认相关的递延所得税负债和递延所得税资产，并在此基础上确定每一期间利润表中的所得税费用的方法。

1）递延所得税资产的确认

（1）递延所得税资产的确认应以未来期间可能取得的应纳税所得额为限。资产、负债的账面价值与其计税基础不同产生可抵扣暂时性差异，在估计未来期间能够取得足够的应纳税所得额用以利用该可抵扣暂时性差异时，应当以很可能取得用来抵扣可抵扣暂时性差异的应纳税所得额为限，确认相关的递延所得税资产；在可抵扣暂时性差异转回的未来期间内，若企业无法产生足够的应纳税所得额用以抵减可抵扣暂时性差异的影响时，使得与递延所得税资产相关的经济利益无法实现的，该部分递延所得税资产不应确认。

（2）按照税法规定可以结转以后年度的未弥补亏损和税款抵减，应视同可抵扣暂时性差异处理。在预计可利用可弥补亏损或税款抵减的未来期间内能够取得足够的应纳税所得额时，应当以很可能取得的应纳税所得额为限，确认相应的递延所得税资产，同时减少确认当期的所得税费用。

（3）适用税率的确定。确认递延所得税资产时，应估计相关可抵扣暂时性差异的转回时间，采用转回期间适用的所得税税率为基础计算确定。无论相关的可抵扣暂时性差异转回期间如何，递延所得税资产均不予折现。

（4）资产负债表日，企业应当对递延所得税资产的账面价值进行复核。如果未来期间很可能无法取得足够的应纳税所得额用以利用递延所得税资产的利益，应当减记递延所得税资产的账面价值。递延所得税资产的账面价值减记以后，后续期间根据新的环境和情况判断能够产生足够的应纳税所得额利用可抵扣暂时性差异，使得递延所得税资产包含的经济利益能够实现的，应相应恢复递延所得税资产的账面价值。

递延所得税资产的计算公式为：

“递延所得税资产”的余额 = 该时点可抵扣暂时性差异 × 当时的所得税率

当期递延所得税资产变动额 =（年末可抵扣暂时性差异－年初可抵扣暂时性差异）× 所得税率

如果所得税税率发生变化，则：

当期递延所得税资产变动额 = 年末可抵扣暂时性差异 × 新的所得税率－年初可抵扣暂时性差异 × 旧的所得税率

2）递延所得税负债的确认

递延所得税的确认应从以下两个方面进行考虑。

（1）应纳税暂时性差异在转回期间将增加未来期间企业的应纳税所得额和应交所得税，导致企业经济利益的流出，从其发生当期看，构成企业支付税金的义务，应作为递延所得税负债确认。除直接计入所有者权益的交易或事项以及企业合并外，在确认递延所得税负债的同时，应增加利润表中的所得税费用。

（2）递延所得税负债应以相关应纳税暂时性差异转回期间适用的所得税税率计量。在我国，除享受优惠政策情况外，企业适用的所得税税率在不同年度之间一般不会发生变化。企业在确认递延所得税负债时，应以现行适用税率为基础计算确定，递延所得税负债的确认不需要折现。

递延所得税负债的计算公式为：

“递延所得税负债”的余额 = 该时点应纳税暂时性差异 × 当时的所得税率

当期递延所得税负债变动额 =（年未应纳税暂时性差异—年初应纳税暂时性差异）× 所得税率

如果所得税税率发生变化，则：

当期递延所得税负债变动额 = 年未应纳税暂时性差异 × 新的所得税率—年初应纳税暂时性差异 × 旧的所得税率

3）所得税费用的确认

利润表中的所得税费用由当期所得税和递延所得税两部分组成，即：

所得税费用 = 当期所得税 + 递延所得税

当期所得税是指企业针对当期发生的交易和事项，按照税法规定计算确定的应交纳给税务部门的所得税金额，即应交所得税。

递延所得税是指按照企业会计准则规定应予以确认的递延所得税资产和递延所得税负债在期末应有的金额相对于原已确认金额之间的差额，即递延所得税资产及递延所得税负债的当期发生额，但不包括直接计入所有者权益交易事项及企业合并的所得税影响。用公式表示为：

递延所得税 =（期末递延所得税负债—期初递延所得税负债）—（期末递延所得税资产—期初递延所得税资产）

4.5 企业所得税的征管

关键词

扣缴义务人
汇算清缴
注册地

情景 1

纳税期限。

北京昌达股份有限公司在第二季度终了后 15 日内，向其所在地主管税务机关报送预缴所得税申报表，预缴税款。

情景 2

纳税地点。

北京昌达股份有限公司以企业登记注册地为纳税地点缴纳企业所得税。

4.5.1 纳税地点

（1）除税收法律、行政法规另有规定外，居民企业以企业登记注册地为纳税地点；但登记注册地在境外的，以实际管理机构所在地为纳税地点。企业注册登记地是指企业依照国家有关规定登记注册的住所地。

（2）居民企业在中国境内设立不具有法人资格的营业机构的，应当汇总计算并缴纳企业所得税。企业汇总计算并缴纳企业所得税时，应当统一核算应纳税所得额，具体办法由国务院财政、税务主管部门另行制定。

（3）非居民企业在中国境内设立机构、场所的，应当就其所设机构、场所取得的来源于中国境内的所得，以及发生在中国境外但与其所设机构、场所有实际联系的所得，以机构、场所所在地为纳税地点。非居民企业在中国境内设立两个或者两个以上机构、场所的，经税务机关审核批准，可以选择由其主要机构、场所汇总缴纳企业所得税。非居民企业经批准汇总缴纳企业所得税后，需要增设、合并、迁移、关闭机构、场所或者停止机构、场所业务的，应当事先由负责汇总申报缴纳企业所得税的主要机构、场所向其所在地税务机关报告；需要变更汇总缴纳企业所得税的主要机构、场所的，依照前款规定办理。

（4）非居民企业在中国境内未设立机构、场所的，或者虽设立机构、场所但取得的所得与其所设机构、场所没有实际联系的所得，以扣缴义务人所在地为纳税地点。

（5）除国务院另有规定外，企业之间不得合并缴纳企业所得税。

4.5.2 纳税期限

纳税年度一般为公历年度，即公历 1 月 1 日至 12 月 31 日为一个纳税年度；纳税人在一个纳税年度的中间开业，或由于合并、关闭等原因使该纳税年度的实际经营期不足 12 个月的，以其实际经营期为一个纳税年度；纳税人破产清算时，以清算期为一个纳税年度。

纳税人应当在月份或季度终了后 15 日内，向其所在地主管税务机关报送预缴所得税申报表，预缴税款。企业应当自年度终了之日起 5 个月内，无论盈利或亏损，均应向税务机关报送年度企业所得税纳税申报表、财务会计报告和其他有关资料并汇算清缴，结清应缴应退税款。少预缴的所得税额应在下一年度内补缴；多预缴的所得税额在下一年度内抵缴；抵缴后仍有结余或下一年度发生亏损的，应及时办理退库。

企业在年度中间终止经营活动的，应当自实际经营终止之日起 60 日内，向税务机关办理当期企业所得税汇算清缴。

扣缴义务人每次代扣的税款，应当自代扣之日起 7 日内缴入国库，并向所在地的税务机关报送扣缴企业所得税报告表。

纳税人预缴企业所得税时，应按纳税期限的实际数预缴。按实际数预缴有困难的，可按上一年度应纳税所得额的 1/12 或 1/4，或经当地税务机关认可的其他方法预缴企业所得税。预缴方法一经确定，不得随意变更。

企业进行清算时，应当在办理注销工商登记之前，办理所得税申报。企业若在年度中间合并、分立、终止时，应当在停止生产经营之日起 60 日内，向当地税务机关办理当期所得税汇算清缴。

4.5.3 纳税地点

企业所得税由纳税人向其所在地主管税务机关缴纳。居民企业以企业登记注册地为纳税地点，但登记注册地在境外的，以实际管理机构所在地为纳税地点；居民企业在中国境内设立不具有法人资格的营业机构的，应当汇总计算并交纳企业所得税。

非居民企业在中国境内设立机构、场所取得的所得，以及发生在中国境外但与其所设机构、场所有实际联系的所得，应当以机构、场所所在地为纳税地点；非居民企业在中国境内未设立机构、场所，或者虽设立机构、

场所，或者虽设立机构、场所但取得的所得与其所设机构、场所没有实际联系的，以扣缴义务人所在地为纳税地点；非居民企业在中国境内设立两个或者两个以上机构、场所的，经税务机关审核批准，可以选择由其主要机构、场所汇总缴纳企业所得税。

除国务院另有规定外，企业之间不得合并缴纳企业所得税。

项目小结

本项目比较全面、系统地阐述了企业所得税法的概念及纳税、征税对象、税率等基本内容知识，在此基础上，对企业所得税应纳税所得额的计算、会计核算进行重点讲述。所得税作为直接税，是我国税制体系中的重要税种，现代所得税制离不开会计，会计对现代所得税制的形成和推进具有重要作用，而所得税会计是采用应付税款法，还是采用资产负债表债务法，则是判断会计是以税法为导向还是以会计准则（制度）为导向的主要标志。

项目 5
个人所得税法律制度

导语

个人所得税是以增加财政收入、调节社会收入资源为主要目的，对自然人（居民和非居民）取得的收入征收的直接税。按应税项目不同，分别实行超额累进税率和比例税率。实行超额累进税率，纳税人所得越高，税率越高；所得越低，税率越低。

通过本项目，可以学习：

1. 个人所得税的税率；
2. 居民个人综合所得应纳税额的计算；
3. 个体工商户的生产、经营所得应纳税额的计算；
4. 财产租赁、转让所得应纳税额的计算；
5. 偶然所得和其他所得应纳税额的计算；
6. 个人所得税的会计核算。

学习目标

- 理解个人所得税的概念和征税范围
- 掌握个人所得税的纳税人及税率
- 掌握个人所得税的优惠政策

应知应会

- 个人所得税应纳税所得额的计算
- 个人所得税的会计核算
- 个人所得税的征收管理

项目地位

个人所得税在税制中的地位，主要是指个人所得税在国家财政收入中所占的比重，以及对社会经济发展所产生的影响。个人所得税的征收，利于调节个人收入分配，实现社会公平；也利于发挥税收对经济的“自动稳定器”功能。

项目导图

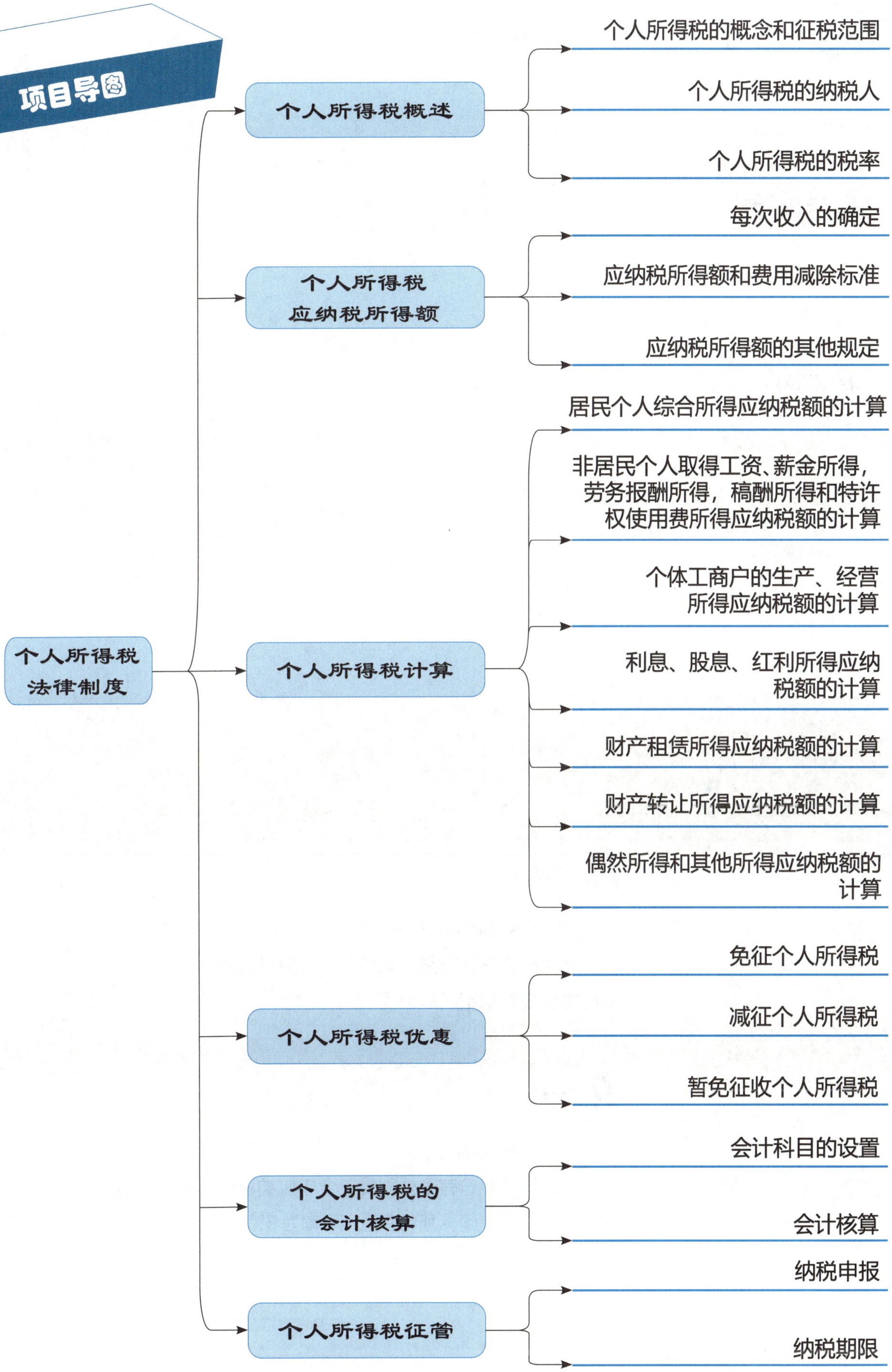

个人所得税法律制度
个人所得税概述
个人所得税的概念和征税范围
个人所得税的纳税人
个人所得税的税率
个人所得税应纳税所得额
每次收入的确定
应纳税所得额和费用减除标准
应纳税所得额的其他规定
个人所得税计算
居民个人综合所得应纳税额的计算
非居民个人取得工资、薪金所得，劳务报酬所得，稿酬所得和特许权使用费所得应纳税额的计算
个体工商户的生产、经营所得应纳税额的计算
利息、股息、红利所得应纳税额的计算
财产租赁所得应纳税额的计算
财产转让所得应纳税额的计算
偶然所得和其他所得应纳税额的计算
个人所得税优惠
免征个人所得税
减征个人所得税
暂免征收个人所得税
个人所得税的会计核算
会计科目的设置
会计核算
个人所得税征管
纳税申报
纳税期限

5.1 个人所得税概述

关键词

个人所得税
综合所得
稿酬所得
经营所得

情景 1

个人所得税的概念。

北京昌达股份有限公司给李某发放月工资 6 500 元，每月需缴纳个人所得税。

情景 2

个人所得税的税率。

北京昌达股份有限公司员工全年应纳税所得额不超过 36 000 元，缴纳个人所得税适用税率为 3%。

5.1.1 个人所得税的概念和征税范围

1. 个人所得税的概念

个人所得税是以个人（自然人）取得的各项应税所得为对象征收的一种税。作为征税对象的个人所得，有狭义和广义两种之分。狭义的个人所得，仅限于每年经常、反复发生的所得。广义的个人所得，是指个人在一定期间内，各种来源或方式所获得的一切利益，无论是偶然的还是临时的，也无论是货币的还是实物的。目前，我国所实行的个人所得税，是以广义个人所得概念为基础的。

我国个人所得税法经历了多次修订。1980 年 9 月 10 日第五届全国人大第三次会议通过《中华人民共和国个人所得税法》；1993 年 10 月 31 日第一次修订；1999 年 8 月 30 日第二次修订；2005 年 10 月 27 日第三次修订；2007 年 6 月 29 日第四次修订；2007 年 12 月 29 日第五次修订；2011 年 6 月 30 日第六次修订；2018 年 8 月 31 日第 7 次修订。

2. 征税范围

居民个人取得下列第 1 项至第 4 项所得（以下称综合所得），按纳税年度合并计算个人所得税；非居民个人取得下列第 1 项至第 4 项所得，按月或者按次分项计算个人所得税。纳税人取得下列第 5 项至第 9 项所得，分别计算个人所得税。

1）工资、薪金所得

工资、薪金所得是指个人因任职或者受雇而取得的工资、薪金、奖金、年终加薪、劳动分红、津贴、补贴以及与任职或者受雇有关的其他所得。

（1）工资、薪金所得涵盖范围。一般来说，工资、薪金所得属于非独立个人劳动所得。所谓非独立个人劳动，是指个人所从事的是由他人指定、安排并接受管理的劳动，工作或服务于公司、工厂、行政事业单位的人员（私营企业主除外）均为非独立劳动者。他们从上述单位取得的劳动报酬，是以工资、薪金的形式体现的。在这类报酬中，工资和薪金的收入主体略有差异。通常情况下，把直接从事生产、经营或服务的劳动者（工人）的收入称为工资，即所谓“蓝领阶层”所得；而将从事社会公职或管理活动的劳动者（公职人员）的收入称为薪金，即所谓“白领阶层”所得。但实际立法过程中，各国都从简便易行的角度考虑，将工资、薪金合并为一个项目计征个人所得税。

除工资、薪金以外，奖金、年终加薪、劳动分红、津贴、补贴也被确定为工资、薪金范畴。其中，年终加薪、劳动分红不分种类和取得情况，一律按工资、薪金所得课税。奖金是指所有具有工资性质的奖金，免税奖金的范围在税法中另有规定。此外，还有一些所得的发放被视为取得工资、薪金所得的情形。例如，公司职工取得的用于购买企业国有股权的劳动分红，按“工资、薪金所得”项目计征个人所得税；出租汽车经营单位对出租车驾驶员采取单车承包或承租方式运营，出租车驾驶员从事客货营运取得的收入，按“工资、薪金所得”项目计征个人所得税。

（2）个人取得的津贴、补贴，不计入工资、薪金所得的项目。目前根据我国个人收入的构成情况，规定对于一些不属于工资、薪金性质的补贴、津贴或者不属于纳税人本人工资、薪金所得项目的收入，不予征税。这些项目包括以下几种。

①独生子女补贴。

②执行公务员工资制度未纳入基本工资总额的补贴、津贴差额和家属成员的副食品补贴。

③托儿补助费。

④差旅费津贴、误餐补助。其中，误餐补助是指按照财政规定，个人因公在城区、郊区工作，不能在工作单位或返回就餐的，根据实际误餐顿数，按规定标准领取的误餐费。

⑤外国来华留学生，领取的生活津贴费、奖学金，不属于工资、薪金范畴，不征收个人所得税。

2）劳务报酬所得

劳务报酬所得指个人独立从事各种非雇用的各种劳务所取得的所得。内容以下几个方面。

（1）设计，指按照客户的要求，代为制定工程、工艺等各类设计业务。

（2）装潢，指接受委托，对物体进行装饰、修饰，使之美观或具有特定用途的作业。

（3）安装，指按照客户要求，对各种机器、设备的装配、安置，以及与机器、设备相连的附属设施的装设和被安装机器设备的绝缘、防腐、保温、油漆等工程作业。

（4）制图，指受托按实物或设想物体的形象，依体积、面积、距离等，用一定比例绘制成平面图、立体图、透视图等的业务。

（5）化验，指受托用物理或化学的方法，检验物质的成分和性质等业务。

（6）测试，指利用仪器仪表或其他手段代客对物品的性能和质量进行检测试验的业务。

（7）医疗，指从事各种病情诊断、治疗等医护业务。

（8）法律，指受托担任辩护律师、法律顾问，撰写辩护词、起诉书等法律文书的业务。

（9）会计，指受托从事会计核算的业务。

（10）咨询，指对客户提出的政治、经济、科技、法律、会计、文化等方面的问题进行解答、说明的业务。

（11）讲学，指应邀（聘）进行讲课、作报告、介绍情况等业务。

（12）翻译，指受托从事中、外语言或文字的翻译（包括笔译和口译）的业务。

（13）审稿，指对文字作品或图形作品进行审查、核对的业务。

（14）书画，指按客户要求，或自行从事书法、绘画、题词等业务。

（15）雕刻，指代客镌刻图章、牌匾、碑、玉器、雕塑等业务。

（16）影视，指应邀或应聘在电影、电视节目中出任演员，或担任导演、音响、化妆、道具、制作、摄影等与拍摄影视节目有关的业务。

（17）录音，指用录音器械代客录制各种音响带的业务，或者应邀演讲、演唱、采访而被录音的服务。

（18）录像，指用录像器械代客录制各种图像、节目的业务，或者应邀表演、采访被录像的业务。

（19）演出，指参加戏剧、音乐、舞蹈、曲艺等文艺演出活动的业务。

（20）表演，指从事杂技、体育、武术、健美、时装、气功以及其他技巧性表演活动的业务。

（21）广告，指利用图书、报纸、杂志、广播、电视、电影、招贴、路牌、橱窗、霓虹灯、灯箱、墙面及其他载体，为介绍商品、经营服务项目、文体节目或通告、声明等事项，所做的宣传和提供相关服务的业务。

（22）展览，指举办或参加书画展、影展、盆景展、邮展、个人收藏品展、花鸟虫鱼展等各种展示活动的业务。

（23）技术服务，指利用一技之长而进行技术指导、提供技术帮助的业务。

（24）介绍服务，指介绍供求双方商谈，或者介绍产品、经营服务项目等服务的业务。

（25）经纪服务，指经纪人通过居间介绍，促成各种交易和提供劳务等服务的业务。

（26）代办服务，指代委托人办理受托范围内的各项事宜的业务。

（27）其他劳务，指上述列举的26项劳务项目之外的各种劳务。

自2004年1月20日起，对商品营销活动中，企业和单位对其营销业绩突出的非雇员以培训班、研讨会、工作考察等名义组织旅游活动，通过免收差旅费、旅游费对个人实行的营销业绩奖励（包括实物、有价证券等），应根据所发生费用的全额作为该营销人员当期的劳务收入，按照“劳务报酬所得”项目计征个人所得税，并由提供上述费用的企业和单位代扣代缴。

在实际操作过程中，还可能出现难以判定一项所得是属于工资、薪金所得，还是属于劳务报酬所得的情况。这两者的区别在于：工资、薪金所得是属于非独立个人劳务活动，即在机关、团体、学校、部队、企业、事业单位及其他组织中任职、受雇而得到的报酬；而劳务报酬所得，则是个人独立从事各种技艺、提供各项劳务取得的报酬。

3）稿酬所得

稿酬所得是指个人因其作品以图书、报刊形式出版、发表而取得的所得。将稿酬所得独立划归一个征税项目，而对不以图书、报刊形式出版、发表的翻译、审稿、书画所得归为劳务报酬所得，主要是考虑了出版、发表作品的特殊性。第一，它是一种依靠较高智力创作的精神产品；第二，它具有普遍性；第三，它与社会主义精神文明和物质文明密切相关；第四，它的报酬相对偏低。因此，稿酬所得应当与一般劳务报酬相区别，并给予适当优惠照顾。

4）特许权使用费所得

特许权使用费所得，是指个人提供专利权、商标权、著作权、非专利技术以及其他特许权的使用权取得的所得。提供著作权的使用权取得的所得，不包括稿酬所得。

专利权，是由国家专利主管机关依法授予专利申请人或其权利继承人在一定期间内实施其发明创造的专有权。对于专利权，许多国家只将提供他人使用取得的所得，列入特许权使用费，而将转让专利权所得列为资本利得税的征税对象。我国没有开征资本利得税，故将个人提供和转让专利权取得的所得，都列入特许权使用费所得，计征个人所得税。

商标权，即商标注册人享有的商标专用权。著作权，即版权，是作者依法对文学、艺术和科学作品享有的专有权。个人提供或转让商标权、著作权、专有技术或技术秘密、技术诀窍取得的所得，应当依法缴纳个人所得税。

5）经营所得

经营所得是指：①个体工商户从事生产、经营活动取得的所得，个人独资企业投资人、合伙企业的个人合伙人来源于境内注册的个人独资企业、合伙企业生产、经营的所得。个体工商户以业主为个人所得税纳税义务人；②个人依法从事办学、医疗、咨询以及其他有偿服务活动取得的所得；③个人对企业、事业单位承包经营、承租经营以及转包、转租取得的所得。对企事业单位的承包经营、承租经营所得，是指个人承包经营或承租经营以及转包，转租取得的所得。承包项目可分多种，如生产经营、采购、销售、建筑安装等各种承包。转包包括全部转包或部分转包；④个人从事其他生产、经营活动取得的所得。例如，个人因从事彩票代销业务而取得的所得；或者从事个体出租车运营的出租车驾驶员取得的收入，都应按照“经营所得”项目计征个人所得税。这里所说的从事个体出租车运营，包括：出租车属个人所有，但挂靠出租汽车经营单位或企事业单位，驾驶员向挂靠单位缴纳管理费的，或出租汽车经营单位将出租车所有权转移给驾驶员的。

6）利息、股息、红利所得

利息、股息、红利所得，是指个人拥有债权、股权而取得的利息、股息、红利所得。利息，是指个人拥有债权而取得的利息，包括存款利息、贷款利息和各种债券的利息。按税法规定，个人取得的利息所得，除国债和国家发行的金融债券利息外，应当依法缴纳个人所得税。股息、红利，是指个人拥有股权取得的股息、红利。按照一定比率对每股发给的息金叫股息；按股份分配公司、企业利润的叫红利。股息、红利所得，除另有规定外，都应当缴纳个人所得税。

除个人独资企业、合伙企业以外的其他企业的个人投资者，以企业资金为本人、家庭成员及其相关人员支付与企业生产经营无关的消费性支出及购买汽车、住房等财产性支出，视为企业对个人投资者的红利分配，依照“利息、股息、红利所得”项目计征个人所得税。企业的上述支出不允许在所得税前扣除。

纳税年度内个人投资者从其投资企业（个人独资企业、合伙企业除外）借款，在该纳税年度终了后既不归还又未用于企业生产经营的，其未归还的借款可视为企业对个人投资者的红利分配，依照“利息、股息、红利所得”项目计征个人所得税。

7）财产租赁所得

财产租赁所得是指个人出租不动产、机器设备、车船以及其他财产取得的所得。

个人取得的财产转租收入，属于“财产租赁所得”的征税范围，由财产转租人缴纳个人所得税。

8）财产转让所得

财产转让所得是指个人转让有价证券、股权、合伙企业中的财产份额、不动产、机器设备、车船以及其他财产取得的所得。

在现实生活中，个人进行的财产转让主要是个人财产所有权的转让。财产转让实际上是一种买卖行为，当事人双方通过签订、履行财产转让合同，形成财产买卖的法律关系，使出让财产的个人从对方取得价款（收入）或其他经济利益。财产转让所得因其性质的特殊性，需要单独列举项目征税。对个人取得的各项财产转让所得，除股票转让所得外，都要征收个人所得税。具体规定如下。

（1）股票转让所得。根据《中华人民共和国个人所得税法实施条例》规定，对股票转让所得征收个人所得税的办法，由国务院另行规定，并报全国人大常委会备案。鉴于我国证券市场发育还不成熟，股份制改革仍需完善，对股票转让所得的计算、征税办法和纳税期限的确认等都需要做深入的调查研究后，结合国际通行的做法，作出符合我国实际的规定。因此国务院决定，对股票转让所得暂不征收个人所得税。

（2）量化资产股份转让。集体所有制企业在改制为股份合作制企业时，对职工个人以股份形式取得的拥有所有权的企业量化资产，暂缓征收个人所得税；待个人将股份转让时，就其转让收入额，减除个人取得该股份时实际支付的费用支出和合理转让费用后的余额，按“财产转让所得”项目计征个人所得税。

9）偶然所得

偶然所得是指个人得奖、中奖、中彩以及其他偶然性质的所得。得奖是指参加各种有奖竞赛活动，取得名次得到的奖金；中奖、中彩是指参加各种有奖活动，如有奖销售、有奖储蓄或者购买彩票，经过规定程序，抽中、摇中号码而取得的奖金。

3. 所得来源地的确定

除国务院财政、税务主管部门另有规定外，下列所得不论支付地点是否在中国境内，均为来源于中国境内的所得。

（1）因任职、受雇、履约等而在中国境内提供劳务取得的所得。

（2）将财产出租给承租人在中国境内使用而取得的所得。

（3）转让中国境内的不动产等财产或者在中国境内转让其他财产取得的所得。

（4）许可各种特许权在中国境内使用而取得的所得。

（5）从中国境内企业、事业单位、其他组织以及居民个人取得的利息、股息、红利所得。

5.1.2 个人所得税的纳税人

个人所得税的纳税义务人，包括中国公民（包括香港、澳门、台湾同胞）、个体工商业户以及在中国有所得的外籍人员（包括无国籍人员，下同）。依据住所和居住时间两个标准，上述纳税义务人可分为居民和非居民，分别承担不同的纳税义务。

1. 居民纳税义务人的判定标准及纳税义务范围

1）判定标准

根据《中华人民共和国个人所得税法》规定，居民纳税义务人是指在中国境内有住所，或者无住所而在中国境内居住满 1 年的个人。

所谓在中国境内有住所的个人，是指因户籍、家庭、经济利益关系，而在中国境内习惯性居住的个人。如果某纳税义务人在一个纳税年度内，甚至连续几个纳税年度，都未在中国境内居住过 1 天，他仍然是中国居民纳税义务人，应就其来自全球的应纳税所得，向中国缴纳个人所得税。

所谓在境内居住满 1 年，是指在一个纳税年度（即公历 1 月 1 日起至 12 月 31 日止，下同）内，在中国境内居住满 183 天。在计算居住天数时，按其一个纳税年度内在境内的实际居住时间确定，取消了原有的临时离境规定，即境内无住所的某人在一个纳税年度内无论出境多少次，只要在我国境内累计住满 183 天，就可判定为我国的居民个人。综上可知，个人所得税的居民纳税义务人包括有以下两类：

（1）在中国境内定居的中国公民和外国侨民，但不包括虽具有中国国籍，却并没有在中国大陆定居，而是侨居海外的华侨和居住在香港、澳门、台湾的同胞。

（2）从公历 1 月 1 日起至 12 月 31 日止，在中国境内累计居住满 183 天的外国人、海外侨胞和香港、澳门、台湾同胞。

现行税法中关于“中国境内”的概念。是指中国大陆地区，目前还不包括香港、澳门和台湾地区。

2）纳税义务范围

居民纳税义务人负有无限纳税义务，其取得的应纳税所得，无论是来源于中国境内还是中国境外任何地方，都要向中国缴纳个人所得税。

为便于人员的国际交流，本着从宽、从简的原则，对于在中国境内无住所，居住 1 年以上但未超过 5 年的个人，其来源于中国境内的所得应全部依法缴纳个人所得税。对于其来源于中国境外的各种所得，经主管税务机关批准，可仅就由中国境内公司、企业或其他经济组织或个人支付的部分缴纳个人所得税，境外支付的所得免于缴纳个人所得税。如果上述个人在居住期间临时离境，在临时离境工作期间的工资、薪金所得，仅就由境内企业或个人雇主支付的部分缴纳个人所得税，境外企业或个人雇主支付的所得免于缴纳个人所得税。

对于在中国境内居住超过 5 年的个人，从第 6 年起，以后各年度凡在境内居住满 1 年的，其来源于中国境内、境外的全部所得缴纳个人所得税。

2. 非居民纳税义务人的判定标准及纳税义务范围

1）判定标准

非居民纳税义务人，是指不符合居民纳税义务人判定标准（条件）的纳税义务人。《中华人民共和国个人所得税法》规定，非居民纳税义务人是“在中国境内无住所又不居住或者无住所而在境内居住不满 1 年的个人”。也就是说，非居民纳税义务人，是指习惯性居住地不在中国境内，而且不在中国居住，或者在一个纳税年度内，在中国境内居住不满 1 年的个人。

在现实生活中，习惯性居住地不在中国境内的个人，只有外籍人员、华侨或香港、澳门和台湾同胞。因此，非居民纳税义务人，实际上只能是在一个纳税年度中，没有在中国境内居住，或者在中国境内居住不满 1 年的外籍人员、华侨或香港、澳门、台湾同胞。

2）纳税义务范围

非居民纳税义务人承担有限纳税义务，即仅就其来源于中国境内的所得，向中国缴纳个人所得税。

根据有关规定，在中国境内无住所而在一个纳税年度中在中国境内连续或累计工作不超过 90 天，或在税收协定规定的期间中在中国境内连续或累计居住不超过 183 天的个人，由中国境外雇主支付并且不是由该雇主的中国境内机构负担的工资薪金，免于申报缴纳个人所得税。对前述个人应仅就其实际在中国境内工作期间由中国境内企业或个人雇主支付或者由中国境内机构负担的工资薪金所得申报纳税。凡是该中国境内企业、机构属于采取核定利润方法计征企业所得税或没有营业收入而不征收企业所得税的，在该中国境内企业、机构任职、受雇的个人实际在中国境内工作期间取得的工资薪金，不论是否在该中国境内企业、机构会计账簿中有记载，均应视为该中国境内企业支付或由该中国境内机构负担的工资、薪金。

对于在中国境内无住所，但在一个纳税年度中在中国境内连续或累计工作超过 90 天，或在税收协定规定的期间中在中国境内连续或累计居住超过 183 天但不满 1 年的个人，其实际在中国境内工作期间取得的由中国境内企业或个人雇主支付和由境外企业或个人雇主支付的工资薪金所得，均应申报缴纳个人所得税；其在中国境外工作期间取得的工资薪金所得，除担任中国境内企业董事或高层管理人员，并在境外履行职务而由境内企业支付董事费或工资、薪金所得外，不缴纳个人所得税。担任中国境内企业董事或高层管理人员取得的由境内企业支付的董事费或工资、薪金，不论个人是否在中国境外履行职务，均应申报缴纳个人所得税。

5.1.3 个人所得税的税率

我国个人所得税采用比例税率和超额累进税率两种形式。其中，工资薪金所得、个体工商户生产经营所得、个人独资企业和合伙企业生产经营所得，以及企事业单位承包承租所得适用超额累进税率，其他所得适用比例税率。

1. 综合所得适用税率

综合所得适用七级超额累进税率，税率为 3% ~ 45%，如表 5-1 所示。

居民个人每一纳税年度内取得综合所得包括：工资、薪金所得，劳务报酬所得，稿酬所得和特许权使用费所得。

表 5-1 综合所得个人所得税税率表

级数	全年应纳税额所得额	税率 %
1	不超过 36 000 元的	3
2	超过 36 000 元至 144 000 元的部分	10
3	超过 144 000 元至 300 000 元的部分	20
4	超过 300 000 元至 420 000 元的部分	25
5	超过 660 000 元至 960 000 元的部分	30
6	超过 660 000 元至 960 000 元的部分	35
7	超过 960 000 元的部分	45

注：(1) 本表所称全年应纳税所得额是指依照税法的规定，居民个人取得综合所得以每一纳税年度收入额减除费用 60 000 元以及专项扣除、专项附加扣除和依法确定的其他扣除后的余额。

(2) 非居民个人取得工资、薪金所得，劳务报酬所得，稿酬所得和特许权使用费所得，依照本表按月换算后计算应纳税额。

2. 经营所得适用税率

经营所得适用五级超额累进税率，税率为 5%~35%，如表 5-2 所示。

表 5-2 经营所得个人所得税税率表

级数	全年应纳税所得额	税率 %
1	不超过 30 000 元的	5
2	超过 30 000 至 90 000 部分	10
3	超过 90 000 元至 300 000 元的部分	20
4	超过 300 000 元至 500 000 元的部分	30
5	超过 500 000 元的部分	35

注：本表所称全年应纳税所得额是指依照《个人所得税法》第六条的规定，以每一纳税年度的收入总额减除成本、费用以及损失后的余额。

这里值得注意的是，由于目前实行承包（租）经营的形式较多，分配方式也不相同。因此，承包、承租人按照承包、承租经营合同（协议）规定取得所得的适用税率也不一致。

(1) 承包、承租人对企业经营成果不拥有所有权，仅是按合同（协议）规定取得一定所得的，其所得按“工资、薪金所得”项目征税，纳入年度综合所得适用 3% ~ 45% 的七级超额累进税率。

(2) 承包、承租人按合同（协议）的规定只向发包、出租方缴纳一定费用后，企业经营成果归其所有的，承包、承租人取得的所得，按对企事业单位的承包经营、承租经营所得项目，适用 5% ~ 35% 的五级超额累进税率征税。

3. 其他所得适用税率

利息、股息、红利所得，财产租赁所得，财产转让所得和偶然所得适用比例税率，税率为 20%。

5.2 个人所得税应纳税所得额的确定

关键词

个人所得税法
按年计征
按月计征
按次征收

情景

同一事项连续取得收入。

某外籍歌手（非居民个人）与一卡拉 OK 厅签约，在一定时期内每天到卡拉 OK 厅演唱一次，每次演出后卡拉 OK 厅对其付酬 500 元。在计算其劳务报酬所得时，应视为同一事项的连续性收入，以其 1 个月内取得的收入为一次计征个人所得税，而不能以每天取得的收入为一次。

由于个人所得税的应税项目不同，并且取得某项所得所需费用也不相同。因此，需按不同应税项目分项计算个人应纳税所得额。以某项应税项目的收入额减去税法规定的该项目费用减除标准后的余额，为该应税项目应纳税所得额。两个以上的个人共同取得同一项目收入的，应当对每个人取得的收入分别按《个人所得税法》的规定计算纳税。

5.2.1 每次收入的确定

《中华人民共和国个人所得税法》对纳税义务人的征税方法有三种：一是按年计征，如经营所得，居民个人取得的综合所得；二是按月计征，如非居民个人取得的工资、薪金所得；三是按次计征，如利息、股息、红利所得，财产租赁所得，偶然所得，非居民个人取得的劳务报酬所得，稿酬所得，特许权使用费所得。在按次征收的情况下，由于扣除费用依据每次应纳税所得额的大小，分别规定了定额和定率两种标准。因此，无论是从正确贯彻税法的立法精神、维护纳税义务人的合法权益方面来看，还是从避免税收漏洞、防止税款流失、保证国家税收收入方面来看，如何准确划分“次”，都是十分重要的。《中华人民共和国个人所得税法实施条例》中对前述六项所得的“次”作出了明确规定。具体是：

（1）非居民个人取得劳务报酬所得、稿酬所得、特许权使用费所得根据所得项目的特点，分别规定如下。

①属于一次性收入的，以取得该项收入为一次。就劳务报酬所得来看，从事设计、安装、装潢、制图、化验、测试等劳务，往往是接受客户的委托，按照客户的要求完成一次劳务后取得收入。因此，这些收入属于一次性收入，应以每次提供劳务取得的收入为一次。但需要注意的是，如果一次性劳务报酬收入是以分月支付的方式取得的，就适用“同一事项连续取得收入，以1个月内取得的收入为一次”的规定。

就稿酬来看，以每次出版、发表取得的收入为一次，不论出版单位是预付还是分笔 支付稿酬，或者加印该作品后再付稿酬，均应合并其稿酬所得按一次计征个人所得税。具体又可细分为：同一作品再版取得的所得，应视作另一次稿酬所得计征个人所得税。同一作品先在报刊上连载然后再出版，或先出版再在报刊上连载的，应视为两次稿酬所得征税。即连载作为一次，出版作为另一次。同一作品在报刊上连载取得收入的以连载完成后取得的所有收入合并为一次，计征个人所得税。同一作品在出版和发表时，以预付稿酬或分次支付稿酬等形式取得的稿酬收入，应合并计算为一次。同一作品出版、发表后，因添加印数而追加稿酬的，应与以前出版、发表时取得的稿酬合并计算为一次，计征个人所得税。在两处或两处以上出版、发表或再版同一作品而取得稿酬所得，则可分别就各处取得的所得或再版所得按分次所得计征个人所得税。作者去世后，对取得其遗作稿酬的个人，按“稿酬所得”项目计征个人所得税。

就特许权使用费来看，以某项使用权的一次转让所取得的收入为一次。一个非居民个人，可能不仅拥有一项特许权，每一项特许权的使用权也可能不止一次地向我国境内提供。因此，对特许权使用费所得的“次”的界定，明确为以每一项使用权的每次转让所取得的收入为一次。如果该次转让取得的收入是分笔支付的，应将各笔收入相加计征个人所得税。

②属于同一事项连续取得收入的，以1个月内取得的收入为一次。例如，某外籍歌手（非居民个人）与一卡拉OK厅签约，在一定时期内每天到卡拉OK厅演唱一次，每次演出后卡拉OK厅对其付酬500元。在计算其劳务报酬所得时，应视为同一事项的连续性收入，以1个月内取得的收入为一次计征个人所得税，而不能以每天取得的收入为一次。

（2）财产租赁所得，以1个月内取得的收入为一次。

（3）利息、股息、红利所得，以支付利息、股息、红利时取得的收入为一次。

（4）偶然所得，以每次取得该项收入为一次。

5.2.2 应纳税所得额和费用减除标准

（1）居民个人取得综合所得，以每年收入额减除费用 60 000 元以及专项扣除、专项附加扣除和依法确定的其他扣除后的余额，为应纳税所得额。

①专项扣除包括居民个人按照国家规定的范围和标准缴纳的基本养老保险、基本医疗保险、失业保险等社会保险费和住房公积金等。

②专项附加扣除包括子女教育、继续教育、大病医疗、住房贷款利息或者住房租金、赡养老人等支出，具体范围、标准和实施步骤由国务院确定，并报全国人大常委会备案。

③依法确定的其他扣除包括个人缴付符合国家规定的企业年金、职业年金，个人购买的符合国家规定的商业健康保险、税收递延型商业养老保险的支出，以及国务院规定可以扣除的其他项目。

④专项扣除、专项附加扣除和依法确定的其他扣除，以居民个人一个纳税年度的应纳税所得额为限额；一个纳税年度扣除不完的，不得结转以后年度扣除。

（2）非居民个人的工资、薪金所得，以每月收入额减除费用 5 000 元后的余额为应纳税所得额；劳务报酬所得、稿酬所得、特许权使用费所得，以每次收入额为应纳税所得额。

（3）经营所得，以每一纳税年度的收入总额减除成本、费用以及损失后的余额，为应纳税所得额。

上述所称成本、费用是指生产、经营活动中发生的各项直接支出和分配计入成本的间接费用以及销售费用、管理费用、财务费用；所称损失，是指生产、经营活动中发生的固定资产和存货的盘亏、毁损、报废损失，转让财产损失，坏账损失，自然灾害等不可抗力因素造成的损失以及其他损失。

取得经营所得的个人，没有综合所得的，在计算其每一纳税年度的应纳税所得额时，应当减除费用 60 000 元、专项扣除、专项附加扣除以及依法确定的其他扣除。专项附加扣除在办理汇算清缴时减除。

在个人税收递延型商业养老保险试点区域内，取得个体工商户生产经营所得、对企事业单位的承包承租经营所得的个体工商户业主、个人独资企业投资者、合伙企业自然人合伙人和承包承租经营者，其缴纳的税收递延型商业养老保险保费准予在计算当年应纳税所得额时予以限额据实扣除，扣除限额按照不超过当年应税收入的 6% 和 12 000 元孰低的办法确定。

纳税人从事生产、经营活动，未提供完整、准确的纳税资料，不能正确计算应纳税所得额的，由主管税务机关核定其应纳税所得额或者应纳税额。

个人独资企业的投资者以全部生产经营所得为应纳税所得额；合伙企业的投资者按照合伙企业的全部生产经营所得和合伙协议约定的分配比例，确定应纳税所得额，合伙协议没有约定分配比例的，以全部生产经营所得和合伙人数量为标准平均计算每个投资者的应纳税所得额。

上述所称生产经营所得包括企业分配给投资者个人的所得和企业当年留存的所得（利润）。

对个体工商户业主、个人独资企业和合伙企业自然人投资者的生产经营所得依法计征个人所得税时，个体工商户业主、个人独资企业和合伙企业自然人投资者本人的费用扣除标准统一确定为 60 000 元 / 年（5 000 元 / 月）。

对企业事业单位的承包经营、承租经营所得，以每一纳税年度的收入总额，减除必要费用后的余额，为应纳税所得额。这里的每一纳税年度的收入总额，是指纳税义务人按照承包经营、承租经营合同规定分得的经营利润和工资、薪金性质的所得；这里减除必要费用，是指按年减除 60 000 元。

（4）财产租赁所得，每次收入不超过 4 000 元的，减除费用 800 元；4 000 元以上的，减除 20% 的费用，其余额为应纳税所得额。

（5）财产转让所得，以转让财产的收入额减除财产原值和合理费用后的余额，为应纳税所得额。财产原值按照下列方法计算：①有价证券，为买入价以及买入时按照规定缴纳的有关费用；②建筑物，为建造费或者购进价格以及其他有关费用；③土地使用权，为取得土地使用权所支付的金额、开发土地的费用以及其他有关费用；④机器设备、车船，为购进价格、运输费、安装费以及其他有关费用；⑤其他财产，参照以上方法确定。纳税义务人未提供完整、准确的财产原值凭证，不能准确计算财产原值的，由主管税务机关核定其财产原值。

合理费用是指卖出财产时按照规定支付的有关费用。

（6）利息、股息、红利所得和偶然所得，以每次收入额为应纳税所得额。

（7）专项附加扣除标准。

专项附加扣除是本次《中华人民共和国个人所得税法》修订后引入的新的费用扣除标准，遵循公平合理、利于民生、简便易行的原则，目前包含子女教育、继续教育、大病医疗、住房贷款利息、住房租金、赡养老人六项支出，并将根据教育、医疗、住房、养老等民生支出变化情况，适时调整专项附加扣除的范围和标准。取得综合所得和经营所得的居民个人可以享受专项附加扣除。

①子女教育。纳税人年满 3 岁的子女接受学前教育和学历教育的相关支出，按照每个子女每月 1 000 元（每年 12 000 元）的标准定额扣除。

学前教育包括年满 3 岁至小学入学前教育；学历教育包括义务教育（小学、初中教育）、高中阶段教育（普通高中、中等职业、技工教育）、高等教育（大学专科、大学本科、硕士研究生、博士研究生教育）。

父母可以选择由其中一方按扣除标准的 100% 扣除，也可以选择由双方分别按扣除标准的 50% 扣除，具体扣除方式在一个纳税年度内不能变更。

纳税人子女在中国境外接受教育的，纳税人应当留存境外学校录取通知书、留学签证等相关教育的证明资料备查。

②继续教育。纳税人在中国境内接受学历（学位）继续教育的支出，在学历（学位）教育期间按照每月 400 元（每年 4 800 元）定额扣除。同一学历（学位）继续教育的扣除期限不能超过 48 个月（4 年）。纳税人接受技能人员职业资格继续教育、专业技术人员职业资格继续教育支出，在取得相关证书的当年，按照 3 600 元定额扣除。

个人接受本科及以下学历（学位）继续教育，符合税法规定扣除条件的，可以选择由其父母扣除，也可以选择由本人扣除。

纳税人接受技能人员职业资格继续教育、专业技术人员职业资格继续教育的，应当留存相关证书等资料备查。

③大病医疗。在一个纳税年度内，纳税人发生的与基本医保相关的医药费用支出，扣除医保报销后个人负担（指医保目录范围内的自付部分）累计超过 15 000 元的部分，由纳税人在办理年度汇算清缴时，在 80 000 元限额内据实扣除。

纳税人发生的医药费用支出可以选择由本人或者其配偶扣除；未成年子女发生的医药费用支出可以选择由其父母一方扣除。纳税人及其配偶、未成年子女发生的医药费用支出，应按前述规定分别计算扣除额。

纳税人应当留存医药服务收费及医保报销相关票据原件（或复印件）等资料备查。医疗保障部门应当向患者提供在医疗保障信息系统记录的本人年度医药费用信息查询服务。

④住房贷款利息。纳税人本人或配偶，单独或共同使用商业银行或住房公积金个人住房贷款，为本人或其配偶购买中国境内住房，发生的首套住房贷款利息支出，在实际发生贷款利息的年度，按照每月 1 000 元（每年 12 000 元）的标准定额扣除，扣除期限最长不超过 240 个月（20 年）。纳税人只能享受一套首套住房贷款利息扣除。

所称首套住房贷款是指购买住房享受首套住房贷款利率的住房贷款。

经夫妻双方约定，可以选择由其中一方扣除，具体扣除方式确定后，在一个纳税年度内不得变更。

夫妻双方婚前分别购买住房发生的首套住房贷款，其贷款利息支出，婚后可以选择其中一套购买的住房，由购买方按扣除标准的 100% 扣除，也可以由夫妻双方对各自购买的住房分别按扣除标准的 50% 扣除，具体扣除方式在一个纳税年度内不能变更。

纳税人应当留存住房贷款合同、贷款还款支出凭证备查。

⑤住房租金。纳税人在主要工作城市没有自有住房而发生的住房租金支出，按照以下标准定额扣除：直辖市、省会（首府）城市、计划单列市以及国务院确定的其他城市，扣除标准为每月 1 500 元（每年 18 000 元）。除上述所列城市外，市辖区户籍人口超过 100 万的城市，扣除标准为每月 1 100 元（每年 13 200 元）；市辖区户籍人口不超过 100 万的城市，扣除标准为每月 800 元（每年 9 600 元）。

市辖区户籍人口以国家统计局公布的数据为准。

上述所称主要工作城市是指纳税人任职受雇的直辖市、计划单列市、副省级城市、地级市（地区、州、盟）全部行政区域范围；纳税人无任职受雇单位的，为受理其综合所得汇算清缴的税务机关所在城市。

夫妻双方主要工作城市相同的，只能由一方扣除住房租金支出。

住房租金支出由签订租赁住房合同的承租人扣除。

纳税人及其配偶在一个纳税年度内不得同时分别享受住房贷款利息专项附加扣除和住房租金专项附加扣除。

纳税人应当留存住房租赁合同、协议等有关资料备查。

⑥赡养老人。纳税人赡养一位及以上被赡养人的赡养支出，统一按以下标准定额扣除：

纳税人为独生子女的，按照每月 2 000 元（每年 24 000 元）的标准定额扣除；纳税人为非独生子女的，由其与兄弟姐妹分摊每月 2 000 元（每年 24 000 元）的扣除额度，每人分摊的额度最高不得超过每月 1 000 元（每年 12 000 元）。可以由赡养人均摊或者约定分摊，也可以由被赡养人指定分摊。约定或者指定分摊的须签订书面分摊协议，指定分摊优于约定分摊。具体分摊方式和额度在一个纳税年度内不得变更。

被赡养人是指年满 60 岁的父母，以及子女均已去世的年满 60 岁的祖父母、外祖父母。

5.2.3 应纳税所得额的其他规定

（1）劳务报酬所得、稿酬所得、特许权使用费所得以收入减除 20% 的费用后的余额为收入额。稿酬所得的收入额减按 70% 计算。个人兼有不同劳务报酬所得的，应当分别减除费用，计算缴纳个人所得税。

（2）个人将其所得对教育、扶贫、济困等公益慈善事业进行捐赠，捐赠额未超过纳税人申报的应纳税所得额 30% 的部分，可以从其应纳税所得额中扣除；国务院规定对公益慈善事业捐赠实行全额税前扣除的，从其规定。

上述所称个人将其所得对教育、扶贫、济困等公益慈善事业进行捐赠，是指个人将其所得通过中国境内的公益性社会组织、国家机关向教育、扶贫、济困等公益慈善事业的捐赠；所称应纳税所得额，是指计算扣除捐赠额之前的应纳税所得额。

（3）个人所得的形式，包括现金、实物、有价证券和其他形式的经济利益；所得为实物的，应当按照取得的凭证上所注明的价格计算应纳税所得额，无凭证的实物或者凭证上所注明的价格明显偏低的，参照市场价格核定应纳税所得额；所得为有价证券的，根据票面价格和市场价格核定应纳税所得额；所得为其他形式的经济利益的，参照市场价格核定应纳税所得额。

（4）居民个人从中国境外取得的所得，可以从其应纳税额中抵免已在境外缴纳的个人所得税税额，但抵免额不得超过该纳税人境外所得依照税法规定计算的应纳税额。

（5）所得为人民币以外货币的，按照办理纳税申报或者扣缴申报的上一月最后一日人民币汇率中间价，折合成人民币计算应纳税所得额。年度终了后办理汇算清缴的，对已经按月、按季或者按次预缴税款的人民币以外货币所得，不再重新折算；对应当补缴税款的所得部分，按照上一纳税年度最后一日人民币汇率中间价，折合成人民币计算应纳税所得额。

（6）对个人从事技术转让、提供劳务等过程中所支付的中介费，如能提供有效、合法凭证的，允许从其所得中扣除。

5.3 个人所得税计算

关键词

净资产核定法
类比法
财产租赁所得

情景 1

应纳个人所得税税额。

假定某居民个人纳税人 2021 年扣除“三险一金”后共取得含税工资收入 130 000 元，除住房贷款专项附加扣除外，该纳税人不享受其余专项附加扣除和税法规定的其他扣除。

情景 2

财产转让所得应纳税额的计算。

北京昌达股份有限公司会计孟佳佳建房一幢，造价 400 000 元，支付其他费用 52 000 元。该个人建成后将房屋出售，售价 630 000 元，在售房过程中按规定支付交易费等相关税费 25 000 元。

5.3.1 居民个人综合所得应纳税额的计算

首先，工资、薪金所得全额计入收入额；而劳务报酬所得、特许权使用费所得的收入额为实际取得劳务报酬、特许权使用费收入的 80%；此外，稿酬所得的收入额在扣除 20% 费用的基础上，再减按 70% 计算，即稿酬所得的收入额为实际取得稿酬收入的 56%。

其次，居民个人的综合所得，以每一纳税年度的收入额减除费用 60 000 元以及专项扣除、专项附加扣除和依法确定的其他扣除后的余额，为应纳税所得额。

居民个人综合所得应纳税额的计算公式为：

应纳税额 =∑（每一级数的全年应纳税所得额 × 对应级数的适用税率）=∑[每一级（全年收入额— 60 000 元—专项扣除—享受的专项附加扣除—享受的其他扣除）× 对应级数的适用税率]

这里需要说明的是，由于居民个人的全年综合所得在计算应纳个人所得税额时，适用的是超额累进税率，所以，计算比较繁琐。运用速算扣除数计算法，可以简化计算过程。速算扣除数是指在采用超额累进税率征税的情况下，根据超额累进税率表中划分的应纳税所得额级距和税率，先用全额累进方法计算出税额，再减去用超额累进方法计算的应征税额以后的差额。当超额累进税率表中的级距和税率确定以后，各级速算扣除数也固定不变，成为计算应纳税额时的常数。虽然税法中没有提供含有速算扣除数的税率表，但我们可以利用上述原理整理出包含有速算扣除数的居民个人全年综合所得。个人所得税税率表如表 5-3 所示。

表 5-3　综合所得个人所得税税率表（含速算扣除数）

级数	全年应纳税所得额	税率 %	速算扣除数（元）
1	不超过 36 000 元	3	0
2	超过 36 000 元至 144 000 元的部分	10	2 520
3	超过 144 000 元至 300 000 元的部分	20	16 920
4	超过 300 000 元至 420 000 元的部分	25	31 920
5	超过 420 000 元至 660 000 元的部分	30	52 920
6	超过 660 000 元至 960 000 元的部分	35	85 920
7	超过 960 000 元的部分	45	181 920

居民个人综合所得应纳税额的计算公式为：

应纳税额 = 全年应纳税所得额 × 适用税率—速算扣除数 =（全年收入额— 60 000 元—专项扣除—享受的专项附加扣除—享受的其他扣除）× 适用税率 - 速算扣除数

【例 5-1】假定某居民个人纳税人 2021 年扣除“三险一金”后共取得含税工资收入 130 000 元，除住房贷款专项附加扣除外，该纳税人不享受其余专项附加扣除和税法规定的其他扣除。计算其当年应纳个人所得税税额。

（1）全年应纳税所得额 =130 000 — 60 000 — 12 000=58 000（元）。

（2）应纳税额 =58 000 × 10% — 2 520=3 280（元）。

5.3.2 非居民个人取得工资、薪金所得，劳务报酬所得，稿酬所得和特许权使用费所得应纳税额的计算

首先需要明确的是：同居民个人取得的劳务报酬所得、稿酬所得和特许权使用费所得一样，非居民个人取得的这些项目的所得同样适用劳务报酬所得、稿酬所得、特许权使用费所得以收入减除 20% 费用后的余额为收入额；稿酬所得的收入额减按 70% 计算的规定。

非居民个人的工资、薪金所得，以每月收入额减除费用 5 000 元后的余额为应纳税所得额；劳务报酬所得、

稿酬所得、特许权使用费所得，以每次收入额为应纳税所得额。因此，非居民个人从我国境内取得这些所得时，适用的税率表如表 5-4 所示。

表 5-4　非居民个人工资、薪金所得，劳务报酬所得，稿酬所得，特许权使用费所得适用税率表

级数	应纳税所得额	税率 %	速算扣除数（元）
1	不超过 3 000 元的	3	0
2	超过 3 000 元至 12 000 元的部分	10	210
3	超过 12 000 元至 25 000 元的部分	20	1 410
4	超过 25 000 元至 35 000 元的部分	25	2 660
5	超过 35 000 元至 55 000 元的部分	30	4 410
6	超过 55 000 元至 80 000 元的部分	35	7 160
7	超过 80 000 元的部分	45	15 160

【例 5-2】美国 WPA 中工作的德国专家（假设为非居民纳税人），2021 年 8 月取得由该企业发放的含税工资收入 18 800 元人民币，此外还从别处取得劳务报酬 5 500 元人民币。请计算当月其应纳个人所得税税额。

该非居民个人当月工资，薪金所得应纳税额 =（18 800 － 5 000）×20% － 1 410=1 350（元）

该非居民个人当月劳务报酬所得应纳税额 =5 500×（1-20%）×10% － 210=230（元）

5.3.3 个体工商户的生产、经营所得应纳税额的计算

经营所得应纳税额的计算公式为：

应纳税额 = 全年应纳税所得额 × 适用税率－速算扣除数

或：　　　应纳税额 =（全年收入总额－成本、费用以及损失）× 适用税率－速算扣除数

同居民个人综合所得应纳税额的计算一样，利用税法给出的经营所得税率表，换算得到包含速算扣除数的经营所得适用税率表如表 5-5 所示。

表 5-5　经营所得个人所得税税率（含速算扣除数）

级数	全年应纳税所得额	税率 %	速算扣除数（元）
1	不超过 30 000 元的	5	0
2	超过 30 000 元至 90 000 元的部分	10	1 500
3	超过 90 000 元至 300 000 元的部分	20	10 500
4	超过 300 000 元至 500 000 元的部分	30	40 500
5	超过 500 000 元的部分	35	65 500

1. 个体工商户的生产、经营所得

（1）个体工商户从事工业、手工业、建筑业、交通运输业、商业、饮食业、服务业、修理业及其他行业取得的所得。

（2）个人经政府有关部门批准，取得执照，从事办学、医疗、咨询以及其他有偿服务活动取得的所得。

（3）上述个体工商户和个人取得的与生产、经营有关的各项应税所得。

（4）个人因从事彩票代销业务而取得所得，应按照“个体工商户的生产、经营所得”项目计征个人所得税。

（5）从事个体出租车运营的出租车驾驶员取得的收入，按个体工商户的生产、经营所得项目缴纳个人所得税。

出租车属个人所有，但挂靠出租汽车经营单位或企事业单位，驾驶员向挂靠单位缴纳管理费的，或出租汽车经营单位将出租车所有权转移给驾驶员的，出租车驾驶员从事客货运营取得的收入，比照“个体工商户生产、经营所得”项目计征个人所得税。

（6）个体工商户和从事生产、经营的个人，取得与生产、经营活动无关的其他各项应税所得，应分别按照其他应税项目的有关规定，计征个人所得税。如取得银行存款的利息所得、对外投资取得的股息所得，应按“股息、利息、红利所得”项目的规定单独计征个人所得税。

（7）个人独资企业、合伙企业的个人投资者以企业资金为本人、家庭成员及其相关人员支付与企业生产经营无关的消费性支出及购买汽车、住房等财产性支出，视为企业对个人投资者利润分配，并入投资者个人的生产经营所得，依照“个体工商户的生产、经营所得”项目计征个人所得税。

（8）其他个人从事个体工商业生产、经营所得。

2. 个体工商户应纳税额的计算

个体工商户应纳税所得额的计算，以权责发生制为原则，属于当期的收入和费用，不论款项是否收付，均作为当期的收入和费用；不属于当期的收入和费用，即使款项已经在当期收付，均不作为当期收入和费用。财政部、国家税务总局另有规定的除外。基本规定如下。

1）计税基本规定

（1）个体工商户的生产、经营所得，以每一纳税年度的收入总额，减除成本、费用、税金、损失、其他支出以及允许弥补的以前年度亏损后的余额，为应纳税所得额。

（2）个体工商户从事生产经营以及与生产经营有关的活动（以下简称生产经营）取得的货币形式和非货币形式的各项收入，为收入总额。包括：销售货物收入、提供劳务收入、转让财产收入、利息收入、租金收入、接受捐赠收入以及其他收入。

前款所称其他收入包括个体工商户资产溢余收入、逾期一年以上的未退包装物押金收入、确实无法偿付的应付款项、已作坏账损失处理后又收回的应收款项、债务重组收入、补贴收入、违约金收入、汇兑收益等。

（3）成本是指个体工商户在生产经营活动中发生的销售成本、销货成本、业务支出以及其他耗费。

（4）费用是指个体工商户在生产经营活动中发生的销售费用、管理费用和财务费用，已经计入成本的有关费用除外。

（5）税金是指个体工商户在生产经营活动中发生的，除个人所得税和允许抵扣的增值税以外的各项税金及其附加。

（6）损失是指个体工商户在生产经营活动中发生的固定资产和存货的盘亏、毁损、报废损失，转让财产损失，坏账损失，自然灾害等不可抗力因素造成的损失以及其他损失。

个体工商户发生的损失，减除责任人赔偿和保险赔款后的余额，参照财政部、国家税务总局有关企业资产损失税前扣除的规定扣除。

个体工商户已经作为损失处理的资产，在以后纳税年度又全部收回或者部分收回时，应当计入收回当期的收入。

（7）其他支出是指除成本、费用、税金、损失外，个体工商户在生产经营活动中发生的与生产经营活动有关的、合理的支出。

（8）个体工商户发生的支出应当区分收益性支出和资本性支出。收益性支出在发生当期直接扣除；资本性支出应当分期扣除或者计入有关资产成本，不得在发生当期直接扣除。

除税收法律法规另有规定外，个体工商户实际发生的成本、费用、税金、损失和其他支出，不得重复扣除。

（9）个体工商户下列支出不得扣除：个人所得税税款；税收滞纳金；罚金、罚款和被没收财物的损失；不符合扣除规定的捐赠支出；赞助支出；用于个人和家庭的支出；与取得生产经营收入无关的其他支出；国家税务总局规定不准扣除的支出。

（10）个体工商户生产经营活动中，应当分别核算生产经营费用和个人、家庭费用。对于生产经营与个人、家庭生活混用难以分清的费用，其40%部分视为与生产经营有关的费用，准予扣除。

（11）个体工商户纳税年度发生的亏损，准予向以后年度结转，用以后年度的生产经营所得弥补，但结转年限最长不得超过五年。

（12）个体工商户使用或者销售存货，按照规定计算的存货成本，准予在计算应纳税所得额时扣除。

（13）个体工商户转让资产，该项资产的净值，准予在计算应纳税所得额时扣除。

（14）本办法所称亏损，是指个体工商户依照本办法规定计算的应纳税所得额小于0的数额。

（15）个体工商户与企业联营而分得的利润，按“利息、股息、红利所得”项目计征个人所得税。

（16）个体工商户和从事生产、经营的个人，取得与生产、经营活动无关的各项应税所得，应按规定分别计征个人所得税。

2）扣除项目及标准

（1）个体工商户实际支付给从业人员的、合理的工资薪金支出，准予扣除。

个体工商户业主的费用扣除标准，确定为60 000元/年。

个体工商户业主的工资薪金支出不得税前扣除。

（2）个体工商户按照国务院有关主管部门或者省级人民政府规定的范围和标准为其业主和从业人员缴纳的基本养老保险费、基本医疗保险费、失业保险费、生育保险费、工伤保险费和住房公积金，准予扣除。

个体工商户为从业人员缴纳的补充养老保险费、补充医疗保险费，分别在不超过从业人员工资总额5%标准内的部分据实扣除；超过部分不得扣除。

个体工商户业主本人缴纳的补充养老保险费、补充医疗保险费，以当地（地级市）上年度社会平均工资的3倍为计算基数，分别在不超过该计算基数5%标准内的部分据实扣除；超过部分不得扣除。

（3）除个体工商户依照国家有关规定为特殊工种从业人员支付的人身安全保险费和财政部、国家税务总局规定可以扣除的其他商业保险费外，个体工商户业主本人或者为从业人员支付的商业保险费，不得扣除。

（4）个体工商户在生产经营活动中发生的合理的不需要资本化的借款费用，准予扣除。

个体工商户为购置、建造固定资产、无形资产和经过12个月以上的建造才能达到预定可销售状态的存货发生借款的，在有关资产购置、建造期间发生的合理的借款费用，应当作为资本性支出计入有关资产的成本，并依照本办法的规定扣除。

（5）个体工商户在生产经营活动中发生的下列利息支出，准予扣除：

向金融企业借款的利息支出；向非金融企业和个人借款的利息支出，不超过按照金融机构同期同类贷款利率计算的数额的部分。

（6）个体工商户在货币交易中，以及纳税年度终了时将人民币以外的货币性资产、负债按照期末即期人民币汇率中间价折算为人民币时产生的汇兑损失，除已经计入有关资产成本部分外，准予扣除。

（7）个体工商户向当地工会组织拨缴的工会经费、实际发生的职工福利费支出、职工教育经费支出分别在工资薪金总额的2%、14%、2.5%的标准内据实扣除。

工资薪金总额是指允许在当期税前扣除的工资薪金支出数额。

职工教育经费的实际发生数额超出规定比例当期不能扣除的数额，准予在以后纳税年度结转扣除。

个体工商户业主本人向当地工会组织缴纳的工会经费、实际发生的职工福利费支出、职工教育经费支出，以当地（地级市）上年度社会平均工资的3倍为计算基数，在本条第一款规定比例内据实扣除。

（8）个体工商户发生的与生产经营活动有关的业务招待费，按照实际发生额的60%扣除，但最高不得超过当年销售（营业）收入的5‰。

业主自申请营业执照之日起至开始生产经营之日止所发生的业务招待费，按照实际发生额的60%计入个体工商户的开办费。

（9）个体工商户每一纳税年度发生的与其生产经营活动直接相关的广告费和业务宣传费不超过当年销售（营业）收入 15% 的部分，可以据实扣除；超过部分，准予在以后纳税年度结转扣除。

（10）个体工商户代其从业人员或者他人负担的税款，不得税前扣除。

（11）个体工商户按照规定缴纳的摊位费、行政性收费、协会会费等，按实际发生数额扣除。

（12）个体工商户根据生产经营活动的需要租入固定资产支付的租赁费，按照以下方法扣除：以经营租赁方式租入固定资产发生的租赁费支出，按照租赁期限均匀扣除；以融资租赁方式租入固定资产发生的租赁费支出，按照规定构成融资租入固定资产价值的部分应当提取折旧费用，分期扣除。

（13）个体工商户参加财产保险，按照规定缴纳的保险费，准予扣除。

（14）个体工商户发生的合理的劳动保护支出，准予扣除。

（15）个体工商户自申请营业执照之日起至开始生产经营之日止所发生符合本办法规定的费用，除为取得固定资产、无形资产的支出，以及应计入资产价值的汇兑损益、利息支出外，作为开办费，个体工商户可以选择在开始生产经营的当年一次性扣除，也可自生产经营月份起在不短于 3 年期限内摊销扣除。但一经选定，不得改变。

开始生产经营之日为个体工商户取得第一笔销售（营业）收入的日期。

（16）个体工商户通过公益性社会团体或者县级以上人民政府及其部门，用于《中华人民共和国公益事业捐赠法》规定的公益事业的捐赠，捐赠额不超过其应纳税所得额 30% 的部分可以据实扣除。

财政部、国家税务总局规定可以全额在税前扣除的捐赠支出项目，按有关规定执行。

公益性社会团体的认定，按照财政部、国家税务总局、民政部有关规定执行。

（17）本办法所称赞助支出，是指个体工商户发生的与生产经营活动无关的各种非广告性质支出。

（18）个体工商户研究开发新产品、新技术、新工艺所发生的开发费用，以及研究开发新产品、新技术而购置单台价值在 100 000 元以下的测试仪器和试验性装置的购置费准予直接扣除；单台价值在 100 000 元以上（含 100 000 元）的测试仪器和试验性装置，按固定资产管理，不得在当期直接扣除。

【例 5-3】鸿运运输公司系个体工商户，账证健全，2021 年 12 月取得经营收入为 300 000 元，准许扣除当月成本、费用（不含主业工资）及相关税金共计 230 000 元。1~11 月累计应纳税所得额 90 000 元（未扣除业主费用减除标准），1~11 月累计已预缴个人所得税 11 700 元。除经营所得外，业主本人没有其他收入，且 2021 年全年均享受赡养老人一项专项附加扣除。不考虑专项扣除和符合税法规定的其他扣除，请计算该个体工商户就 2021 年度汇算清缴时应申请的个人所得税税额。

纳税人取得经营所得，按年计算个人所得税，由纳税人在月度或季度终了后 15 日内，向经营管理所在地主管税务机关办理预缴纳税申报；在取得所得的次年 3 月 31 日前，向经营管理所在地主管税务机关办理汇算清缴。

因此，按照税收法律、法规和文件规定，先计算全年应纳税所得额，再计算全年应纳税额，最后根据全年应纳税额和当年已预缴税额计算出当年度应补（退）税额。

全年应纳税所得额 =300 000 − 230 000+90 000 − 60 000 − 24 000=86 000（元）

全年应缴纳个人所得税 =86 000 × 10% − 1 500=7 100（元）

该个体工商户 2021 年度应申请的个人所得税退税额 =11 700 − 7 100=4 600（元）

5.3.4 利息、股息、红利所得应纳税额的计算

利息、股息、红利所得和偶然所得应纳税额的计算公式为：

应纳税额 = 应纳税所得额 × 适用税率 = 每次收入额 × 20%

5.3.5 财产租赁所得应纳税额的计算

1. 应纳税所得额

财产租赁所得一般以个人每次取得的收入，定额或定率减除规定费用后的余额为应纳税所得额。每次收入不超过 4 000 元，定额减除费用 800 元；每次收入在 4 000 元以上，定率减除 20% 的费用。财产租赁所得以 1 个月内取得的收入为一次。

在确定财产租赁的应纳税所得额时，纳税人在出租财产过程中缴纳的税金和教育费附加，可持完税（缴款）凭证，从其财产租赁收入中扣除。准予扣除的项目除了规定费用和有关税费外，还准予扣除能够提供有效、准确凭证，证明由纳税人负担的该出租财产实际开支的修缮费用。允许扣除的修缮费用，以每次 800 元为限。一次扣除不完的，准予在下一次继续扣除，直到扣完为止。

个人出租财产取得的财产租赁收入，在计算缴纳个人所得税时，应依次扣除以下费用。

（1）财产租赁过程中缴纳的税金和国家能源交通重点建设基金、国家预算调节基金、教育费附加。

（2）由纳税人负担的该出租财产实际开支的修缮费用。

（3）税法规定的费用扣除标准。

应纳税所得额的计算公式为：

①每次（月）收入不超过 4 000 元的，则：

应纳税所得额 = 每次（月）收入额 — 准予扣除项目 — 修缮费用（800 元为限）— 800 元

②每次（月）收入超过 4 000 元的，则：

应纳税所得额 =[每次（月）收入额 — 准予扣除项目 — 修缮费用（800 元为限）] ×（1-20%）

2. 个人房屋转租应纳税额的计算

个人将承租房屋转租取得的租金收入，属于个人所得税应税所得，按“财产租赁所得”项目计算缴纳个人所得税。具体规定如下。

（1）取得转租收入的个人向房屋出租方支付的租金，凭房屋租赁合同和合法支付凭据允许在计算个人所得税时，从该项转租收入中扣除。

（2）有关财产租赁所得个人所得税前扣除税费的扣除次序调整为：

①财产租赁过程中缴纳的税费；

②向出租方支付的租金；

③由纳税人负担的租赁财产实际开支的修缮费用；

④税法规定的费用扣除标准。

3. 应纳税额的计算方法

财产租赁所得适用 20% 的比例税率。但对个人按市场价格出租的居民住房取得的所得，自 2001 年 1 月 1 日起暂减按 10% 的税率征收个人所得税。计算公式为：

应纳税额 = 应纳税所得额 × 适用税率

【例 5-4】杨某于 2021 年 1 月将其自有的面积为 160 平方米的公寓按市场价出租给张某。陈某每月取得租金收入 8 000 元，全年租金收入 96 000 元。计算杨某全年租金收入应缴纳的个人所得税（不考虑其他税费）。

财产租赁收入以每月内取得的收入为一次，按市场价出租给个人居住适用 10% 的税率，因此，陈某每月及全年应纳税额为：

每月应纳税额 =8 000 ×（1 — 20%）× 10%=640（元）

全年应纳税额 =640 × 12=7 680（元）

在实际征税过程中，有时会出现财产租赁所得的纳税人不明确的情况。对此，在确 定财产租赁所得纳税人时，应以产权凭证为依据。无产权凭证的，由主管税务机关根据实际情况确定纳税人。如果产权所有人死亡，在未办理产权继承手续期间，该财产出租且有租金收入的，以领取租金收入的个人为纳税人。

5.3.6 财产转让所得应纳税额的计算

1. 一般情况下财产转让所得应纳税额的计算

财产转让所得应纳税额的计算公式为：

应纳税额＝应纳税所得额 × 适用税率＝（收入总额－财产原值－合理税费）×20%

【例 5-5】北京昌达股份有限公司会计孟佳佳建房一幢，造价 400 000 元，支付其他费用 52 000 元。该个人建成后将房屋出售，售价 630 000 元，在售房过程中按规定支付交易费等相关税费 25 000 元。计算其应纳个人所得税额。

应纳税所得额＝财产转让收入 - 财产原值 - 合理费用 =630 000-400 000-52 000-25 000=153 000（元）

应纳税额 =153 000×20%=30 600（元）

2. 个人住房转让所得应纳税额的计算

自 2006 年 8 月 1 日起，个人转让住房所得应纳个人所得税的计算，具体规定如下。

（1）以实际成交价格为转让收入。纳税人申报的住房成交价格明显低于市场价格且无正当理由的，征收机关依法有权根据有关信息核定其转让收入，但必须保证各税种计税价格一致。

（2）纳税人可凭原购房合同、发票等有效凭证，经税务机关审核后，允许从其转让收入中减除房屋原值、转让住房过程中缴纳的税金及有关合理费用。

①房屋原值具体如下。

商品房：购置该房屋时实际支付的房价款及缴纳的相关税费。

自建住房：实际发生的建造费用及建造和取得产权时实际缴纳的相关税费。

经济适用房（含集资合作建房、安居工程住房）：原购房人实际支付的房价款及相关税费，以及按规定缴纳的土地出让金。

已购公有住房：原购公有住房标准面积按当地经济适用房价格计算的房价款，加上原购公有住房超标准面积实际支付的房价款以及按规定向财政部门（或原产权单位）缴纳的所得收益及相关税费。已购公有住房是指城镇职工根据国家和县级（含县级）以上人民政府有关城镇住房制度改革政策规定，按照成本价（或标准价）购买的公有住房。经济适用房价格按县级（含县级）以上地方人民政府规定的标准确定。

城镇拆迁安置住房，其原值分别为：房屋拆迁取得货币补偿后购置房屋的，为购置该房屋实际支付的房价款及缴纳的相关税费；房屋拆迁采取产权调换方式的，所调换房屋原值为“房屋拆迁补偿安置协议”注明的价款及缴纳的相关税费；房屋拆迁采取产权调换方式，被拆迁人除取得所调换房屋，又取得部分货币补偿的，所调换房屋原值为“房屋拆迁补偿安置协议”注明的价款和缴纳的相关税费，减去货币补偿后的余额；房屋拆迁采取产权调换方式，被拆迁人取得所调换房屋，又支付部分货币的，所调换房屋原值为“房屋拆迁补偿安置协议”注明的价款，加上所支付的货币及缴纳的相关税费。

②转让住房过程中缴纳的税金是指纳税人在转让住房时实际缴纳的城市维护建设税、教育费附加、土地增值税、印花税等税金。

③合理费用是指纳税人按照规定实际支付的住房装修费用、住房贷款利息、手续费、公证费等费用，具体内容如下。

Ⅰ. 住房装修费用方面，纳税人能提供实际支付装修费用的税务统一发票，并且发票上所列付款人姓名与转让房屋产权人一致的，经税务机关审核，其转让的住房在转让前实际发生的装修费用，可在以下规定比例内扣除：已购公有住房、经济适用房，最高扣除限额为房屋原值的 15%；商品房及其他住房，最高扣除限额为房屋原值的 10%。纳税人原购房为装修房，即合同注明房价款中含有装修费（铺装了地板，装配了洁具、厨具等）的，不得再重复扣除装修费用。

Ⅱ. 住房贷款利息方面，纳税人出售以按揭贷款方式购置的住房，向贷款银行实际支付的住房贷款利息，凭贷款银行出具的有效证明据实扣除。

Ⅲ. 纳税人按照有关规定实际支付的手续费、公证费等，凭有关部门出具的有效证明据实扣除。

（3）纳税人未提供完整、准确的房屋原值凭证，不能正确计算房屋原值和应纳税额的，税务机关可根据《中华人民共和国税收征收管理法》第三十五条的规定实行核定征税，即按纳税人住房转让收入的一定比例核定应纳个人所得税额。具体比例由省级地方税务局或省级地方税务局授权的地市级地方税务局，根据纳税人出售住房的所处区域、地理位置、建造时间、房屋类型、住房平均价格水平等因素，在住房转让收入 1% ~ 3% 的幅度内确定。

（4）关于个人转让离婚析产房屋的征税问题。

①通过离婚析产的方式分割房屋产权是夫妻双方对共同共有财产的处置，个人因离婚办理房屋产权过户手续，不征收个人所得税。

②个人转让离婚析产房屋所取得的收入，允许扣除相应的财产原值和合理费用后，按规定的税率缴纳个人所得税；相应的财产原值，为房屋初次购置全部原值和相关税费之和乘以转让者占房屋所有权的比例。

③个人转让离婚析产房屋所取得的收入，符合家庭生活自用五年以上唯一住房的，可以申请免征个人所得税。购置时间按照个人购买住房以取得的房屋产权证或契税完税证明上注明的时间作为其购买房屋的时间执行。纳税人申报时，同时出具房屋产权证和契税完税证明且二者所注明的时间不一致的，按照“孰先”的原则确定购买房屋的时间。即房屋产权证上注明的时间早于契税完税证明上注明的时间的，以房屋产权证注明的时间为购买房屋的时间；契税完税证明上注明的时间早于房屋产权证上注明的时间的，以契税完税证明上注明的时间为购买房屋的时间。

3. 个人转让股权应纳税额的计算

为加强股权转让所得个人所得税的征收管理，规范税务机关、纳税人和扣缴义务人征纳行为，维护纳税人合法权益，自 2015 年 1 月 1 日起，按照国家税务总局发布的《股权转让所得个人所得税管理办法（试行）》计算个人转让股权应纳税额。

1）基本概念

股权是指自然人股东（以下简称个人）投资于在中国境内成立的企业或组织（以下统称被投资企业，不包括个人独资企业和合伙企业）的股权或股份。

股权转让是指个人将股权转让给其他个人或法人的行为，包括以下情形：

（1）出售股权；

（2）公司回购股权；

（3）发行人首次公开发行新股时，被投资企业股东将其持有的股份以公开发行方式一并向投资者发售；

（4）股权被司法或行政机关强制过户；

（5）以股权对外投资或进行其他非货币性交易；

（6）以股权抵偿债务；

（7）其他股权转移行为。

个人转让股权以股权转让收入减除股权原值和合理费用后的余额为应纳税所得额，按“财产转让所得”计征个人所得税。合理费用是指股权转让时按照规定支付的有关税费。

个人股权转让所得个人所得税以股权转让方为纳税人，以受让方为扣缴义务人。

扣缴义务人应于股权转让相关协议签订后 5 个工作日内，将股权转让的有关情况报告主管税务机关。

被投资企业应当详细记录股东持有本企业股权的相关成本，如实向税务机关提供与股权转让有关的信息，协助税务机关依法执行公务。

2）股权转让收入的确认

股权转让收入，是指转让方因股权转让而获得的现金、实物、有价证券和其他形式的经济利益。

转让方取得与股权转让相关的各种款项，包括违约金、补偿金以及其他名目的款项、资产、权益等，均应当并入股权转让收入。

纳税人按照合同约定，在满足约定条件后取得的后续收入，应当作为股权转让收入。

股权转让收入应当按照公平交易原则确定。

符合下列情形之一的，主管税务机关需要核定股权转让收入。

（1）申报的股权转让收入明显偏低且无正当理由的。

（2）未按照规定期限办理纳税申报，经税务机关责令限期申报，逾期仍不申报的。

（3）转让方无法提供或拒不提供股权转让收入的有关资料。

（4）其他应核定股权转让收入的情形。

符合下列情形之一，视为股权转让收入明显偏低。

①申报的股权转让收入低于股权对应的净资产份额的。其中，被投资企业拥有土地使用权、房屋、房地产企业未销售房产、知识产权、探矿权、采矿权、股权等资产的，申报的股权转让收入低于股权对应的净资产公允价值份额的。

②申报的股权转让收入低于初始投资成本或低于取得该股权所支付的价款及相关税费的。

③申报的股权转让收入低于相同或类似条件下同一企业同一股东或其他股东股权转让收入的。

④申报的股权转让收入低于相同或类似条件下同类行业的企业股权转让收入的。

⑤不具合理性的无偿让渡股权或股份。

⑥主管税务机关认定的其他情形。

符合下列条件之一的，股权转让收入明显偏低，视为有正当理由。

①能出具有效文件，证明被投资企业因国家政策调整，生产经营受到重大影响，导致低价转让股权。

②继承或将股权转让给其能提供具有法律效力身份关系证明的配偶、父母、子女、祖父母、外祖父母、孙子女、外孙子女、兄弟姐妹以及对转让人承担直接抚养或者赡养义务的抚养人或者赡养人。

③相关法律、政府文件或企业章程规定，并有相关资料充分证明转让价格合理且真实的本企业员工持有的不能对外转让股权的内部转让。

④股权转让双方能够提供有效证据证明其合理性的其他合理情形。

主管税务机关应依次按照下列方法核定股权转让收入。

①净资产核定法。

股权转让收入按照每股净资产或股权对应的净资产份额核定。被投资企业的土地使用权、房屋、房地产企业未销售房产、知识产权、探矿权、采矿权、股权等资产占企业总资产比例超过 20% 的，主管税务机关可参照纳税人提供的具有法定资质的中介机构出具的资产评估报告，核定股权转让收入。

6 个月内再次发生股权转让且被投资企业净资产未发生重大变化的，主管税务机关可参照上一次股权转让时被投资企业的资产评估报告，核定此次股权转让收入。

②类比法。

参照相同或类似条件下同一企业同一股东或其他股东股权转让收入核定；参照相同或类似条件下同类行业企业股权转让收入核定。

③其他合理方法。

主管税务机关采用以上方法核定股权转让收入存在困难的，可以采取其他合理方法核定。

3）股权原值的确认

个人转让股权的原值依照以下方法确认。

（1）以现金出资方式取得的股权，按照实际支付的价款与取得股权直接相关的合理税费之和确认股权原值。

（2）以非货币性资产出资方式取得的股权，按照税务机关认可或核定的投资入股时非货币性资产价格与取得股权直接相关的合理税费之和确认股权原值。

（3）通过无偿让渡方式取得股权，具备“继承或将股权转让给其能提供具有法律效力身份关系证明的配偶、父母、子女、祖父母、外祖父母、孙子女、外孙子女、兄弟姐妹以及对转让人承担直接抚养或者赡养义务的抚养人或者赡养人”情形的，按取得股权发生的合理税费与原持有人的股权原值之和确认股权原值。

（4）被投资企业以资本公积、盈余公积、未分配利润转增股本，个人股东已依法缴纳个人所得税的，以转增额和相关税费之和确认新转增股本的股权原值。

（5）除以上情形外，由主管税务机关按照避免重复征收个人所得税的原则，合理确认股权原值。

股权转让人已被主管税务机关核定股权转让收入并依法征收个人所得税的，股权受让人的股权原值以取得股权时发生的合理税费与股权转让人被主管税务机关核定的股权转让收入之和确认。

个人转让股权未提供完整、准确的股权原值凭证，不能准确计算股权原值的，由主管税务机关核定股权原值。

对个人多次取得同一被投资企业股权的，转让部分股权时，采用“加权平均法”确定股权原值。

4）个人转让债券类债权时原值的确定

转让债券类债权，采用“加权平均法”确定应予减除的财产原值和合理费用。即以纳税人购进的同一种类债券买入价和买进过程中缴纳的税费总和，除以纳税人购进的该种类债券数量之和，乘以纳税人卖出的该种类债券数量，再加上卖出的该种类债券过程中缴纳的税费。公式表示为：

一次卖出某一种类债券允许扣除的买入价和费用 = 纳税人购进的该种类债券买入价和买进过程中交纳的税费总和 / 纳税人购进的该种类债券总数量 × 一次卖出的该种类债券的数量 + 卖出该种类债券过程中缴纳的税费

5.3.7 偶然所得和其他所得应纳税额的计算

偶然所得是指个人得奖、中奖、中彩以及其他偶然性质的所得。其中，得奖，是指参加各种有奖竞赛活动，取得名次获得的奖金；中奖、中彩，是指参加各种有奖活动，如有奖销售、有奖储蓄或购买彩票，经过规定程序，抽中、摇中号码而取得的奖金。

个人因参加企业的有奖销售活动而取得的赠品所得，按“偶然所得”项目计征个人所得税。赠品所得为实物的，应以《中华人民共和国个人所得税法实施条例》第十条规定的方法确定应纳税所得额，计征个人所得税。税款由举办有奖销售活动的企业（单位）代扣代缴。

实际上，税法列举的偶然所得是个人在非正常情况下取得的不确定性收入。我国过去对个人所得的征税都没有明确规定对个人偶然所得征税。自 1988 年 9 月起，才有关于对中奖收入征收个人收入调节税的规定。偶然所得的不确定性、不可预见性、偶然性和多样性，会给确定征税范围带来困难。因此，除了《中华人民共和国个人所得税法实施条例》规定的得奖、中奖、中彩等所得外，其他偶然性所得的征税问题，还需要由税务机关依法具体认定。

5.4 个人所得税优惠

关键词

国债利息
福利费
拆迁补偿款

情景

免征个人所得税。

某运动员在奥运会上获得了金牌，国家体育总局颁发给他奖金 800 000 元，其所属的省队颁发给他奖金 500 000 元，家乡镇政府送给起一套价值 500 000 元的住房，家乡当地某企业赞助给他 300 000 元。

5.4.1 免征个人所得税

以下项目免征个人所得税。

（1）省级人民政府、国务院部委和中国人民解放军军以上单位，以及外国组织颁发（颁布）的科学、教育、技术、文化、卫生、体育、环境保护等方面的奖金（奖学金）。

【例 5-6】某运动员在奥运会上获得了金牌，国家体育总局颁发给他奖金 800 000 元，其所属的省队颁发给他奖金 500 000 元，家乡镇政府送给起一套价值 500 000 元的住房，家乡当地某企业赞助给他 300 000 元。试分析该运动员哪些奖金可以免税。运动员获得的奖金属于体育项目，只有国家级、省级部门颁发的奖金可以免税。地方镇政府和企业的奖金不能免税。

可以免税的奖金为 1 300 000 元，其余 800 000 元要缴纳个人所得税。

对个人获得的下列奖项的奖金收入，视为省级人民政府、国务院部委和中国人民解放军军以上单位，以及外国组织颁发（颁布）的科学、教育、技术、文化、卫生、体育、环境保护等方面的奖金（奖学金），免征个人所得税：

①曾宪梓教育基金会教师奖；

②学生个人参与“长江小小科学家”活动和“明天小小科学家”活动获得的奖金；

③联合国开发计划署和中国青少年发展基金会“国际青少年消除贫困奖”；

④中国青年乡镇企业家协会“母亲河（波司登）奖”；

⑤陈嘉庚基金会“陈嘉庚科学奖”；

⑥中国科学院“刘东生青年科学家奖”“刘东生地球科学奖学金”；

⑦中华全国总工会、科技部、人社部“全国职工职业技能大赛”获奖者取得的奖金收入；

⑧中华环境保护基金会“中华宝钢环境优秀奖”；

⑨国土资源部、李四光地质科学奖基金“李四光地质科学奖”；

⑩国土资源部、黄汲清青年地质科学技术奖基金管理委员会“黄汲清青年地质科学技术奖”。

（2）国债和国家发行的金融债券利息。国债利息是指个人持有中华人民共和国财政部发行的债券而取得的利息所得；国家发行的金融债券利息是指个人持有经国务院批准发行的金融债券而取得的利息所得。

（3）按照国家统一规定发给的补贴、津贴。按照国家统一规定发给的补贴、津贴，是指按照国务院规定发给的政府特殊津贴、院士津贴，以及国务院规定免予缴纳个人所得税的其他补贴、津贴。

（4）福利费、抚恤金、救济金。福利费，是指根据国家有关规定，从企事业单位、国家机关、社会团体提留的福利费或者工会经费中支付给个人的生活补助费；救济金，是指各级人民政府民政部门支付给个人的生活困难补助费。

（5）保险赔款。

（6）军人的转业费、复员费。对退役士兵按照《退役士兵安置条例》规定，取得的一次性退役金以及地方政府发放的一次性经济补助，免征个人所得税。

（7）按照国家统一规定发给干部、职工的安家费、退职费、退休工资、离休工资、离休生活补助费。

（8）依照我国有关法律规定应予免税的各国驻华使馆、领事馆的外交代表、领事官员和其他人员的所得。上述“所得”，是指依照《中华人民共和国外交特权与豁免条例》和《中华人民共和国领事特权与豁免条例》规定免税的所得。

（9）中国政府参加的国际公约以及签订的协议中规定免税的所得。

（10）对乡、镇（含乡、镇）以上人民政府或经县（含县）以上人民政府主管部门批准成立的有机构、有章程的见义勇为基金或者类似性质组织，奖励见义勇为者的奖金或奖品，经主管税务机关核准，免征个人所得税。

（11）企业和个人按照省级以上人民政府规定的比例缴付的住房公积金、医疗保险金、基本养老保险金、失业保险金，允许在个人应纳税所得额中扣除，免征个人所得税。超过规定的比例缴付的部分并入个人当期的工资、薪金收入，计征个人所得税。

个人领取原提存的住房公积金、医疗保险金、基本养老保险金时，免征个人所得税。

对按照国家或省级地方政府规定的比例缴付的住房公积金、医疗保险金、基本养老保险金和失业保险金存入银行个人账户所取得的利息收入，免征个人所得税。

（12）对个人取得的教育储蓄存款利息所得以及国务院财政部门确定的其他专项储蓄存款或者储蓄性专项基金存款的利息所得，免征个人所得税。自2008年10月9日起，对居民储蓄存款利息，暂免征收个人所得税。

（13）储蓄机构内从事代扣代缴工作的办税人员取得的扣缴利息税手续费所得，免征个人所得税。

（14）生育妇女按照县级以上人民政府根据国家有关规定制定的生育保险办法，取得的生育津贴、生育医疗费或其他属于生育保险性质的津贴、补贴，免征个人所得税。

（15）对工伤职工及其近亲属按照《工伤保险条例》规定取得的工伤保险待遇，免征个人所得税。工伤保险待遇，包括工伤职工按照该条例规定取得的一次性伤残补助金、伤残津贴、一次性工伤医疗补助金、一次性伤残就业补助金、工伤医疗待遇、住院伙食补助费、外地就医交通食宿费用、工伤康复费用、辅助器具费用、生活护理费等，以及职工因工死亡，其近亲属按照该条例规定取得的丧葬补助金、供养亲属抚恤金和一次性工亡补助金等。

（16）对个体工商户或个人，以及个人独资企业和合伙企业从事种植业、养殖业、饲养业和捕捞业（以下简称“四业”），取得的“四业”所得暂不征收个人所得税。

（17）个人举报、协查各种违法、犯罪行为而获得的奖金。

（18）个人办理代扣代缴税款手续，按规定取得的扣缴手续费。

（19）个人转让自用5年以上并且是家庭唯一居住用房取得的所得。

（20）对按《国务院关于高级专家离休退休若干问题的暂行规定》和《国务院办公厅关于杰出高级专家暂缓离休审批问题的通知》精神，达到离休、退休年龄，但确因工作需要，适当延长离休、退休年龄的高级专家，其在延长离休、退休期间的工资、薪金所得，视同退休工资、离休工资，免征个人所得税。

延长离休退休年龄的高级专家是指：①享受国家发放的政府特殊津贴的专家、学者；②中国科学院、中国工程院院士。

高级专家延长离休、退休期间取得的工资薪金所得，免征个人所得税政策口径按下列标准执行：①对高级专家从其劳动人事关系所在单位取得的，单位按国家有关规定向职工统一发放的工资、薪金、奖金、津贴、补贴等收入，视同离休、退休工资，免征个人所得税；②除上述第①项所述收入以外各种名目的津补贴收入等，以及高级专家从其劳动人事关系所在单位之外的其他地方取得的培训费、讲课费、顾问费、稿酬等各种收入，依法计征个人所得税。

高级专家从两处以上取得应税工资、薪金所得以及具有税法规定应当自行纳税申报的其他情形的，应在税法规定的期限内自行向主管税务机关办理纳税申报。

（21）外籍个人从外商投资企业取得的股息、红利所得。

（22）凡符合下列条件之一的外籍专家取得的工资、薪金所得可免征个人所得税。

①根据世界银行专项贷款协议由世界银行直接派往我国工作的外国专家。

②联合国组织直接派往我国工作的专家。

③为联合国援助项目来华工作的专家。

④援助国派往我国专为该国无偿援助项目工作的专家，除工资、薪金外，取得的生活津贴也免税。

⑤根据两国政府签订文化交流项目来华工作2年以内的文教专家，其工资、薪金所得由该国负担的。此外，外国来华文教专家，在我国服务期间，由我方发工资、薪金，并对其住房、使用汽车、医疗实行免费“三

包”，按照税法规定可只就工资、薪金所得征收个人所得税；对我方免费提供的住房、使用汽车、医疗，可免予计算纳税。

⑥根据我国大专院校国际交流项目来华工作 2 年以内的文教专家，其工资、薪金所得由该国负担的。

⑦通过民间科研协定来华工作的专家，其工资、薪金所得由该国政府机构负担的。

（23）股权分置改革中非流通股股东通过对价方式向流通股股东支付的股份、现金等收入，暂免征收流通股股东应缴纳的个人所得税。

（24）对被拆迁人按照国家有关城镇房屋拆迁管理办法规定的标准取得的拆迁补偿款（含因棚户区改造而取得的拆迁补偿款），免征个人所得税。

（25）对个人投资者从投保基金公司取得的行政和解金，暂免征收个人所得税。

（26）对个人转让上市公司股票所得，暂免征收个人所得税。自 2008 年 10 月 9 日起，对证券市场个人投资者取得的证券交易结算资金利息所得，暂免征收个人所得税，即证券市场个人投资者的证券交易结算资金在 2008 年 10 月 9 日后（含 10 月 9 日）孳生的利息所得，暂免征收个人所得税。

（27）个人从公开发行和转让市场取得的上市公司股票，持股期限超过 1 年的，股息红利所得暂免征收个人所得税。个人从公开发行和转让市场取得的上市公司股票，持股期限在 1 个月以内（含 1 个月）的，股息红利所得全额计入应纳税所得额；持股期限在 1 个月以上至 1 年（含 1 年）的，暂减按 50% 计入应纳税所得额；上述所得统一适用 20% 的税率计征个人所得税。本规定自 2015 年 9 月 8 日起施行。

自 2019 年 7 月 1 日起至 2024 年 6 月 30 日止，全国中小企业股份转让系统挂牌公司股息红利差别化个人所得税政策也按上述政策执行。

（28）个人取得的下列中奖所得，暂免征收个人所得税。

①单张有奖发票奖金所得不超过 800 元（含 800 元）的，暂免征收个人所得税；个人取得单张有奖发票奖金所得超过 800 元的，应全额按照个人所得税法规定的“偶然所得”项目计征个人所得税。

②购买社会福利有奖募捐奖券、体育彩票一次中奖收入不超过 10 000 元的，暂免征收个人所得税。对一次中奖收入超过 10 000 元的，应按税法规定全额征税。

（29）乡镇企业的职工和农民取得的青苗补偿费，属种植业的收益范围，也属经济损失的补偿性收入，暂不征收个人所得税。

（30）对由亚洲开发银行支付给我国公民或国民（包括为亚行执行任务的专家）的薪金和津贴，凡经亚洲开发银行确认这些人员为亚洲开发银行雇员或执行项目专家的，其取得的符合我国税法规定的有关薪金和津贴等报酬，免征个人所得税。

（31）自原油期货对外开放之日起，对境外个人投资者投资中国境内原油期货取得的所得，三年内暂免征收个人所得税。

（32）自 2018 年 1 月 1 日至 2020 年 12 月 31 日，对易地扶贫搬迁贫困人口按规定取得的住房建设补助资金、拆旧复垦奖励资金等与易地扶贫搬迁相关的货币化补偿和易地扶贫搬迁安置住房（以下简称安置住房），免征个人所得税。

（33）经国务院财政部门批准免税的所得。

5.4.2 减征个人所得税

（1）个人投资者持有 2019—2023 年发行的铁路债券取得的利息收入，减按 50% 计入应纳税所得额计算征收个人所得税。税款由兑付机构在向个人投资者兑付利息时代扣代缴。铁路债券是指以中国铁路总公司为发行和偿还主体的债券，包括中国铁路建设债券、中期票据、短期融资券等债务融资工具。

（2）自 2019 年 1 月 1 日起至 2023 年 12 月 31 日，一个纳税年度内在船航行时间累计满 183 天的远洋船员，其取得的工资、薪金收入减按 50% 计入应纳税所得额，依法缴纳个人所得税。

上述所称的远洋船员是指在海事管理部门依法登记注册的国际航行船舶船员和在渔业管理部门依法登记注册的远洋渔业船员。在船航行时间是指远洋船员在国际航行或作业船舶和远洋渔业船舶上的工作天数。一个纳税年度内在船航行时间为一个纳税年度内在船航行时间的累计天数。远洋船员可选择在当年预扣预缴税款或者次年个人所得税汇算清缴时享受上述减征优惠政策。

（3）有下列情形之一的，可以减征个人所得税，具体幅度和期限由省、自治区、直辖市人民政府规定，并报同级人大常委会备案：

①残疾、孤老人员和烈属的所得；

②因严重自然灾害造成重大损失的；

③国务院可以规定其他减税情形。

5.4.3 暂免征收个人所得税

根据《财政部国家税务总局关于个人所得税若干政策问题的通知》的规定，对下列所得暂免征收个人所得税。

（1）外籍个人以非现金形式或实报实销形式取得的住房补贴、伙食补贴、搬迁费、洗衣费。

（2）外籍个人按合理标准取得的境内、境外出差补贴。

（3）外籍个人取得的探亲费、语言训练费、子女教育费等，经当地税务机关审核批准为合理的部分。

（4）外籍个人从外商投资企业取得的股息、红利所得。

（5）凡符合下列条件之一的外籍专家取得的工资、薪金所得，可免征个人所得税：

①根据世界银行专项贷款协议由世界银行直接派往我国工作的外国专家；

②联合国组织直接派往我国工作的专家；

③联合国援助项目来华工作的专家；

④援助国派往我国专为该国援助项目工作的专家；

⑤根据两国政府签订的文化交流项目来华工作两年以内的文教专家，其工资、薪金所得由该国负担的；

⑥根据我国大专院校国际交流项目来华工作两年以内的文教专家，其工资、薪金所得由该国负担的；

⑦通过民间科研协定来华工作的专家，其工资、薪金所得由该国政府机构负担的。

5.5 个人所得税的会计核算

关键词

自行申报
查账征收

情景 1

个体工商户生产个人所得税的会计核算。

某个体工商户 2021 年全年经营收入 600 000 元，其中生产经营成本、费用总额为 450 000 元。

情景 2

特许权使用费代扣代缴个人所得税的会计核算。

北京昌达股份有限公司购入王某的一项非专利技术的使用权。合同约定使用费86 000元，个人所得税由王某承担。

5.5.1 会计科目的设置

对采用自行申报缴纳个人所得税的纳税人，除实行查账征收的个体工商户外（个人独资企业、合伙企业参照个体工商户执行），一般不需要进行会计核算。实行查账征收的个体工商户，设置“应交税费——应交个人所得税”科目，核算应缴纳的个人所得税；一般企业涉及代扣代缴个人所得税业务，设置“应交税费——代扣个人所得税”科目，核算代扣代缴情况。

5.5.2 会计核算

1. 个体工商户生产、经营所得个人所得税的会计核算

实行查账征收的个体工商户，应缴纳的个人所得税，通过“留存利润”和“应交税费——应交个人所得税”等账户。在计算应纳个人所得税时，借记“所得税费用”账户，贷记“应交税费——应交个人所得税”账户；实际上缴税款时，借记“应交税费——应交个人所得税税”账户，贷记“银行存款”账户。

【例 5-7】某个体工商户 2021 年全年经营收入 600 000 元，其中生产经营成本、费用总额为 450 000 元，计算其全年应缴纳的个人所得税，并进行会计核算。

应纳税所得额 =600 00 － 450 000=150 000（元）

应纳个人所得税额 =150 000 × 35% － 14 750=37 750（元）

计算应纳个人所得税时：

借：所得税费用	37 750	
贷：应交税费——应交个人所得税		37 750

实际缴纳税款时：

借：应交税费——应交个人所得税	37 750	
贷：银行存款		37 750

2. 代扣代缴个人所得税的会计核算

现行会计准则并未对代扣代缴税款核算作出规定。但在实际工作中，一般可在“应交税费”总账下设置“代扣个人所得税”明细账进行核算。同时，根据所代扣代缴的具体项目不同，将代扣的税额冲减“应付职工薪酬”“应付账款”和“其他应付款”等账户。

（1）支付工资、薪金代扣代缴个人所得税的会计核算。企业作为个人所得税的扣缴义务人，支付工资、薪金时应按规定扣缴职工应缴纳的个人所得税。代扣个人所得税时，借记“应付职工薪酬”科目，贷记“应交税费——代扣个人所得税”科目：实际扣缴税款时，借记“应交税费——代扣个人所得税”科目，贷记“银行存款”科目。

任职单位在计算代扣代缴的个人所得税时，应按每个职工分别计算，会计处理时可按所有职工代扣税款合计金额编制会计分录。

【例 5-8】北京昌达股份有限公司给李某发放月工资 7 500 元，计算企业代扣个人所得税税额及进行的账务处理。

李某应缴个人所得税 =（7 500 － 5 000）× 3%=75（元）

借：应付职工薪酬	7 425	
贷：银行存款		7 350
应交税费——代扣个人所得税		75

（2）支付劳务报酬、特许权使用费代扣代缴个人所得税的会计核算。企业扣缴时借记“管理费用”“销售

费用”等科目，贷记“应交税费——代扣个人所得税”“库存现金”等科目；代缴个人所得税时，借记“应交税费——代扣个人所得税”科目，贷记“银行存款”科目。

【例 5-9】北京昌达股份有限公司支付胡教授一次性工程设计费 40 000 元，计算该公司应扣缴的个人所得税，并作相关的账务处理。

北京昌达股份有限公司应按“劳务报酬所得”项目计算代扣代缴的个人所得税税额。

应代扣代缴税额 =40 000 ×（1 − 20%）× 30% − 2 000=7 600（元）

（1）公司代扣时：

借：管理费用　40 000

　　贷：应交税费——代扣个人所得税　7 600

　　　　库存现金（或银行存款）　32 400

（2）实际缴纳时：

借：应交税费——代扣个人所得税　7 600

　　贷：银行存款　7 600

3. 企业支付稿酬代扣代缴个人所得税的会计核算

出版单位支付给个人稿酬时，借记“生产成本”等科目，贷记“应交税费——代扣个人所得税”“银行存款”等科目。实际缴纳时，借记“应交税费——代扣个人所得税”科目，贷记“银行存款”科目。

【例 5-10】作家王某 2021 年 5 月出版一部小说，取得稿酬 48 000 元。计算该出版社应扣缴的个人所得税税额，并进行相关的账务处理。

出版社应扣个人所得税税额 =48 000 ×（1-20%）× 20% ×（1-30%）=5 376（元）

（1）出版社扣缴所得税时：

借：生产成本　48 000

　　贷：应交税费——代扣个人所得税　5 376

　　　　银行存款　42 624

（2）实际缴纳时：

借：应交税费——代扣个人所得税　5 376

　　贷：银行存款　5 376

4. 企业支付特许权使用费代扣代缴个人所得税的会计核算

企业支付给个人的特许权使用费，代扣个人所得税时，借记“制造费用”“管理费用”等科目，贷记“应交税费——代扣个人所得税”科目；代缴个人所得税时，借记“应交税费——代扣个人所得税”科目，贷记“银行存款”科目。

【例 5-11】北京昌达股份有限公司购入王某的一项非专利技术的使用权。合同约定使用费 86 000 元，个税由王某承担。计算企业应扣缴的个人所得税并进行相应的账务处理。

根据税法规定，王某转让非专利技术所得的个人所得税应由受让企业在支付款项时代扣代缴。

应扣缴个人所得税 =86 000 ×（1 − 20%）× 20%=13 760（元）

借：制造费用　86 000

　　贷：应交税费——代扣个人所得税　13 760

　　　　银行存款　72 240

5. 向个人购买财产（财产转让）代扣代缴个人所得税的会计核算

企业向个人购买属于固定资产或无形资产项目的，支付的税金应作为企业固定资产或无形资产的价值组成部分，借记“固定资产”“无形资产”等科目，按应代扣代缴的个人所得税，贷记“应交税费——代扣个人所得税”科目，按实际支付的金额，贷记“银行存款”“库存现金”等科目。代缴税款时，借记“应交税费——代扣个人所得税”科目，贷记“银行存款”科目。

6. 向股东支付股利代扣代缴个人所得税会计核算

企业向个人支付利息、股息、红利时，应代扣代缴个人所得税。股份制公司向个人支付现金股利时，借记“应付股利”科目，贷记“应交税费——代扣个人所得税”或“库存现金”等科目；企业发行有价证券向个人支付利息时，借记“财务费用”科目，贷记“应交税费——代扣个人所得税”“银行存款”等科目。

5.6 个人所得税的税征管理

关键词

退税
扣缴税款
扣缴义务人

情景

纳税期限。

北京昌达股份有限公司，应在纳税年度终了后3个月内自行向主管税务机关办理纳税申报。

5.6.1 纳税申报

（1）个人所得税以所得人为纳税人，以支付所得的单位或者个人为扣缴义务人。扣缴义务人向个人支付应税款项时，应当依照个人所得税法规定预扣或代扣税款，按时缴库并专项记载备查。支付，包括现金支付、汇拨支付、转账支付和以有价证券、实物以及其他形式的支付。

税务机关对扣缴义务人按照所扣缴的税款，给付 2% 的手续费。

扣缴义务人应当按照国家规定办理全员全额扣缴申报，并向纳税人提供其个人所得和已扣缴税款等信息。全员全额扣缴申报，是指扣缴义务人在代扣税款的次月 15 日内，向主管税务机关报送其支付所得的所有个人的有关信息、支付所得数额、扣除事项和数额、扣缴税款的具体数额和总额以及其他相关涉税信息资料。

（2）存在下列情形之一的，纳税人应当依法办理纳税申报：

①取得综合所得需要办理汇算清缴。

需要办理汇算清缴的情形包括以下几种。

Ⅰ. 在两处或者两处以上取得综合所得，且综合所得年收入额减去专项扣除的余额超过 6 万元。

Ⅱ. 取得劳务报酬所得、稿酬所得、特许权使用费所得中一项或者多项所得，且综合所得年收入额减去专项扣除的余额超过 6 万元。

Ⅲ. 纳税年度内预缴税额低于应纳税额的。

Ⅳ. 纳税人申请退税。纳税人申请退税，应当提供其在中国境内开设的银行账户，并在汇算清缴地就地办理税款退库。

②取得应税所得没有扣缴义务人。

③取得应税所得，扣缴义务人未扣缴税款。

④取得境外所得。

⑤因移居境外注销中国户籍。

⑥非居民个人在中国境内从两处以上取得工资、薪金所得。

⑦国务院规定的其他情形。

（3）居民个人取得工资、薪金所得时，可以向扣缴义务人提供专项附加扣除有关信息，由扣缴义务人扣缴税款时减除专项附加扣除。纳税人同时从两处以上取得工资、薪金所得，并由扣缴义务人减除专项附加扣除的，对同一专项附加扣除项目，在一个纳税年度内只能选择从一处取得的所得中减除。

居民个人取得劳务报酬所得、稿酬所得、特许权使用费所得，应当在汇算清缴时向税务机关提供有关信息，减除专项附加扣除。

（4）纳税人可以委托扣缴义务人或者其他单位和个人办理汇算清缴。

纳税人发现扣缴义务人提供或者扣缴申报的个人信息、所得、扣缴税款等与实际情况不符的，有权要求扣缴义务人修改。扣缴义务人拒绝修改的，纳税人应当报告税务机关，税务机关应当及时处理。

纳税人、扣缴义务人应当按照规定保存与专项附加扣除相关的资料。税务机关可以对纳税人提供的专项附加扣除信息进行抽查，具体办法由国务院税务主管部门另行规定。税务机关发现纳税人提供虚假信息的，应当责令改正并通知扣缴义务人；情节严重的，有关部门应当依法予以处理，纳人信用信息系统并实施联合惩戒。

（5）纳税人申请退税时提供的汇算清缴信息有错误的，税务机关应当告知其更正；纳税人更正的，税务机关应当及时办理退税。

扣缴义务人未将扣缴的税款解缴入库的，不影响纳税人按照规定申请退税，税务机关应当凭纳税人提供的有关资料办理退税。

5.6.2 纳税期限

（1）居民个人取得综合所得，按年计算个人所得税；有扣缴义务人的，由扣缴义务人按月或者按次预扣预缴税款；需要办理汇算清缴的，应当在取得所得的次年 3 月 1 日至 6 月 30 日内办理汇算清缴。预扣预缴办法由国务院税务主管部门制定。

（2）非居民个人取得工资、薪金所得，劳务报酬所得，稿酬所得和特许权使用费所得，有扣缴义务人的，由扣缴义务人按月或者按次代扣代缴税款，不办理汇算清缴。

（3）纳税人取得经营所得，按年计算个人所得税，由纳税人在月度或者季度终了后 15 日内向税务机关报送纳税申报表并预缴税款，在取得所得的次年 3 月 31 日前办理汇算清缴。

（4）纳税人取得利息、股息、红利所得，财产租赁所得，财产转让所得和偶然所得，按月或者按次计算个人所得税，有扣缴义务人的，由扣缴义务人按月或者按次代扣代缴税款。

（5）纳税人取得应税所得没有扣缴义务人的，应当在取得所得的次月 15 日内向税务机关报送纳税申报表并缴纳税款。

（6）纳税人取得应税所得，扣缴义务人未扣缴税款的，纳税人应当在取得所得的次年 6 月 30 日前缴纳税款；税务机关通知限期缴纳的，纳税人应当按照期限缴纳税款。

（7）居民个人从中国境外取得所得的，应当在取得所得的次年 3 月 1 日至 6 月 30 日内申报纳税。

（8）非居民个人在中国境内从两处以上取得工资、薪金所得的，应当在取得所得的次月 15 日内申报纳税。

（9）纳税人因移居境外注销中国户籍的，应当在注销中国户籍前办理税款清算。

（10）扣缴义务人每月或者每次预扣、代扣的税款，应当在次月 15 日内缴入国库，并向税务机关报送扣缴个人所得税申报表。

各项所得的计算，以人民币为单位。所得为人民币以外货币的，按照办理纳税申报或扣缴申报的上一月最后一日人民币汇率中间价，折合成人民币计算应纳税所得额。年度终了后办理汇算清缴的，对已经按月、按季或者按次预缴税款的人民币以外货币所得，不再重新折算；对应当补缴税款的所得部分，按照上一纳税年度最后一日人民币汇率中间价，折合成人民币计算应纳税所得额。

项目小结

本项目系统阐述了我国个人所得税征税范围、纳税人、税率、优惠政策等相关的基本内容，举例说明了不同应税项目个人所得税的计算原理和具体计算方法；从企业的角度阐述相关的会计处理方法。个人所得税为中国的第 4 大税种，我们每个人都会成为个人所得税的纳税人，应按照法律规定依法纳税。

项目 6
土地增值税和环境保护税

导语

土地增值税是对我国针对土地进行征收的一个税种，它是行为税的一种，不是资源税。环保税也可称作是环保关税，也有绿色关税或生态关税之称，是国家为了保护本国环境对有污染行为的国际贸易征收的一项税款。

通过本项目，可以学习：

1. 土地增值税应纳税额的计算；
2. 土地增值税应纳税额的会计核算；
3. 环境保护税的征税范围；
4. 环境保护税应纳税额的计算；
5. 环境保护税的会计核算。

学习目标

- 理解土地增值税和环境保护税的概念及纳税义务人
- 掌握土地增值税和环境保护税的征税范围及税率

应知应会

- 土地增值税和环境保护税应纳税所得额的计算
- 土地增值税和环境保护税的会计核算

项目地位

本项目主要是我国税制结构中的一些辅助税种，发挥税收的灵活性、调节作用，是各国税制建设中不可缺少的组成部分。土地增值税的开征，利于增加国家财政收入为经济建设积累资金；环境保护税的开征，利于提高纳税人环保意识和遵从度，强化企业治污减排的责任。

项目导图

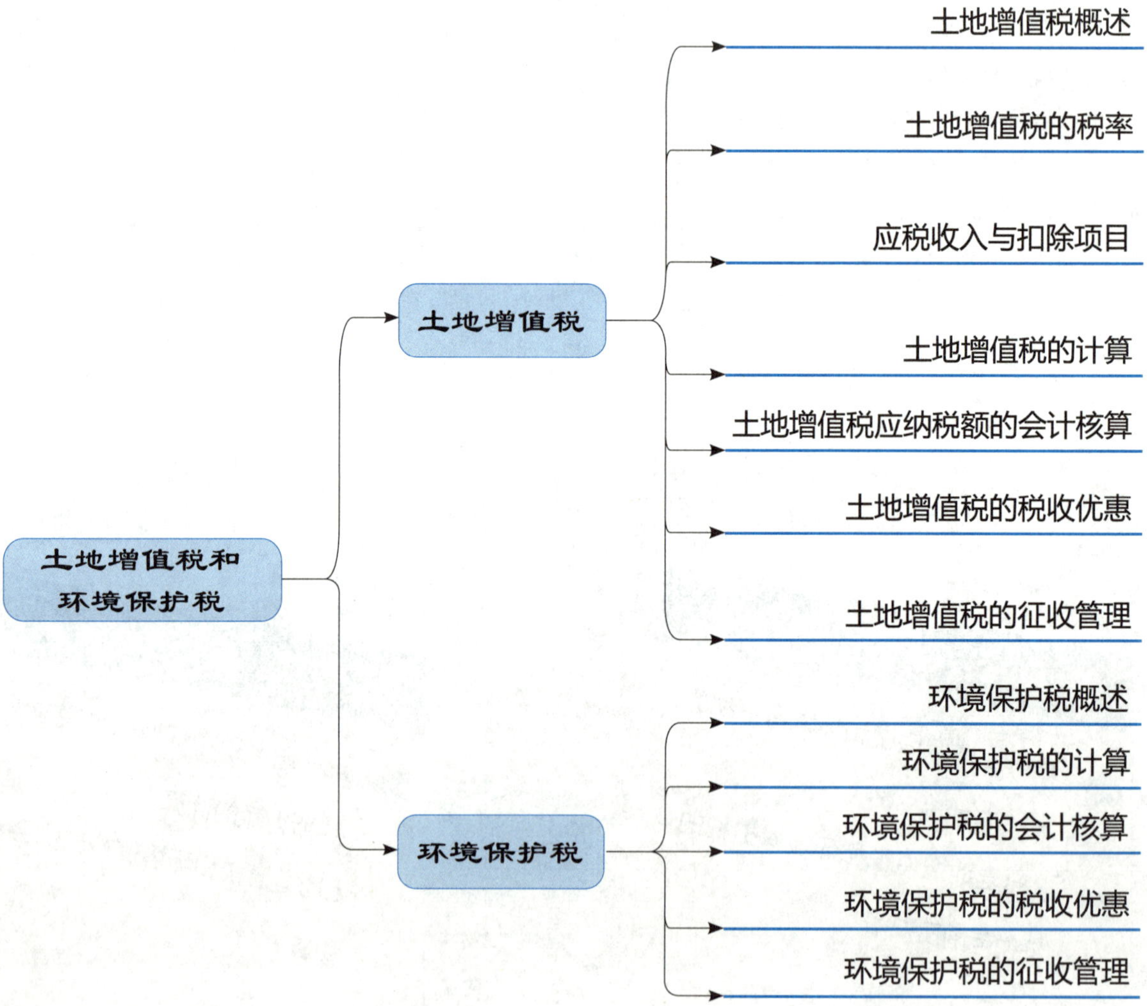

6.1 土地增值税

关键词

土地增值税
货币收入
实物收入
合作建房

情景1

土地增值税应纳税额的计算。

北京昌达股份有限公司以14 000 000元购进一项房产。5年后转让，取得转让收入22 000 000元。按规定支付有关税费1 000 000元。转让时此项建筑物已提折旧1 600 000元。

6.1.1 土地增值税概述

1. 土地增值税的概念

土地增值税是指对转让国有土地使用权、地上建筑物及其附着物（以下简称房地产）并取得收入的单位和个人，就其转让房地产所取得的增值额征收的一种税。

现行土地增值税的基本规范，是1993年12月13日国务院颁布并于1994年1月1日起实施的《中华人民共和国土地增值税暂行条例》（简称《土地增值税暂行条例》）和1995年1月27日财政部制定的《中华人民共和国土地增值税暂行条例实施细则》（简称《土地增值税暂行条例实施细则》）。

2. 土地增值税的纳税义务人

土地增值税的纳税义务人为转让国有土地使用权、地上的建筑及其附着物（以下简称转让房地产）并取得收入的单位和个人。单位包括各类企事业单位、国家机关和社会团体及其他组织；个人包括个体经营者和其他个人。

概括起来，《土地增值税暂行条例》对纳税人的规定主要有以下特点。

（1）不论法人与自然人。即不论是企事业单位、国家机关、社会团体及其他组织，还是个人，只要有偿转让房地产，都是土地增值税的纳税人。

（2）不论经济性质。即不论是全民所有制企业、集体企业、私营企业、个体经营者，还是联营企业、合资企业、合作企业、外商独资企业等，只要有偿转让房地产，都是土地增值税的纳税人。

（3）不论内资与外资企业、中国公民与外籍个人。根据1993年12月29日第八届全国人大常委会第五次会议通过的《全国人民代表大会常务委员会关于外商投资企业和外国企业适用增值税、消费税、营业税等税收暂行条例的决定》和《国务院关于外商投资企业外国企业适用增值税、消费税、营业税等税收暂行条例的有关问题的通知》，以及《国家税务总局关于外商投资企业和外国企业及外籍个人适用税种问题的通知》等的规定，土地增值税适用于涉外企业和个人。因此，不论是内资企业还是外商投资企业、外国驻华机构，也不论是中国公民、港澳台同胞、海外华侨，还是外国公民，只要有偿转让房地产，都是土地增值税的纳税人。

（4）不论行业与部门。即不论是工业、农业、商业、学校、医院、机关等，只要有偿转让房地产，都是土地增值税的纳税人。

3. 土地增值税的征税范围

1）基本征税范围

土地增值税是对转让国有土地使用权及其地上建筑物和附着物的行为征税，不包括国有土地使用权出让取得的收入。

国有土地使用权出让是指国家以土地所有者的身份将土地使用权在一定年限内让与土地使用者，并由土地使用者向国家支付土地使用权出让金的行为，属于土地买卖的一级市场。土地使用权出让的出让方是国家，国家凭借土地的所有权向土地使用者收取土地的租金。出让的目的是实行国有土地的有偿使用制度，合理开发、利用、经营土地。因此，土地使用权的出让不属于土地增值税的征税范围。

国有土地使用权的转让是指土地使用者通过出让等形式取得土地使用权后，将土地使用权再转让的行为，包括出售、交换和赠与，它属于土地买卖的二级市场。土地使用权转让，其地上的建筑物、其他附着物的所有权随之转让。土地使用权的转让，属于土地增值税的征税范围。

土地增值税的征税范围不包括未转让土地使用权、房产产权的行为，是否发生转让行为主要以房地产权属（指土地使用权和房产产权）的变更为标准。凡土地使用权、房产产权未转让的（如房地产的出租），不征收土地增值税。

土地增值税的基本范围包括：①转让国有土地使用权。国有土地，是指按国家法律规定属于国家所有的土地。出售国有土地使用权是指土地使用者通过出让方式，向政府缴纳了土地出让金，有偿受让土地使用权后，仅对土地进行通水、通电、通路和平整地面等土地开发，不进行房产开发，即所谓“将生地变熟地”，然后直接将空地出售出去；②地上的建筑物及其附着物连同国有土地使用权一并转让。地上的建筑物，是指建于土地上的一切建筑物，包括地上地下的各种附属设施。附着物，是指附着于土地上的不能移动或一经移动即遭损坏的物品。纳税人取得国有土地使用权后进行房屋开发建造然后出售的，这种情况即是一般所说的房地产开发。虽然这种行为通常被称作卖房，但按照国家有关房地产法律和法规的规定，卖房的同时，土地使用权也随之发生转让。由于这种情况既发生了产权的转让又取得了收入，所以应纳入土地增值税的征税范围；③存量房地产的买卖。存量房地产是指已经建成并已投入使用的房地产，其房屋所有人将房屋产权和土地使用权一并转让给其他单位和个人。这种行为按照国家有关的房地产法律和法规，应当到有关部门办理房产产权和土地使用权的转移变更手续；原土地使用权属于无偿划拨的，还应到土地管理部门补交土地出让金。

2）特殊征税范围

（1）房地产的继承是指房产的原产权所有人、依照法律规定取得土地使用权的土地使用人死亡以后，由其继承人依法承受死者房产产权和土地使用权的民事法律行为。这种行为虽然发生了房地产的权属变更，但作为房产产权、土地使用权的原所有人（即被继承人）并没有因为权属变更而取得任何收入。因此，这种房地产的继承不属于土地增值税的征税范围。

（2）房地产的赠与是指房产所有人、土地使用权所有人将自己所拥有的房地产无偿地交给其他人的民事法律行为，但这里的“赠与”仅指以下情况。

①房产所有人、土地使用权所有人将房屋产权、土地使用权赠与直系亲属或承担直接赡养义务人的。

②房产所有人、土地使用权所有人通过中国境内非营利的社会团体、国家机关将房屋产权、土地使用权赠与教育、民政和其他社会福利、公益事业的。社会团体是指中国青少年发展基金会、希望工程基金会、宋庆龄基金会、减灾委员会、中国红十字会、中国残疾人联合会、全国老年基金会、老区促进会以及经民政部门批准成立的其他非营利性的公益性组织。

房地产的赠与虽发生了房地产的权属变更，但作为房产所有人、土地使用权的所有人并没有因为权属的转让而取得任何收入。因此，房地产的赠与不属于土地增值税的征税范围。

（3）房地产的出租是指房产的产权所有人、依照法律规定取得土地使用权的土地使用人，将房产、土地使用权租赁给承租人使用，由承租人向出租人支付租金的行为。房地产的出租，出租人虽取得了收入，但没有发生房产产权、土地使用权的转让。因此，不属于土地增值税的征税范围。

（4）房地产的抵押是指房地产的产权所有人、依法取得土地使用权的土地使用人作为债务人或第三人向债权人提供不动产作为清偿债务的担保而不转移权属的法律行为。这种情况由于房产的产权、土地使用权在抵押期间并没有发生权属的变更，房产的产权所有人、土地使用权人仍能对房地产行使占有、使用、收益等权利，房产的产权所有人、土地使用权人虽然在抵押期间取得了一定的抵押贷款，但实际上这些贷款在抵押期满后是要连本带利偿还给债权人的。因此，对房地产的抵押，在抵押期间不征收土地增值税。待抵押期满后，视该房地产是否转移占有而确定是否征收土地增值税。对于以房地产抵债而发生房地产权属转让的，应列入土地增值税的征税范围。

（5）房地产的交换是指一方以房地产与另一方的房地产进行交换的行为。由于这种行为既发生了房产产权、土地使用权的转移，交换双方又取得了实物形态的收入，按《土地增值税暂行条例》规定，它属于土地增值税的征税范围。但对个人之间互换自有居住用房地产的，经当地税务机关核实，可以免征土地增值税。

（6）合作建房。对于一方出地，一方出资金，双方合作建房，建成后按比例分房自用的，暂免征收土地增值税；建成后转让的，应征收土地增值税。

（7）房地产的代建行为是指房地产开发公司代客户进行房地产的开发，开发完成后向客户收取代建收入的行为。对于房地产开发公司而言，虽然取得了收入，但没有发生房地产权属的转移，其收入属于劳务收入性质，故不属于土地增值税的征税范围。

（8）房地产的重新评估，主要是指国有企业在清产核资时对房地产进行重新评估而使其升值的情况。这种情况下，房地产虽然有增值，但既没有发生房地产权属的转移，房产产权、土地使用权人也未取得收入。因此，不属于土地增值税的征税范围。

6.1.2 土地增值税的税率

土地增值税实行四级超率累进税率，具体如下。

（1）增值额未超过扣除项目金额 50% 的部分，税率为 30%。

（2）增值额超过扣除项目金额 50%、未超过扣除项目金额 100% 的部分，税率为 40%。

（3）增值额超过扣除项目金额 100%、未超过扣除项目金额 200% 的部分，税率为 50%。

（4）增值额超过扣除项目金额 200% 的部分，税率为 60%。

上述所列四级超率累进税率，每级“增值额未超过扣除项目金额”的比例，均包括本比例数。超率累进税率如表 6-1 所示。

表 6-1　土地增值税四级超率累进税率

级数	增值额与扣除项目金额的比率	税率（%）	速算扣除系数（%）
1	不超过 50% 的部分	30	0
2	超过 50% 至 100% 的部分	40	5
3	超过 100% 至 200% 的部分	50	15
4	超过 200% 的部分	60	35

6.1.3 应税收入与扣除项目

1. 应税收入的确定

根据《土地增值税暂行条例》及其实施细则的规定，纳税人转让房地产取得的应税收入，应包括转让房地产的全部价款及有关的经济收益。从收入的形式来看，包括货币收入、实物收入和其他收入。

（1）货币收入。货币收入是指纳税人转让房地产而取得的现金、银行存款、支票、银行本票、汇票等各种信用票据和国库券、金融债券、企业债券、股票等有价证券。这些类型收入的实质都是转让方因转让土地使用权、房屋产权而向取得方收取的价款。货币收入一般比较容易确定。

（2）实物收入。实物收入是指纳税人转让房地产而取得的各种实物形态的收入，如钢材、水泥等建材，房屋、土地等不动产等。实物收入的价值不太容易确定，一般要按照公允价值确定应税收入。

（3）其他收入。其他收入是指纳税人转让房地产而取得的无形资产收入或具有财产价值的权利，如专利权、商标权、著作权、专有技术使用权、土地使用权、商誉权等。这种类型的收入比较少见，其价值需要进行专门的评估。

2. 扣除项目的确定

计算土地增值税应纳税额，并不是直接对转让房地产所取得的收入征税．而是要对收入额减除国家规定的各项扣除项目金额后的余额计算征税（这个余额就是纳税人在转让房地产中获取的增值额）。因此，要计算增值额，首先必须确定扣除项目。税法准予纳税人从转让收入额中减除的扣除项目包括如下几项。

1）取得土地使用权所支付的金额

取得土地使用权所支付的金额包括两方面的内容。

（1）纳税人为取得土地使用权所支付的地价款。如果是以协议、招标、拍卖等出让方式取得土地使用权的，地价款为纳税人所支付的土地出让金；如果是以行政划拨方式取得土地使用权的，地价款为按照国家有关规定补交的土地出让金；如果是以转让方式取得土地使用权的，地价款为向原土地使用权人实际支付的地价款。

（2）纳税人在取得土地使用权时按国家统一规定缴纳的有关费用。这是指纳税人在取得土地使用权过程中为办理有关手续，按国家统一规定缴纳的有关登记、过户手续费和契税。

2）房地产开发成本

房地产开发成本是指纳税人房地产开发项目实际发生的成本，包括土地的征用及拆迁补偿费、前期工程费、建筑安装工程费、基础设施费、公共配套设施费、开发间接费用等。

（1）土地征用及拆迁补偿费。包括土地征用费、耕地占用税、劳动力安置费及有关地上、地下附着物拆迁补偿的净支出、安置动迁用房支出等。

（2）前期工程费。包括规划、设计、项目可行性研究和水文、地质、勘察、测绘、“三通一平”等支出。

（3）建筑安装工程费。指以出包方式支付给承包单位的建筑安装工程费，以自营方式发生的建筑安装工程费。

（4）基础设施费。包括开发小区内道路、供水、供电、供气、排污、排洪、通信、照明、环卫、绿化等工程发生的支出。

（5）公共配套设施费。包括不能有偿转让的开发小区内公共配套设施发生的支出。

（6）开发间接费用。指直接组织、管理开发项目发生的费用，包括工资、职工福利费、折旧费、修理费、办公费、水电费、劳动保护费、周转房摊销等。

3）房地产开发费用

房地产开发费用是指与房地产开发项目有关的销售费用、管理费用和财务费用。根据现行会计制度规定，这三项费用作为期间费用，直接计入当期损益。不按成本核算对象进行分摊。故作为土地增值税扣除项目的房地产开发费用，不按纳税人房地产开发项目实际发生的费用进行扣除，而按《土地增值税暂行条例实施细则》的标准进行扣除。

《土地增值税暂行条例实施细则》规定，财务费用中的利息支出，凡能够按转让房地产项目计算分摊并提供金融机构证明的，允许据实扣除，但最高不能超过按商业银行同类同期贷款利率计算的金额。其他房地产开发费用，按《土地增值税暂行条例实施细则》第七条第（一）、（二）项规定（即取得土地使用权所支付的金额和房地产开发成本，下同）计算的金额之和的 5% 以内计算扣除。

财务费用中的利息支出凡不能按转让房地产项目计算分摊利息支出或不能提供金融机构证明的，房地产开发费用按《土地增值税暂行条例实施细则》第七条第（一）、（二）项规定计算的金额之和的 10% 以内计算扣除。计算扣除的具体比例由各省、自治区、直辖市人民政府规定。

上述规定的具体含义是：

（1）纳税人能够按转让房地产项目计算分摊利息支出，并能提供金融机构的贷款证明的，其允许扣除的房地产开发费用为：利息 +（取得土地使用权所支付的金额 + 房地产开发成本）× 5% 以内（注：利息最高不能超过按商业银行同类同期贷款利率计算的金额）。

（2）纳税人不能按转让房地产项目计算分摊利息支出或不能提供金融机构贷款证明的，其允许扣除的房地产开发费用为：（取得土地使用权所支付的金额 + 房地产开发成本）× 10% 以内。

此外，财政部、国家税务总局还对扣除项目金额中利息支出的计算问题做了两点专门规定：一是利息的上浮幅度按国家的有关规定执行，超过上浮幅度的部分不允许扣除；二是对于超过贷款期限的利息部分和加罚的利息不允许扣除。

4）与转让房地产有关的税金

与转让房地产有关的税金是指在转让房地产时缴纳的城市维护建设税、印花税。因转让房地产缴纳的教育费附加，也可视同税金予以扣除。

需要明确的是，房地产开发企业按照《施工、房地产开发企业财务制度》有关规定，其在转让时缴纳的印花税因列入管理费用中，故在此不允许单独再扣除。其他纳税人缴纳的印花税按产权转移书据所载金额的5‰（贴花）允许在此扣除。

5）其他扣除项目

对从事房地产开发的纳税人可按《土地增值税暂行条例实施细则》第七条第（一）、（二）项规定计算的金额之和加计20%的扣除。在此，应特别指出的是，此条优惠只适用于从事房地产开发的纳税人，除此之外的其他纳税人不适用。这样规定的目的是为了抑制炒买炒卖房地产的投机行为，保护正常开发投资者的积极性。

6）旧房及建筑物的评估价格

旧房及建筑物的评估价格是指在转让已使用的房屋及建筑物时，由政府批准设立的房地产评估机构评定的重置成本价乘以成新度折扣率后的价格。评估价格须经当地税务机关确认。

重置成本价的含义是：对旧房及建筑物，按转让时的建材价格及人工费用计算，建造同样面积、同样层次、同样结构、同样建设标准的新房及建筑物所需花费的成本费用。成新度折扣率的含义是：按旧房的新旧程度作一定比例的折扣。例如，一幢房屋已使用近10年，建造时的造价为1 000万元，按转让时的建材及人工费用计算，建同样的新房需花费4 000万元，该房有六成新，则该房的评估价格为：4 000×60%=2 400（万元）。

此外，转让旧房的，应按房屋及建筑物的评估价格、取得土地使用权所支付的地价款和按国家统一规定缴纳的有关费用及在转让环节缴纳的税金作为扣除项目金额计征土地增值税。对取得土地使用权时未支付地价款或不能提供已支付的地价款凭据的，在计征土地增值税时不允许扣除。

6.1.4 土地增值税的计算

1. 增值额的确定

土地增值税纳税人转让房地产所取得的收入减除规定的扣除项目金额后的余额，为增值额。

增值额是土地增值税的本质所在。由于计算土地增值税是以增值额与扣除项目金额的比率大小按相适用的税率累进计算征收的，增值额与扣除项目金额的比率越大，适用的税率越高，缴纳的税款越多。因此，准确核算增值额是很重要的。当然，准确核算增值额，还需要有准确的房地产转让收入额和扣除项目的金额。在实际房地产交易活动中，有些纳税人由于不能准确提供房地产转让价格或扣除项目金额，致使增值额不准确，直接影响应纳税额的计算和缴纳。因此，纳税人有下列情形之一的，按照房地产评估价格计算征收。

（1）隐瞒、虚报房地产成交价格的。

（2）提供扣除项目金额不实的。

（3）转让房地产的成交价格低于房地产评估价格，又无正当理由的。

这里所说的“房地产评估价格”是指由政府批准设立的房地产评估机构根据相同地段、同类房地产进行综合评定的价格。

这里所说的“隐瞒、虚报房地产成交价格”，是指纳税人不报或有意低报转让土地使用权、地上建筑物及其附着物价款的行为。

这里所说的“提供扣除项目金额不实的”是指纳税人在纳税申报时，不据实提供扣除项目金额的行为。

这里所说的“转让房地产的成交价格低于房地产评估价格，又无正当理由的”是指纳税人申报的转让房地产的实际成交价低于房地产评估机构评定的交易价，纳税人又不能提供凭据或无正当理由的行为。

隐瞒、虚报房地产成交价格，应由评估机构参照同类房地产的市场交易价格进行评估。税务机关根据评估价格确定转让房地产的收入。

提供扣除项目金额不实的，应由评估机构按照房屋重置成本价乘以成新度折扣率计算的房屋成本价和取得土地使用权时的基准地价进行评估，税务机关根据评估价格确定扣除项目金额。

转让房地产的成交价格低于房地产评估价格，又无正当理由的，由税务机关参照房地产评估价格确定转让房地产的收入。

2. 应纳税额的计算方法

土地增值税按照纳税人转让房地产所取得的增值额和规定的税率计算征收。计算公式为：

应纳税额 =∑（每级距的土地增值额 × 适用税率）

但在实际工作中，分步计算比较繁琐，一般可以采用速算扣除法计算。即：计算土地增值税税额，可按增值额乘以适用的税率减去扣除项目金额乘以速算扣除系数的简便方法计算，具体公式如下：

应纳税额 = 土地增值税额 × 适用税率—扣除项目金额 × 速算扣除数系数

（1）增值额未超过扣除项目金额 50%，则：

土地增值税税额 = 增值额 ×30%

（2）增值额超过扣除项目金额 50%、未超过 100%，则：

土地增值税税额 = 增值额 ×40% —扣除项目金额 ×5%

（3）增值额超过扣除项目金额 100%、未超过 200%，则：

土地增值税税额 = 增值额 ×50% —扣除项目金额 ×15%

（4）增值额超过扣除项目金额 200%，则：

土地增值税税额 = 增值额 ×60% —扣除项目金额 ×35%

公式中的 5%、15%、35% 分别为二、三、四级的速算扣除系数。

下面，我们举例并用两种计算方法来具体说明。

应纳土地增值税额 = 增值额 × 适用税率—扣除项目金额 × 速算扣除系数

【例 6-1】某纳税人转让房地产所取得的收入为 5 000 000 元，扣除项目金额为 1 000 000 元，请计算应纳土地增值税的税额。

第一种方法（按《土地增值税暂行条例》规定的方法计算）：

第一步，先计算增值额。

增值额为：5 000 000 — 1 000 000=4 000 000（元）

第二步，再计算增值额与扣除项目金额之比。

增值额与扣除项目金额之比为：4 000 000 ÷ 1 000 000=400%

由此可见，增值额超过扣除项目金额 200%，分别适用 30%、40%、50% 和 60% 四挡税率。

第三步，分别计算各级次土地增值税税额。

（1）增值额未超过扣除项目金额 50% 的部分，适用 30% 的税率。

这部分增值额为：1 000 000 × 50%=500 000（元）

这部分增值额应纳的土地增值税税额为：500 000 × 30%=150 000（元）

（2）增值额超过扣除项目金额 50%，未超过扣除项目金额 100% 的部分，适用 40% 的税率。

这部分增值额为：1 000 000 ×（100% — 50%）=500 000（元）

这部分增值额应纳的土地增值税税额为：500 000 × 40%=200 000（元）

（3）增值额超过扣除项目金额 100%，未超过扣除项目金额 200% 的部分，适用 50% 的税率。

这部分的增值额为：1 000 000 ×（200% — 100%）=1 000 000（元）

这部分增值额应纳的土地增值税税额为：1 000 000 × 50%=500 000（元）

（4）增值额超过扣除项目金额 200% 的部分，适用 60% 的税率。

这部分的增值额为：4 000 000 —（1 000 000 × 200%）=2 000 000（元）

这部分增值额应纳的土地增值税税额为：2 000 000 × 60%=1 200 000（元）

第四步，将各级的税额相加，得出总税额。

土地增值税税额为：150 000+200 000+500 000+1 200 000=2 050 000（元）

第二种方法（按《土地增值税暂行条例实施细则》规定的速算扣除法计算）：

第一步，先计算增值额。

增值额为：5 000 000 — 1 000 000=4 000 000（元）

第二步，再计算增值额与扣除项目金额之比。

增值额与扣除项目金额之比为：4 000 000 ÷ 1 000 000=400%

由此可见，增值额超过扣除项目金额 200%，其适用的简便计算公式为

土地增值税税额 = 增值额 × 60% —扣除项目金额 × 35%

第三步，计算土地增值税税额。

土地增值税税额为：4 000 000 × 60% — 1 000 000 × 35%=2 050 000（元）

不难看出，两种计算方法所得出的结果是一样的。

6.1.5 土地增值税应纳税额的会计核算

企业核算土地增值税应设置“应交税费 —— 应交土地增值税”科目。土地增值税的具体会计核算，根据企业从事业务性质不同而有所区别。

1. 房地产企业土地增值税的会计核算

房地产企业销售的房地产属于企业的商品经营业务。因此，转让房地产过程中应缴纳的土地增值税，借记“税金及附加”科目，贷记“应交税费 —— 应交土地增值税”科目。

【例 6-2】某房地产开发公司销售居民住宅，取得转让收入 10 000 000 元；按规定缴纳增值税 500 000 元，城市维护建设税 35 000 元，教育费附加 15 000 元；为取得该住宅用地的土地使用权支付地价款和有关费用 1 000 000 元；投入开发成本为 3 750 000 元；支付银行贷款利息费用为 106 000 元（不能按转让房地产项目计算分摊），实际发生的其他房地产开发费用为 500 000 元。该公司所在地人民政府规定房地产开发费用的计算扣除比例为 10%。计算应纳土地增值税税额，并作会计处理。

转让收入 =10 000 000 元

实际发生开发费用 606 000 元（500 000+106 000），超过前支付地价款和开发成本之和的 10%（即 475 000 元）。

扣除项目金额 =1 000 000+3 750 000+（1 000 000+3 750 000）× 10%+500 000+35 000+15 000+（1 000 000+3 750 000）× 20%=6 725 000（元）

增值额 =10 000 000-6 725 000=3 275 000（元）

增值率 =3 275 000 ÷ 6 725 000 × 100%=48.7%

适用税率为 30%，算扣除系数为 0。

应交土地增值税税额 =3 275 000 × 30%=982 500（元）

借：税金及附加	1 532 500	
贷：应交税费 —— 应交增值税		500 000
—— 应交城市维护建设税		35 000
—— 应交教育费附加		15 000
—— 应交土地增值税		982 500

2. 其他企业销售旧房及建筑物土地增值税的会计核算

其他企业转让房地产应缴纳的土地增值税，借记“固定资产清理”科目，贷记“应交税费——应交土地增值税”科目。

【例 6-3】北京昌达股份有限公司以 14 000 000 元购进一项房产。5 年后转让，取得转让收入 22 000 000 元。按规定支付有关税费 1 000 000 元。转让时此项建筑物已提折旧 1 600 000 元。计算应缴纳的土地增值税税额，并作会计处理。

转让收入 =22 000 000 元

扣除项目金额 =14 000 000+1 000 000=15 000 000（元）

增值额 =22 000 000-16 000 000=6 000 000（元）

增值率 =6 000 000 ÷ 15 000 000=40%

适用税率为 30%，速算扣除系数为 0。

应纳土地增值税税额 =6 000 000 × 30%=1 800 000（元）

计提应交有关税费时，

借：固定资产清理	2 800 000
贷：应交税费——应交增值税	1 000 000
——应交土地增值税	1 800 000

6.1.6 土地增值税的税收优惠

（1）建造普通标准住宅的税收优惠。

纳税人建造普通标准住宅出售，增值额未超过扣除项目金额 20% 的，免征土地增值税。

这里所说的“普通标准住宅”，是指按所在地一般民用住宅标准建造的居住用住宅。高级公寓、别墅、度假村等不属于普通标准住宅。普通标准住宅与其他住宅的具体划分界限，2005 年 5 月 31 日以前由各省、自治区、直辖市人民政府规定。

2005 年 6 月 1 日起，普通标准住宅应同时满足以下条件：住宅小区建筑容积率在 1.0 以上；单套建筑面积在 120 平方米以下；实际成交价格低于同级别土地上住房平均交易价格 1.2 倍以下。各省、自治区、直辖市要根据实际情况，制定本地区享受优惠政策普通住房的具体标准。允许单套建筑面积和价格标准适当浮动，但向上浮动的比例不得超过上述标准的 20%。纳税人建造普通标准住宅出售，增值额未超过扣除项目金额 20% 的，免征土地增值税；增值额超过扣除项目金额 20% 的，应就其全部增值额计税。

对于纳税人既建造普通标准住宅又从事其他房地产开发的，应分别核算增值额。不分别核算增值额或不能准确核算增值额的，其建造的普通标准住宅不能适用这一免税规定。

（2）国家征用收回的房地产的税收优惠。

因国家建设需要依法征用、收回的房地产，免征土地增值税。

这里所说的“因国家建设需要依法征用、收回的房地产”，是指因城市实施规划、国家建设的需要而被政府批准征用的房产或收回的土地使用权。

因城市实施规划、国家建设的需要而搬迁，由纳税人自行转让原房地产的，比照有关规定免征土地增值税。

（3）企事业单位、社会团体以及其他组织转让旧房作为公共租赁住房房源且增值额未超过扣除项目金额 20% 的，免征土地增值税。

（4）自 2008 年 11 月 1 日起，对个人销售住房暂免征收土地增值税。

6.1.7 土地增值税的征收管理

1. 纳税地点

土地增值税的纳税人应向房地产所在地主管税务机关办理纳税申报，并在税务机关核定的期限内缴纳土地增值税。

这里所说的“房地产所在地”，是指房地产的坐落地。纳税人转让的房地产坐落在两个或两个以上地区的，应按房地产所在地分别申报纳税。

在实际工作中，纳税地点的确定又分为以下两种情况。

（1）纳税人是法人的。当转让的房地产坐落地与其机构所在地或经营所在地一致时，则在办理税务登记的原管辖税务机关申报纳税即可；如果转让的房地产坐落地与其机构所在地或经营所在地不一致时，则应在房地产坐落地所管辖的税务机关申报纳税。

（2）纳税人是自然人的。当转让的房地产坐落地与其居住所在地一致时，则在住所所在地税务机关申报纳税；当转让的房地产坐落地与其居住所在地不一致时，在办理过户手续所在地的税务机关申报纳税。

2. 纳税申报

土地增值税的纳税人应在转让房地产合同签订后的 7 日内，到房地产所在地主管税务机关办理纳税申报，并向税务机关提交房屋及建筑物产权、土地使用权证书，土地转让、房产买卖合同，房地产评估报告及其他与转让房地产有关的资料。纳税人因经常发生房地产转让而难以在每次转让后申报的，经税务机关审核同意可以定期进行纳税申报，具体期限由税务机关根据情况确定。

此外，根据《土地增值税暂行条例实施细则》关于“纳税人在项目全部竣工结算前转让房地产取得的收入可以预征土地增值税，具体办法由各省、自治区、直辖市地方税务局根据当地情况制订”的规定，对于纳税人预售房地产所取得的收入，凡当地税务机关规定预征土地增值税的，纳税人应当到主管税务机关办理纳税申报，并按规定比例预交，待办理决算后，多退少补；凡当地税务机关规定不预征土地增值税的，也应在取得收入时先到税务机关登记或备案。

6.2 环境保护税

关键词

环境保护税
污染当量
固体废物
水污染物

情景

环境保护税应纳税额的计算。

泰康医院，床位 54 张，每月按时消毒，无法计量月污水排放量，污染当量值为 0.3 床，假设当地水污染物适用税额为每污染当量 3.2 元。

6.2.1 环境保护税概述

1. 环境保护税的概念

环境保护税是由英国经济学家庇古最先提出的，他的观点已经为西方发达国家普遍接受。欧美各国的环保政策逐渐减少直接干预手段的运用，越来越多地采用生态税、绿色环保税等多种特指税种来维护生态环境，针对污水、废气、噪音和废弃物等突出的“显性污染”进行强制征税。

2. 环境保护税的纳税义务人

环境保护税纳税人，是指在中华人民共和国领域和中华人民共和国管辖的其他海域，直接向环境排放应税污染物的企事业单位和其他生产经营者。上述对纳税人的规定，在纳税义务上对两种情况做了排除：一是不直接向环境排放应税污染物的，不缴纳环境保护税；二是居民个人不属于纳税人，不缴纳环境保护税。

存在下列情形之一的，不属于直接向环境排放污染物，不缴纳相应污染物的环境保护税：

（1）企事业单位和其他生产经营者向依法设立的污水、生活垃圾集中处理场所排放应税污染物的。

（2）企事业单位和其他生产经营者在符合国家和地方环境保护标准的设施、场所贮存或者处置固体废物的。

（3）达到省级人民政府确定的规模标准并且有污染物排放口的畜禽养殖场，应当依法缴纳环境保护税，但依法对畜禽养殖废弃物进行综合利用和无害化处理的，不缴纳环境保护税。

3. 环境保护税的征税范围

环境保护税的征税对象是法定的大气污染物、水污染物、固体废物和噪声。

（1）大气污染物。大气污染物包括二氧化硫、氮氧化物、一氧化碳、氯气、氯化氢、氟化物、氧化氢、硫酸雾、洛酸雾、汞及其化合物、一般性粉尘、石棉尘、玻璃棉尘、碳黑尘、铅及其化合物、镉及其化合物、铍及其化合物、镍及其化合物、锡及其化合物、烟尘、苯、甲苯、二甲苯、苯并（a）瓦、甲醛、乙醛、丙烯醛、甲醇、酚类、沥青烟、苯胺类、氯苯类、硝基苯、丙烯月青、氯乙烯、光气、硫化氢、氨三甲胺、甲硫醇、甲硫醚、二甲二硫、苯乙烯、二硫化碳，共计 44 项。环境保护税的征税范围不包括温室气体二氧化碳。

（2）水污染物。水污染分类两类：第一类水污染物包括总汞、总镉、总铬、六价铬、总砷、总铅、总镍、苯并芘、总铍、总银；第二类水污染物包括悬浮物（SS）、生化需氧量（BODS）、化学需氧量（CODcr）、总有机碳（TOC）、石油类、动植物油、挥发酚、总氰化物、碳化物、氨氮、甲醛、苯胺类、硝基苯类、阴离子表面活性剂（LAS）、总铜、总锌、总锰、彩色显影剂（CD-2）、总磷、单质磷（以 P 计）、有机磷农药（以 P 计）、乐果、甲基对硫磷、马拉硫磷、对硫磷、五氯酚及五氯酚钠（以五氯酚计）、三氯甲烷、可吸附有机卤化物（AOX）（以 CI 计）、四氯化碳、三氯乙烯、四氯乙烯、苯、甲苯、乙苯、邻 - 二甲苯、对 - 二甲苯、间 - 二甲苯、氯苯、邻二氯苯、对二氯苯、对硝基氯苯、2，4- 二硝基氯苯、苯酚、间 - 甲酚、2，4- 二氯酚、2，4，6- 三氯酚、邻苯二甲酸二丁酯、邻苯二甲酸二辛酯、丙烯腈、总硒。应税水污染物共计 61 项。

（3）固体废物。固体废物包括煤矸石、尾矿、危险废物、冶炼渣、粉煤灰、炉渣、其他固体废物（含半固态、液态废物）。

（4）噪声。应税噪声污染目前只包括工业噪声。

4. 环境保护税的税率

环境保护税采用定额税率。其中，对应税大气污染物和水污染物规定了幅度定额税率，具体适用税额的确定和调整由省、自治区、直辖市人民政府统筹考虑本地区环境承载能力、污染物排放现状和经济社会生态发展目标要求，在规定的税额幅度内提出，报同级人大常委会决定，并报全国人大常委会和国务院备案。《环境保护税税目税额表》如表 6-2 所示。

表 6-2 环境保护税税目税额表

<table>
<tr><th colspan="2">税目</th><th>计税单位</th><th>税率</th><th>备注</th></tr>
<tr><td colspan="2">大气污染物</td><td>每污染当量</td><td>1.2 ～ 12 元</td><td></td></tr>
<tr><td colspan="2">水污染物</td><td>每污染当量</td><td>1.4 ～ 14 元</td><td></td></tr>
<tr><td rowspan="4">固体废物</td><td>煤矸石</td><td>每吨</td><td>5 元</td><td></td></tr>
<tr><td>尾矿</td><td>每吨</td><td>15 元</td><td></td></tr>
<tr><td>危险废物</td><td>每吨</td><td>1 000 元</td><td></td></tr>
<tr><td>冶炼渣、粉煤灰、炉渣、其他固体废物（含半固态、液态废物）</td><td>每吨</td><td>25 元</td><td></td></tr>
<tr><td rowspan="6">噪声</td><td rowspan="6">工业噪声</td><td>超标 1 ～ 3 分贝</td><td>每月 350 元</td><td rowspan="6">1. 一个单位边界上有多处噪声超标，根据最高一处超标声级计算应纳税额；当沿边界长度超过 100 米有两处以上噪声超标，按照两个单位计算应纳税额。
2. 一个单位有不同地点作业场所的，应当分别计算应纳税额，合并计征。
3. 昼、夜均超标的环境噪声，昼、夜分别计算应纳税额，累计计征。
4. 声源一个月内超标不足 15 天的，减半计算应纳税额。
5. 夜间频繁突发和夜间偶然突发厂界超标噪声，按等效声级和峰值噪声两种指标中超标分贝值高的一项计算应纳税额</td></tr>
<tr><td>超标 4 ～ 6 分贝</td><td>每月 700 元</td></tr>
<tr><td>超标 7 ～ 9 分贝</td><td>每月 1 400 元</td></tr>
<tr><td>超标 10 ～ 12 分贝</td><td>每月 2 800 元</td></tr>
<tr><td>超标 13 ～ 15 分贝</td><td>每月 5 600 元</td></tr>
<tr><td>超标 16 分贝以上</td><td>每月 11 200 元</td></tr>
</table>

6.2.2 环境保护税的计算

1. 计税依据

1）计税依据确定的基本方法

应税污染物的计税依据，按照下列方法确定：应税大气污染物按照污染物排放量折合的污染当量数确定；应税水污染物按照污染物排放量折合的污染当量数确定；应税固体废物按照固体废物的排放量确定；应税噪声按照超过国家规定标准的分贝数确定。

（1）应税大气污染物、水污染物按照污染物排放量折合的污染当量数确定计税依据。污染当量数以该污染物的排放量除以该污染物的污染当量值计算。计算公式为：

应税大气污染物、水污染物的污染当量数 = 该污染物的排放量 ÷ 该污染物的污染当量值

污染当量，是指根据污染物或者污染排放活动对环境的有害程度以及处理的技术经济性，衡量不同污染物对环境污染的综合性指标或者计量单位。同一介质相同污染当量的不同污染物，其污染程度基本相当。每种应税大气污染物、水污染物的具体污染当量值，依照《中华人民共和国环境保护税法》所附《应税污染物和当量值表》执行，如表 6-3 至表 6-7 所示。

表 6-3　大气污染物污染当量值

污染物	污染当量值（千克）	污染物	污染当量值（千克）
1. 二氧化碳	0.95	23. 二甲苯	0.27
2. 氮氧化物	0.95	24. 苯并（a）芘	0.000002
3. 一氧化碳	16.7	25. 甲醛	0.09
4. 氯气	0.34	26. 乙醇	0.45
5. 氯化氢	10.75	27. 丙烯醛	0.06
6. 氟化物	0.87	28. 甲醇	0.67
7. 氰化氢	0.005	29. 酚类	0.35
8. 硫酸雾	0.6	30. 沥青烟	0.19
9. 铬酸雾	0.0007	31. 苯胺类	0.21
10. 汞及其化合物	0.0001	32. 氯苯类	0.72
11. 一般性粉尘	4	33. 硝基苯	0.17
12. 石棉尘	0.53	34. 丙烯腈	0.22
13. 玻璃棉尘	2.13	35. 氯乙烯	0.55
14. 碳黑尘	0.59	36. 光气	0.04
15. 铅及其化合物	0.02	37. 硫化氢	0.29
16. 镉及其化合物	0.03	38. 氨	9.09
17. 铍及其化合物	0.004	39. 三甲胺	0.32
18. 镍及其化合物	0.13	40. 甲硫醇	0.04
19. 锡及其化合物	0.27	41. 甲硫醚	0.28
20. 烟尘	2.18	42. 二甲二硫	0.28
21. 苯	0.05	43. 苯乙烯	25
22. 甲苯	0.18	44. 二硫化碳	20

表 6-4　第一类水污染物污染当量值

污染物	污染当量值（千克）
1. 总汞	0.0005
2. 总镉	0.005
3. 总铬	0.04
4. 六价铬	0.02
5. 总砷	0.02
6. 总铅	0.025
7. 总镍	0.025
8. 苯并（a）芘	0.000003
9. 总铍	0.01
10. 总银	0.02

表 6-5　第二类水污染物污染当量值

污染物	污染当量值（千克）
11. 悬浮物（SS）	4
12. 生化需氧量（BOD5）	0.5
13. 化学需氧量（CODcr）	1
14. 总有机碳（TOC）	0.49
15. 石油类	0.1
16. 动植物油	0.16
17. 挥发酚	0.08
18. 总氰化物	0.05
19. 硫化物	0.125
20. 氨氮	0.8
21. 氟化物	0.05
22. 甲醛	0.125
23. 苯胺类	0.2
24. 硝基苯类	0.2
25. 阴离子表面活性剂（LAS）	0.2
26. 总铜	0.1
27. 总锌	0.2
28. 总锰	0.2
29. 彩色显影剂（CD-2）	0.2
30. 总磷	0.25
31. 单质磷（以 P 计）	0.05
32. 有机磷农药（以 P 计）	0.05
33. 乐果	0.05
34. 甲基对硫磷	0.05
35. 马拉硫磷	0.05
36. 对硫磷	0.05
37. 五氯酚及五氯酚钠（以五氯酚计）	0.25
38. 三氯甲烷	0.04
39. 可吸附有机卤化物（AOX）（以 CI 计）	0.25
40. 四氯化碳	0.04
41. 三氯乙烯	0.04
42. 四氯乙烯	0.04
43. 苯	0.02
44. 甲苯	0.02
45. 乙苯	0.02
46. 邻 - 二甲苯	0.02
47. 对 - 二甲苯	0.02
48. 间 - 二甲苯	0.02
49. 氯苯	0.02
污染物	污染当量值（千克）
50. 邻二氯苯	0.02
51. 对二氯苯	0.02
52. 对硝基氯苯	0.02
53.2，4- 二硝基氯苯	0.02
54. 苯酚	0.02
55. 间 - 甲酚	0.02
56.2，4- 二氯酚	0.02
57.2，4，6- 三氯酚	0.02
58. 邻苯二甲酸二丁酯	0.02
59. 邻苯二甲酸二辛酯	0.02
60. 丙烯腈	0.125
61. 总硒	0.02

表 6-6 PH 值、色度、大肠菌群数、余氯量污染当量值

污染物		污染当量值	备注
1.pH 值	（1）0 ~ 1，13 ~ 14 （2）1 ~ 2，12 ~ 13 （3）2 ~ 3，11 ~ 12 （4）3 ~ 4，10 ~ 11 （5）4 ~ 5，9 ~ 10 （6）5 ~ 6	0.06 吨污水 0.125 吨污水 0.25 吨污水 1 吨污水 5 吨污水	pH 值 5 ~ 6 值大于等于 5，小于 6；pH 值 9 ~ 10 值大于 9，小于等于 10，其余类推
2. 色度		5 吨水 * 倍	
3. 大肠菌群数（超标）		3.3 吨污水	大肠群数和余氯量只征收一项
4. 余氯量（用氧消毒的医院废水）		3.3 吨污水	

表 6-7 禽畜养殖业、小型企业和第三产业水污染污染当量值

类型		污染当量值
禽畜养殖场	1. 牛	0.1 头
	2. 猪	1 头
	3. 鸡、鸭等家禽	30 羽
4. 小型企业		1.8 吨污水
5. 饮食娱乐服务业		0.5 吨污水
6. 医院	消毒	0.14 床
		2.8 吨污水
	不消毒	0.07 床
		1.4 吨污水

注：（1）本表仅适用于计算无法进行实际监测或物料衡算的禽畜养殖业、小型企业和第三产业等小型排污者的污染当量数。

（2）仅对存栏规模大于 50 头牛，500 头猪，5 000 羽鸡、鸭等的禽畜养殖场征收。

（3）医院病床数大于 20 张的，按本表计算污染当量。

每一排放口或者没有排放口的应税大气污染物，按照污染当量数从大到小排序，对前三项污染物征收环境保护税。每一排放口的应税水污染物，按照《中华人民共和国环境保护税法》所附《应税污染物和当量值表》，区分第一类水污染物和其他类水污染物，按照污染当量数从大到小排序，对第一类水污染物按照前五项征收环境保护税，对其他类水污染物按照前三项征收环境保护税。

省、自治区、直辖市人民政府根据本地区污染物减排的特殊需要，可以增加同一排放口征收环境保护税的应税污染物项目数，报同级人大常委会决定，并报全国人大常委会和国务院备案。

纳税人存在下列情形之一的，以当期应税大气污染物、水污染物的产生量作为污染物的排放量。

①未依法安装使用污染物自动监测设备或者未将污染物自动监测设备与环境保护主管部门的监控设备联网。

②损毁或者擅自移动、改变污染物自动监测设备。

③篡改、伪造污染物监测数据。

④通过暗管、渗井、渗坑、灌注或者稀释排放以及不正常运行防治污染设施等方式违法排放应税污染物。

⑤进行虚假纳税申报。

（2）应税固体废物按照固体废物的排放量确定计税依据。

固体废物的排放量为当期应税固体废物的产生量减去当期应税固体废物的贮存量、处置量、综合利用量的余额。固体废物的贮存量、处置量，是指在符合国家和地方环境保护标准的设施、场所贮存或者处置的固体废物数量；固体废物的综合利用量，是指按照国务院发展改革委、工业和信息化主管部门关于资源综合利用要求

以及国家和地方环境保护标准进行综合利用的固体废物数量。计算公式为：

固体废物的排放量 = 当期固体废物的产生量 – 当期固体废物的综合利用量 – 当期固体废物的贮存量 – 当期固体废物的处置量

纳税人存在下列情形之一的，以当期应税固体废物的产生量作为固体废物的排放量。

①非法倾倒应税固体废物。

②进行虚假纳税申报。

（3）应税噪声按照超过国家规定标准的分贝数确定计税依据。

工业噪声按照超过国家规定标准的分贝数确定每月税额，超过国家规定标准的分贝数，是指实际产生的工业噪声与国家规定的工业噪声排放标准限值之间的差值。

2）应税大气污染物、水污染物、固体废物的排放量和噪声分贝数的确定方法

应税大气污染物、水污染物、固体废物的排放量和噪声的分贝数，按照下列方法和顺序计算。

（1）纳税人安装使用符合国家规定和监测规范的污染物自动监测设备的，按照污染物自动监测数据计算。

（2）纳税人未安装使用污染物自动监测设备的，按照监测机构出具的符合国家有关规定和监测规范的监测数据计算。

（3）因排放污染物种类多等原因不具备监测条件的，按照国务院环境保护主管部门规定的排污系数、物料衡算方法计算。

（4）不能按照上述第（1）项至第（3）项规定的方法计算的，按照省、自治区、直辖市人民政府环境保护主管部门规定的抽样测算的方法核定计算。

2. 应纳税额的计算

1）大气污染物应纳税额的计算

应税大气污染物应纳税额为污染当量数乘以具体适用税额。计算公式为：

大气污染物的应纳税额 = 污染当量数 × 适用税额

2）水污染物应纳税额的计算

应税水污染物的应纳税额为污染当量数乘以具体适用税额。

（1）适用监测数据法的水污染物应纳税额的计算。

适用监测数据法的水污染物（包括第一类水污染物和第二类水污染物）的应纳税额为污染当量数乘以具体适用税额。计算公式为：

水污染物的应纳税额 = 污染当量数 × 适用税额

（2）适用抽样测算法的水污染物应纳税额的计算。

适用抽样测算法的情形，纳税人按照《中华人民共和国环境保护税法》所附《禽畜养殖业、小型企业和第三产业水污染物污染当量值》所规定的当量值计算污染当量数。

①规模化禽畜养殖业排放的水污染物应纳税额。

禽畜养殖业的水污染物应纳税额为污染当量数乘以具体适用税额。污染当量数以禽畜养殖数量除以污染当量值计算。

②小型企业和第三产业排放的水污染物应纳税额。

小型企业和第三产业的水污染物应纳税额为污染当量数乘以具体适用税额。污染当量数以污水排放量（吨）除以污染当量值（吨）计算。计算公式为：

应纳税额 = 污水排放量（吨）÷ 污染当量值（吨）× 适用税额

（3）医院排放的水污染物应纳税额。

医院排放的水污染物应纳税额为污染当量数乘以具体适用税额。污染当量数以病床数或者污水排放量除以

相应的污染当量值计算。计算公式为：

应纳税额 = 医院床位数 ÷ 污染当量值 × 适用税额

应纳税额 = 污水排放量 ÷ 污染当量值 × 适用税额

【例 6-4】泰康医院，床位 54 张，每月按时消毒，无法计量月污水排放量，污染当量值为 0.3 床，假设当地水污染物适用税额为每污染当量 3.2 元，当月应纳环境保护税税额计算如下：

水污染物当量数 =54 ÷ 0.3=180

应纳税额 =180 × 3.2=576（元）

3）固体废物应纳税额的计算

固体废物的应纳税额为固体废物排放量乘以具体适用税额，排放量为当期应税固体废物的产生量减去当期应税固体废物的贮存量、处置量、综合利用量的余额。计算公式为：

固体废物的应纳税额 =（当期固体废物的产生量 – 当期固体废物的综合利用量 – 当期固体废物的贮存量 – 当期固体废物的处置量）× 适用税额

4）噪声应纳税额的计算

应税噪声的应纳税额为超过国家规定标准的分贝数对应的具体适用税额。

6.2.3 环境保护税的会计核算

（1）计算出环境保护税时，借记“税金及附加”，贷记“应交税费——应交环境保护税”，实际缴纳税款时，借记“应交税费——应交环境保护税”，贷记“银行存款”即：

计算应交时：

借：税金及附加

　　贷：应交税费——应交环境保护税

上交时：

借：应交税费——应交环境保护税

　　贷：银行存款

（2）环境保护税不定期计算申报的会计处理。

环境保护税按次申报缴纳时直接借记“税金及附加”，贷记“银行存款”，即：

借：税金及附加

　　贷：银行存款

6.2.4 环境保护税的税收优惠

1. 暂免征税项目

下列情形，暂予免征环境保护税。

（1）农业生产（不包括规模化养殖）排放应税污染物的。

（2）机动车、铁路机车、非道路移动机械、船舶和航空器等流动污染源排放应税污染物的。

（3）依法设立的城乡污水集中处理、生活垃圾集中处理场所排放相应应税污染物，不超过国家和地方规定的排放标准的。

（4）纳税人综合利用的固体废物，符合国家和地方环境保护标准的。

（5）国务院批准免税的其他情形。

2. 减征税额项目

（1）纳税人排放应税大气污染物或者水污染物的浓度值低于国家和地方规定的污染物排放标准 30% 的，减按 75% 征收环境保护税。

（2）纳税人排放应税大气污染物或者水污染物的浓度值低于国家和地方规定的污染物排放标准 50% 的，减按 50% 征收环境保护税。

6.2.5 环境保护税的征收管理

1. 征管方式

环境保护税采用“企业申报、税务征收、环保协同、信息共享”的征管方式。纳税人应当依法如实办理纳税申报，对申报的真实性和完整性承担责任；税务机关依照《中华人民共和国税收征收管理法》和《中华人民共和国环境保护税法》的有关规定征收管理；环境保护主管部门依照《中华人民共和国环境保护税法》和有关环境保护法律法规的规定对污染物监测管理；县级以上地方人民政府应当建立税务机关、环境保护主管部门和其他相关单位分工协作工作机制；环境保护主管部门和税务机关应当建立涉税信息共享平台和工作配合机制，定期交换有关纳税信息资料。

2. 数据传递和比对

环境保护主管部门应当将排污单位的排污许可、污染物排放数据、环境违法和受行政处罚情况等环境保护相关信息，定期交送税务机关。

税务机关应当将纳税人的纳税申报、税款入库、减免税额、欠缴税款以及风险疑点等环境保护税涉税信息，定期交送环境保护主管部门。

税务机关应当将纳税人的纳税申报数据资料与环境保护主管部门交送的相关数据资料进行比对。纳税人申报的污染物排放数据与环境保护主管部门交送的相关数据不一致的，按照环境保护主管部门交送的数据确定应税污染物的计税依据。

3. 复核

税务机关发现纳税人的纳税申报数据资料异常或者纳税人未按照规定期限办理纳税申报的，可以提请环境保护主管部门进行复核，环境保护主管部门应当自收到税务机关的数据资料之日起 15 日内向税务机关出具复核意见。税务机关应当按照环境保护主管部门复核的数据资料调整纳税人的应纳税额。

纳税人的纳税申报数据资料异常，包括但不限于下列情形。

（1）纳税人当期申报的应税污染物排放量与上一年同期相比明显偏低，且无正当理由。

（2）纳税人单位产品污染物排放量与同类型纳税人相比明显偏低，且无正当理由。

4. 纳税时间

环境保护税纳税义务发生时间为纳税人排放应税污染物的当日。环境保护税按月计算，按季申报缴纳。不能按固定期限计算缴纳的，可以按次申报缴纳。

纳税人按季申报缴纳的，应当自季度终了之日起 15 日内，向税务机关办理纳税申报并缴纳税款。纳税人按次申报缴纳的，应当自纳税义务发生之日起 15 日内，向税务机关办理纳税申报并缴纳税款。纳税人申报缴纳时，应当向税务机关报送所排放应税污染物的种类、数量，大气污染物、水污染物的浓度值，以及税务机关根据实际需要要求纳税人报送的其他纳税资料。

5. 纳税地点

纳税人应当向应税污染物排放地税务机关申报缴纳环境保护税。应税污染物排放地是指应税大气污染物、水污染物排放口所在地；应税固体废物产生地；应税噪声产生地。

纳税人跨区域排放应税污染物，税务机关对税收征收管辖有争议的，由争议各方按照有利于征收管理的原则协商解决。

纳税人从事海洋工程向中华人民共和国管辖海域排放应税大气污染物、水污染物或者固体废物，申报缴纳环境保护税的具体办法，由国务院税务主管部门会同国务院海洋主管部门确定。

项目小结

本项目主要介绍了土地增值税和环境保护税的纳税义务人、征税范围、税率、税收优惠和征收管理。通过学习，能够正确计算土地增值税和环境保护税的应纳税额，掌握土地增值税和环境保护税的核算方法。

项目 7
房产税和车船税

导语

财产税是以纳税人所有或属其支配的财产为课税对象的一类税收。它以财产为课税对象，向财产的所有者征收。其中土地、房产等不动产的位置固定，标志明显，作为课税对象具有收入上的稳定性，税收不易逃漏。

通过本项目，可以学习：

1. 房产税的计税依据与税率；
2. 房产税应纳税额的计算；
3. 车船税的计算；
4. 车船税的税收优惠。

学习目标

- 了解房产税和车船税的纳税义务人及征税范围
- 掌握房产税和车船税的计税依据与税率

应知应会

- 房产税和车船税应纳税所得额的计算
- 房产税和车船税的会计核算
- 房产税和车船税的征收管理

项目地位

征收财产税并不是对全部财产征税，它只对法律规定的某些特定财产征税，征收范围十分有限，税种比较单一，因而财产税只是一种辅助性的税种，在中国整体的税收体系中占次要地位。

项目导图

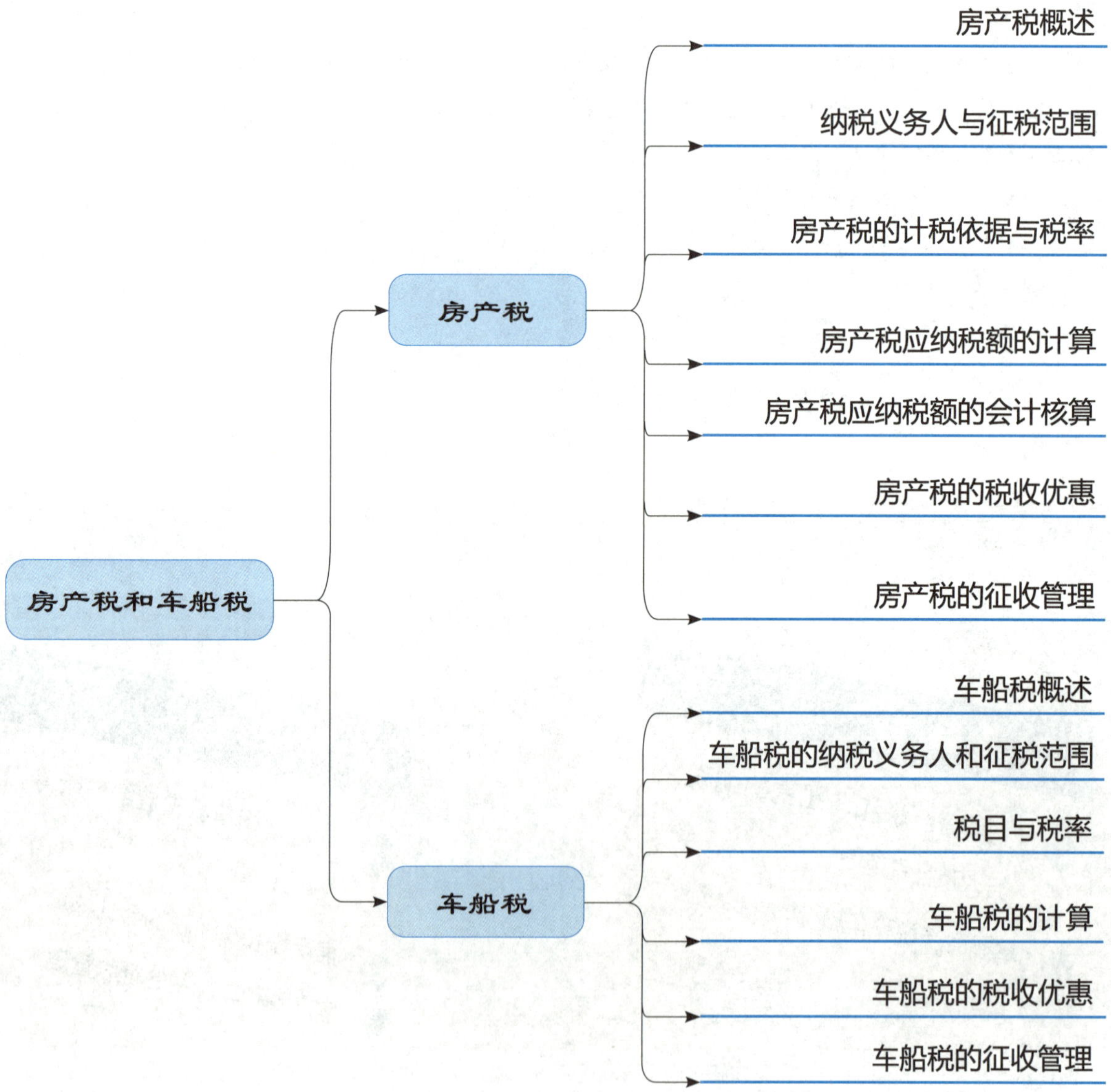

7.1 房产税

关键词

房产税法
租典纠纷
从价计征
从租计征

情景 1

房产税应纳税额的计算。

北京昌达股份有限公司的经营用房原值为 40 000 000 元，按照当地规定允许减除 30% 后按余值计税，适用税率为 1.2%。

情景 2

房产税应纳税额的会计核算。

2021 年年初北京昌达股份有限公司“固定资产”明细账资料显示房屋原始价值为 6 500 000 元。2 月公司将其中的 820 000 元房产出租给元阳公司使用，年收取租金 240 000 元。当地政府规定房产税从价计征的扣除比例为 20%，房产税按年计算、分季缴纳。

7.1.1 房产税概述

1. 房产税的概念

房产税是以房产为征税对象，按照房产的计税价值或房产租金收入，向房产所有人或经营管理人征收的一种税。

2. 房产税的特点

房产税是以房屋为征税对象，按照房屋的计税余值或租金收入，向产权所有人征收的一种财产税。房产税具有以下特点。

（1）房产税属于财产税中的个别财产税。按征收方式分类，财产税可以分为一般财产税与个别财产税。一般财产税也称综合财产税，是对纳税人拥有的财产综合课征的税收。个别财产税，也称特种财产税，是对纳税人所有的土地、房屋、资本或其他财产分别课征的税收。我国现行房产税属于个别财产税。

（2）征税范围限于城镇的经营性房屋。房产税的征税范围是城市、县城、建制镇和工矿区，不涉及农村。农村的房屋，大部分是农民居住用房，为了不增加农民负担，对农村的房屋没有纳入征税范围。另外，对某些拥有房屋但自身没有纳税能力的单位，如国家拨付行政经费、事业经费和国防经费的单位自用的房产，税法也通过免税的方式将这类房屋排除在征税范围之外。因为这些单位本身没有经营收入，若对其征税，就要相应增加财政拨款，征税也就失去意义。

（3）区别房屋的经营使用方式规定征税办法。拥有房屋的单位和个人，既可以自己使用房屋，又可以把房屋用于出租、出典。房产税根据纳税人经营形式不同，确定对房屋征税可以按房产计税余值征收，又可以按租金收入征收，使其符合纳税人的经营特点，便于平衡税收负担和征收管理。

3. 房产税的作用

（1）筹集地方财政收入。房产税属于地方税，征收房产税可以为地方财政筹集部分市政建设资金，解决地方财力不足。而且，房产税以房屋为征税对象，税源比较稳定，随着地方经济的发展，城市基础设施改善和工商各业的兴旺，房产税收将成为地方财政收入的一个主要来源。

（2）有利于加强房产管理。税收是调节生产和分配的重要经济杠杆。对房屋拥有者征收房产税，可以调节纳税人的收入水平，有利于加强对房屋的管理，提高房屋的使用效益，控制固定资产的投资规模。另一方面，房产税规定对个人拥有的非营业用房屋，不征房产税，可以鼓励个人建房、购房和改善住房条件，配合和推动城市住房制度改革。

7.1.2 纳税义务人与征税范围

1. 纳税义务人

房产税是以房屋为征税对象，按照房屋的计税余值或租金收入，向产权所有人征收的一种财产税。房产税以在征税范围内的房屋产权所有人为纳税人，其中具体情况如下。

（1）产权属国家所有的，由经营管理单位纳税；产权属集体和个人所有的，由集体单位和个人纳税。

这里所称单位，包括国有企业、集体企业、私营企业、股份制企业、外商投资企业、外国企业以及其他企事业单位、社会团体、国家机关、军队以及其他单位；所称个人，包括个体工商户及其他个人。

（2）产权出典的，由承典人纳税。所谓产权出典，是指产权所有人将房屋、生产资料等的产权，在一定期限内典当给他人使用而取得资金的一种融资业务。这种业务大多发生于出典人急需用款，但又想保留产权回赎权的情况。承典人向出典人交付一定典价后，在质典期内即获抵押物品的支配权，并可转典。产权的典价一般要低于卖价。出典人在规定期间内须归还典价的本金和利息，方可赎回出典房屋等的产权。由于在房屋出典期间，产权所有人已无权支配房屋。因此，税法规定由对房屋具有支配权的承典人为纳税人。

（3）产权所有人、承典人不在房屋所在地的，或者产权未确定及租典纠纷未解决的，由房产代管人或者使用人纳税。

所谓租典纠纷，是指产权所有人在房产出典和租赁关系上，与承典人、租赁人发生各种争议，特别是权利和义务的争议悬而未决的。此外还有一些产权归属不清的问题，都属于租典纠纷。对租典纠纷尚未解决的房产，规定由代管人或使用人为纳税人，主要目的在于加强征收管理，保证房产税及时入库。

（4）无租使用其他房产的问题。纳税单位和个人无租使用房产管理部门、免税单位及纳税单位的房产，由使用人代为缴纳房产税。

2. 征税范围

房产税以房产为征税对象。所谓房产，是指有屋面和围护结构（有墙或两边有柱），能够遮风避雨，可供人们在其中生产、学习、工作、娱乐、居住或储藏物资的场所。房地产开发企业建造的商品房，在出售前不征收房产税；但对出售前房地产开发企业已使用或出租、出借的商品房，应按规定征收房产税。

房产税的征税范围为城市、县城、建制镇和工矿区，具体规定如下。

（1）城市是指国务院批准设立的市。

（2）县城是指县人民政府所在地的地区。

（3）建制镇是指经省、自治区、直辖市人民政府批准设立的建制镇。

（4）工矿区是指工商业比较发达、人口比较集中、符合国务院规定的建制镇标准但尚未设立建制镇的大中型工矿企业所在地。开征房产税的工矿区须经省、自治区、直辖市人民政府批准。

房产税的征税范围不包括农村，主要是因为农村的房屋，除农副业生产用房外，大部分是农民居住用房。对农村房屋不纳入房产税征税范围，有利于减轻农民负担，繁荣农村经济，促进农业发展和社会稳定。

7.1.3 房产税的计税依据与税率

1. 计税依据

房产税的计税依据是房产的计税价值或房产的租金收入。按照房产计税价值征税的，称为从价计征；按照房产租金收入计征的，称为从租计征。

（1）从价计征。《中华人民共和国房产税暂行条例》（简称《房产税暂行条例》）规定，房产税依照房产原值一次减除 10%~30% 后的余值计算缴纳。各地扣除比例由当地省、自治区、直辖市人民政府确定。

房产原值是指纳税人按照会计制度规定，在账簿“固定资产”科目中记载的房屋原价。因此，凡按会计制度规定在账簿中记载有房屋原价的，应以房屋原价按规定减除一定比例后作为房产余值计征房产税；没有记载房屋原价的，按照上述原则，并参照同类房屋确定房产原值，按规定计征房产税。

值得注意的是：自 2009 年 1 月 1 日起，对依照房产原值计税的房产，不论是否记载在会计账簿固定资产科目中，均应按照房屋原价计算缴纳房产税。房屋原价应根据国家有关会计制度的规定进行核算。对纳税人未按国家会计制度规定核算并记载的，应按规定予以调整或重新评估。

房产原值应包括与房屋不可分割的各种附属设备或一般不单独计算价值的配套设施。主要有：暖气、卫生、通风、照明、煤气等设备；各种管线，如蒸汽、压缩空气、石油、给水排水等管道及电力、电信、电缆导线；电梯、升降机、过道、晒台等。属于房屋附属设备的水管、下水道、暖气管、煤气管等应从最近的探视井或三通管起，计算原值；电灯网、照明线从进线盒连接管起，计算原值。

纳税人对原有房屋进行改建、扩建的，要相应增加房屋的原值。房产余值是房产的原值减除规定比例后的剩余价值。此外，还应注意以下几点。

①对投资联营的房产，在计征房产税时应予区别对待。对于以房产投资联营，投资者参与投资利润分红，共担风险的，按房产余值作为计税依据计征房产税；对以房产投资，收取固定收入，不承担联营风险的，实际是以联营名义取得房产租金，根据《房产税暂行条例》的有关规定，由出租方按租金收入计算缴纳房产税。

②对融资租赁房屋的情况，由于租赁费包括购进房屋的价款、手续费、借款利息等，与般房屋出租的“租金”内涵不同，且租赁期满后，当承租方偿还最后一笔租赁费时，房屋产权要转移到承租方。这实际是一种变相的分期付款购买固定资产的形式，所以在计征房产税时应以房产余值计算征收。根据财税{2009}128号文件的规定，融资租赁的房产，由承租人自融资租赁合同约定开始日的次月起依照房产余值缴纳房产税。合同未约定开始日的，由承租人自合同签订的次月起依照房产余值缴纳房产税。

居民住宅区内业主共有的经营性房产缴纳房产税。从2007年1月1日起，对居民住宅区内业主共有的经营性房产，由实际经营（包括自营和出租）的代管人或使用人缴纳房产税。其中自营的，依照房产原值减除10%～30%后的余值计征，没有房产原值或不能将业主共有房产与其他房产的原值准确区分的，由房产所在地地方税务机关参照同类房产核定房产原值；出租的，依照租金收入计征。

凡在房产税征收范围内的具备房屋功能的地下建筑，包括与地上房屋相连的地下建筑以及完全建在地面以下的建筑、地下人防设施等，均应依照有关规定计征房产税。上述具备房屋功能的地下建筑是指有屋面和维护结构，能够遮风避雨，可供人们在其中生产、经营、工作、学习、娱乐、居住或储藏物资的场所。自用的地下建筑，按以下方式计税：

①工业用途房产，以房屋原价的50%~60%作为应税房产原值。

$$应纳房产税的税额=应税房产原值\times[1-(10\%\sim30\%)]\times1.2\%$$

②商业和其他用途房产，以房屋原价的70%～80%作为应税房产原值。

$$应纳房产税的税额=应税房产原值\times[1-(10\%\sim30\%)]\times1.2\%$$

（2）从租计征。《房产税暂行条例》规定，房产出租的，以房产租金收入为房产税的计税依据。

所谓房产的租金收入，是房屋产权所有人出租房产使用权所得的报酬，包括货币收入和实物收入。

如果是以劳务或者其他形式为报酬抵付房租收入的，应根据当地同类房产的租金水平，确定一个标准租金额从租计征。

纳税人对个人出租房屋的租金收入申报不实或申报数与同一地段同类房屋的租金收入相比明显不合理的，税务部门可以按照《中华人民共和国税收征收管理法》的有关规定，采取科学合理的方法核定应纳税款。具体办法由各省、自治区、直辖市地方税务机关结合当地实际情况制定。

2. 税率

我国现行房产税采用的是比例税率。由于房产税的计税依据分为从价计征和从租计征两种形式，所以房产税的税率也有两种：一种是按房产原值一次减除10%~30%后的余值计征，税率为1.2%；另一种是按房产出租的租金收入计征，税率为12%。自2001年1月1日起，对个人按市场价格出租的居民住房，用于居住的，可暂减按4%的税率征收房产税。

7.1.4 房产税应纳税额的计算

房产税的计税依据是房产的计税价值或房产的租金收入。

1. 从价计征

从价计征是指以房产的原值减除一定比例后的余值为计税依据。计算公式为：

$$（年）应纳税额=应税房产原值\times(1-扣除比例)\times1.2\%$$

上述房产原值，是指纳税人按国家统一的会计制度规定，在“固定资产”科目中记载的房屋的原值，包括与房屋不可分割的各种附属设备或一般不单独计算价值的配套设施。凡以房屋为载体，不可随意移动的附属设备和配套设施，无论在会计核算中是否单独记账与核算，都应计入房产原值。

【例 7-1】北京昌达股份有限公司的经营用房原值为 40 000 000 元，按照当地规定允许减除 30% 后按余值计税，适用税率为 1.2%。请计算其应纳房产税税额。

应纳税额 =40 000 000 ×（1 — 30%）×1.2%=336 000（元）

2. 从租计征

房产税从租计征是指以房产的租金收入为计税依据。计算公式为：

应纳税额 = 租金收入 ×12%（或 4%）

房产的租金收入是房屋产权所有人出租房产使用权所得的报酬，包括货币收入和实物收入。如果以劳务或其他形式为报酬抵付房租收入的，应根据当地同类房产的租金水平，确定一个标准租金从租计征。

【例 7-2】北京昌达股份有限公司出租房屋 10 间，年租金收入为 550 000 元，适用税率为 12%。请计算其应纳房产税税额。

应纳税额 =550 000 × 12%=66 000（元）

7.1.5 房产税应纳税额的会计核算

企业核算房产税应设置“应交税费 —— 应交房产税”科目。企业按规定计提应纳房产税时，借记“管理费用”科目，贷记“应交税费 —— 应交房产税”科目；缴纳房产税时，借记“应交税费 —— 应交房产税”科目，贷记“银行存款”科目。

【例 7-3】北京昌达股份有限公司职员孙佳宁自有一幢楼房共 18 间，其中 3 间（房屋原值为 60 000 元）用于个人生活居住，4 间（房屋原值 120 000 元）用于个人开餐馆。2021 年 1 月 1 日，孙某将剩余的 11 间房屋中的 4 间出典给夏某，取得出典价款收入 120 000 元；将其余的 7 间出租给大阳公司，每月收取租金 5 000 元，期限均为 1 年。该地区规定房产税从价计征的扣除比例为 20%。计算孙某 2021 年应缴纳的房产税税额。

根据税法规定，个人所有的非营业用房免征房产税。房屋出典的，承典人为房产税纳税人。因此，孙某应就其个人营业用房和出租用房缴纳房产税。

应纳税额 =120 000 ×（1 — 20%）×1.2%+5 000 × 12 × 12%=8 352（元）

【例 7-4】2021 年初北京昌达股份有限公司“固定资产”明细账资料显示房屋原始价值为 6 500 000 元。2 月公司将其中的 820 000 元房产出租给元阳公司使用，年收取租金 240 000 元。当地政府规定房产税从价计征的扣除比例为 20%，房产税按年计算、分季缴纳。计算北京昌达股份有限公司第一季度各月应缴纳的房产税税额，并作会计处理。

该公司 2021 年第一季度各月应缴纳的房产税税额

（1）1 月份该公司的房产全部自用，房产税应从价计征。

年应纳税额 =6 500 000 ×（1 — 20%）×1.2%=62 400（元）

1 月份应纳税额 =62 400 ÷ 12=5 200（元）

借：管理费用 —— 房产税　　5 200

　　贷：应交税费 —— 应交房产税　　5 200

（2）2 月份该公司的房产既有自用又有出租，其房产税应分别从价计征和从租计征分别处理自用房产，从价计征：

年应纳税额 =（6 500 000 — 820 000）×（1 — 20%）×1.2%=54 528（元）

月应纳税额 =54 528 ÷ 12=4 544（元）

出租房产，从租计征：

年应纳税额 =240 000 × 12%=28 800（元）

月应纳税额 =28 800 ÷ 12=2 400（元）

2 月份应纳税额 =4 544+2 400=6 944（元）

借：管理费用——房产税　　6 944

　贷：应交税费——应交房产税　　6 944

（3）3 月份的会计处理与 2 月份相同。

（4）4 月初缴纳第一季度房产税时，编制会计分录：

借：应交税费——应交房产税　　19 088

　贷：银行存款　　19 088

7.1.6 房产税的税收优惠

房产税的税收优惠是根据国家政策需要和纳税人的负担能力制定的。由于房产税属地方税，因此给予地方一定的减免权限，有利于地方因地制宜处理问题。

目前，房产税的税收优惠政策主要有以下几种。

1. 国家机关、人民团体、军队自用的房产免征房产税

但上述免税单位的出租房产以及非自身业务使用的生产、营业用房，不属于免税范围。这里的“人民团体”，是指经国务院授权的政府部门批准设立或登记备案并由国家拨付行政事业费的各种社会团体。这里的“自用的房地产”，是指这些单位本身的办公用房和公务用房。

2. 由国家财政部门拨付事业经费的单位，在本身业务范围内使用的房产免征房产税

学校、医疗卫生单位、托儿所、幼儿园、敬老院、文化、体育、艺术这些实行全额或差额预算管理的事业单位所有的、在本身业务范围内使用的房产税免征房产税。为了鼓励事业单位经济自立，由国家财政部门拨付事业经费的单位，经费来源实行自收自支的，从事业单位实行自收自支的年度起，免征房产税 3 年。事业单位自用的房产，是指这些单位的自身业务用房。上述单位的附属工厂、商店、招待所不属于单位公务、业务用房，应照章纳税。

3. 宗教寺庙、公园、名胜古迹自用的房产免征房产税

宗教寺庙自用的房产，是指举行宗教仪式等的房屋和宗教人员使用的生活用房屋。公园、名胜古迹自用的房产，是指供公共参观游览的房屋及其管理单位的办公用房屋。宗教寺庙、公园、名胜古迹中附设的营业单位，如影剧院、饮食部、茶社、照相馆等所使用的房产及出租的房产不属于免税范围，应照章纳税。

4. 个人所有非营业用的房产免征房产税

个人所有的非营业用房，主要是指居民住房，不分面积多少，一律免征房产税。对个人拥有的营业用房或者出租的房产，不属于免税房产，应照章纳税。

5. 经国务院、财政部批准免税的其他房产

7.1.7 房产税的征收管理

1. 纳税义务发生时间

（1）纳税人将原有房产用于生产经营，从生产经营的当月起缴纳房产税。

（2）纳税人自行新建房屋用于生产经营，从建成的次月起缴纳房产税。

（3）纳税人委托施工企业建设的房屋，从办理验收手续的次月起缴纳房产税。

（4）纳税人购置新建商品房，自房屋交付使用的次月起缴纳房产税。

（5）纳税人购置存量房，自办理房屋权属转移、变更登记手续，房地产权属登记机关签发房屋权属证书的次月起，缴纳房产税。

（6）纳税人出租、出借房产，自交付出租、出借房产的次月起，缴纳房产税。

（7）房地产开发企业自用、出租、出借本企业建造的商品房，自房屋使用或交付的次月起，缴纳房产税。

（8）自 2009 年 1 月 1 日起，纳税人因房产的实物或权利状态发生变化而依法终止房产税纳税义务的，其应纳税款的计算应截止到房产的实物或权利状态发生变化的当月末。

2. 纳税期限

房产税实行按年计算、分期缴纳的征收方法，具体纳税期限由省、自治区、直辖市人民政府确定。

3. 纳税地点

房产税在房产所在地缴纳。房产不在同一地方的纳税人，应按房产的坐落地点分别向房产所在地的税务机关纳税。

7.2 车船税

关键词

税法
车船税
定额税率
固定税额

情景

自缴税额的计算。

嘉恒航运公司拥有载货汽车 50 辆（货车整备质量全部为 10 吨）；乘人大客车 30 辆；小客车 20 辆。

7.2.1 车船税概述

1. 车船税的概念

车船税是以车船为征税对象，向拥有车船的单位和个人征收的一种税。我国对车船课税历史悠久。早在公元前 129 年（汉武帝元光六年），我国就开征了算商车。1945 年 6 月，国民党政府公布了《使用牌照税法》，在全国统一开征车船使用牌照税。新中国成立后，中央人民政府政务院于 1951 年 9 月颁布了《车船使用牌照税暂行条例》，在全国部分地区开征。1973 年简化税制、合并税种时，把对国营企业和集体企业征收的车船使用牌照税并入工商税。从那时起，车船使用牌照税只对不缴纳工商税的单位、个人及外侨征收，征税范围大大缩小。1984 年 10 月国务院决定恢复对车船征税，因原税名“车船使用牌照税”不太确定，实际工作中往往误认为是对牌照征税，因此，改名为车船使用税。1986 年 9 月 15 日，国务院发布了《中华人民共和国车船使用税暂行条例》，决定从 1986 年 10 月 1 日起在全国施行。各省、自治区、直辖市人民政府根据《中华人民共和国车船使用税暂行条例》规定，先后制订了施行细则。2006 年 12 月 29 日国务院颁布了《中华人民共和国车船税暂行条例》（以下简称《车船税暂行条例》），并于 2007 年 1 月 1 日实施。《中华人民共和国车船税法实施条例》于 2011 年 11 月 23 日经国务院常务会议审议通过，自 2012 年 1 月 1 日起施行。

2. 车船税的作用

（1）为地方政府筹集财政资金。开征车船税能够将分散在车船人手中的部分资金集中起来，增加地方财源，增加地方财政政府的财政收入。

（2）有利于车船的管理与合理配置。随着经济发展，社会拥有车船的数量急剧增加，开征车船税后，购置、使用车船越多，应缴纳的车船税越多，促使纳税人加强对自己拥有的车船管理和核算，改善资源配置，合理使用车船。

（3）有利于调节财富差异。在国外，车船税属于对不动产的征税范围，这类税收除了筹集地方财政收入外，另一重要功能是对个人拥有的财产或财富（如轿车、游艇等）进行调节，缓解财富分配不公。随着我国经济增长，部分先富起来的个人拥有私人轿车、游艇及其他车船的情况将会日益增加，我国征收车船税的财富再分配作用也会更加重要。

7.2.2 车船税的纳税义务人和征税范围

1. 纳税义务人

所谓车船税，是指在中华人民共和国境内的车辆、船舶的所有人或者管理人按照中华人民共和国车船税暂行条例应缴纳的一种税。车船税的纳税义务人，是指在中华人民共和国境内，车辆、船舶（以下简称车船）的所有人或者管理人。

2. 征税范围

车船税的征税范围是指在中华人民共和国境内属于《中华人民共和国车船税法》所附《车船税税目税额表》规定的车辆、船舶。车辆、船舶是指：

（1）依法应当在车船管理部门登记的机动车辆和船舶；

（2）依法不需要在车船管理部门登记、在单位内部场所行驶或者作业的机动车辆和船舶。

车船管理部门是指公安、交通运输、农业、渔业、军队、武装警察部队等依法具有车船登记管理职能的部门；单位是指依照中国法律、行政法规规定，在中国境内成立的行政机关、企事业单位、社会团体以及其他组织。

（3）境内单位和个人租入外国籍船舶的，不征收车船税。境内单位和个人将船舶出租到境外的，依法计征车船税。

7.2.3 税目与税率

车船税实行定额税率。定额税率，也称固定税额，是税率的一种特殊形式。定额税率计算简便，适宜从量计征的税种。车船税的适用税额，依照《车船税暂行条例》所附的《车船税税目税额表》执行。

国务院财政部门、税务主管部门可以根据实际情况，在《车船税税目税额表》规定的税目范围和税额幅度内划分子税目，并明确车辆的子税目税额幅度和船舶的具体适用税额。车辆的具体适用税额由省、自治区、直辖市人民政府在规定的子税目税额幅度内确定。

车船税采用定额税率，即对征税的车船规定单位固定税额。车船税确定税额总的原则是：非机动车船的税负轻于机动车船；人力车的税负轻于畜力车；小吨位船舶的税负轻于大吨位船舶。由于车辆与船舶的行使情况不同，车船税的税额也有所不同。如表 7-1 所示。

表 7-1　车船税税目税额表

单位：元

税　目		计税单位	年基准税额	备　注
一、乘用车（按发动机气缸容量分档）	1.0 升（含）以下的	每辆	60~360 元	核定载客人数 9 人（含）以下
	1.0 升以上至 1.6 升（含）的	每辆	300~540 元	
	1.6 升以上至 2.0 升（含）的	每辆	360~660 元	
	2.0 升以上至 2.5 升（含）的	每辆	660~1 200 元	
	2.5 升以上至 3.0 升（含）的	每辆	1 200~2 400 元	
	3.0 升以上至 4.0 升（含）的	每辆	2 400~3 600 元	
	4.0 升以上的	每辆	3 600~5 400 元	
二、商用车	客车	每辆	480~1 440 元	核定载客人数 9 人以上，包括电车
	货车	整备质量每吨	16~120 元	包括半挂牵引车、三轮汽车和低速载货汽车等
三、挂车		整备质量每吨	按照货车税额的 50% 计算	
四、其他车辆	专用作业车	整备质量每吨	16~120 元	不包括拖拉机
	轮式专用机械车	整备质量每吨	16~120 元	不包括拖拉机
五、摩托车		每辆	36~180 元	

注：车辆的具体适用税额，由省、自治区、直辖市人民政府依照本法所附《车船税税目税额表》规定的税额幅度和国务院的规定确定。

（1）拖船按照发动机功率每 1 千瓦折合净吨位 0.67 吨计算征收车船税。

（2）游艇具体适用税额为：

①艇身长度不超过 10 米的游艇，每米 600 元；

②艇身长度超过 10 米但不超过 18 米的游艇，每米 900 元；

③艇身长度超过 18 米但不超过 30 米的游艇，每米 1 300 元；

④艇身长度超过 30 米的游艇，每米 1 800 元；

⑤辅助动力帆艇，每米 600 元。

游艇艇身长度是指游艇的总长。

（3）车船税法及其实施条例涉及的整备质量、净吨位、艇身长度等计税单位，有尾数的一律按照含尾数的计税单位据实计算车船税应纳税额。计算得出的应纳税额小数点后超过两位的可四舍五入保留两位小数。

（4）乘用车以车辆登记管理部门核发的机动车登记证书或者行驶证书所载的排气量毫升数确定税额区间。

（5）车船税法和实施条例所涉及的排气量、整备质量、核定载客人数、净吨位、马力、艇身长度，以车船管理部门核发的车船登记证书或者行驶证相应项目所载数据为准。

依法不需要办理登记、依法应当登记而未办理登记或者不能提供车船登记证书、行驶证的，以车船出厂合格证明或者进口凭证相应项目标注的技术参数、所载数据为准；不能提供车船出厂合格证明或者进口凭证的，由主管税务机关参照国家相关标准核定，没有国家相关标准的参照同类车船核定。

7.2.4 车船税的计算

1. 自缴税额的计算

纳税人按照纳税地点所在的省、自治区、直辖市人民政府确定的具体适用税额缴纳车船税。车船税由地方税务机关负责征收。

（1）购置的新车船，购置当年的应纳税额自纳税义务发生的当月起按月计算。计算公式为：

应纳税额 =（年应纳税额 ÷12）× 应纳税月份数

应纳税月份数 =12 —纳税义务发生时间（取月份）+1

（2）在一个纳税年度内，已完税的车船被盗抢、报废、灭失的，纳税人可以凭有关管理机关出具的证明和完税证明，向纳税所在地的主管税务机关申请退还自被盗抢、报废、灭失月份起至该纳税年度终了期间的税款。

（3）已办理退税的被盗抢车船，失而复得的，纳税人应当从公安机关出具相关证明的当月起计算缴纳车船税。

（4）在一个纳税年度内，纳税人在非车辆登记地由保险机构代收代缴机动车车船税，且能够提供合法有效完税证明的，纳税人不再向车辆登记地的地方税务机关缴纳车辆车船税。

（5）已缴纳车船税的车船在同一纳税年度内办理转让过户的，不另纳税，也不退税。

【例 7-5】北京昌达股份有限公司拥有载货汽车 50 辆（货车整备质量全部为 10 吨）；乘人大客车 30 辆；小客车 20 辆。计算该公司应纳车船税。

（注：载货汽车每吨年税额 80 元，乘人大客车每辆年税额 800 元，小客车每辆年税额 700 元）

载货汽车应纳税额 =50×10×80=40 000（元）

乘人汽车应纳税额 =30×800+20×700=38 000（元）

全年应纳车船税额 =40 000+38 000=78 000（元）

2. 保险机构代收代缴车船税和滞纳金的计算

为了做好机动车车船税代收代缴工作，中国保险监督管理委员会下发了《关于修改机动车交通事故责任强制保险保单的通知》（保监产险 {2007}501 号），在机动车交通事故责任强制保险（以下简称“交强险”）保单中增加了与车船税有关的数据项目。为了便于保险机构根据新修改的“交强险”保单，完善“交强险”业务及财务系统，现就有关涉税问题进一步明确如下。

1）特殊情况下车船税应纳税款的计算

（1）购买短期“交强险”的车辆。

对于境外机动车临时入境、机动车临时上道路行驶、机动车距规定的报废期限不足一年而购买短期“交强险”的车辆，保单中“当年应缴”项目的计算公式为：

当年应缴 = 计税单位 × 年单位税额 × 应纳税月份数 ÷12

其中，应纳税月份数为“交强险”有效期起始日期的当月至截止日期当月的月份数。

②已向税务机关缴税的车辆或税务机关已批准减免税的车辆。

对于已向税务机关缴税或税务机关已经批准免税的车辆，保单中“当年应缴”项目应为0；对于税务机关已批准减税的机动车，保单中“当年应缴”项目应根据减税前的应纳税额扣除依据减税证明中注明的减税幅度计算的减税额确定。计算公式为：

减税车辆应纳税额＝减税前应纳税额 ×（1－减税幅度）

2）欠缴车船税的车辆补缴税款的计算

自2008年7月1日起，保险机构在代收代缴车船税时，应根据纳税人提供的前次保险单，查验纳税人以前年度的完税情况。对于以前年度有欠缴车船税的，保险机构应代收代缴以前年度应纳税款。

（1）对于2007年1月1日前购置的车辆或者曾经缴纳过车船税的车辆，保单中“往年补缴”项目的计算公式为：

往年补缴＝计税单位 × 年单位税额 ×（本次缴税年度－前次缴税年度－1）

其中，对于2007年1月1日前购置的车辆，纳税人从未缴纳车船税的，前次缴税年度设定为2006年。

（2）对于2007年1月1日以后购置的车辆，纳税人从购置时起一直未缴纳车船税的，保单中“往年补缴”项目的计算公式为：

往年补缴＝购置当年欠缴的税款＋购置年度以后欠缴税款

其中，购置当年欠缴的税款＝计税单位 × 年单位税额 × 应纳税月份数 ÷12。应纳税月份数为车辆登记日期的当月起至该年度终了的月份数。若车辆尚未到车船管理部门登记，则应纳税月份数为购置日期的当月起至该年度终了的月份数。

购置年度以后欠缴税款＝计税单位 × 年单位税额 ×（本次缴税年度－车辆登记年度－1）

3）滞纳金计算

对于纳税人在应购买“交强险”截止日期以后购买“交强险”的，或以前年度没有缴纳车船税的，保险机构在代收代缴税款的同时，还应代收代缴欠缴税款的滞纳金。保单中“滞纳金”项目为各年度欠税与应加收滞纳金之和。

每一年度欠税应加收的滞纳金＝欠税金额 × 滞纳天数 ×0.5‰

滞纳天数的计算自应购买“交强险”截止日期的次日起到纳税人购买“交强险”当日止。纳税人在连续两年以上欠缴车船税的，应分别计算每一年度欠税应加收的滞纳金。

7.2.5 车船税的税收优惠

1. 法定减免

（1）捕捞、养殖渔船免征车船税。捕捞、养殖渔船是指在渔业船舶登记管理部门登记为捕捞船或者养殖船的船舶。

（2）军队、武装警察部队专用的车船免征车船税。军队、武装警察部队专用的车船是指按照规定在军队、武装警察部队车船登记管理部门登记，并领取军队、武警牌照的车船。

（3）警用车船免征车船税。警用车船是指公安机关、国家安全机关、监狱、劳动教养管理机关和人民法院、人民检察院领取警用牌照的车辆和执行警务的专用船舶。

（4）依照法律规定应当予以免税的外国驻华使领馆、国际组织驻华代表机构及其有关人员的车船，免征车船税。

（5）对节能汽车，减半征收车船税。

减半征收车船税的节能乘用车应同时符合以下标准：①获得许可在中国境内销售的排量为1.6升以下（含1.6升）的燃用汽油、柴油的乘用车（含非插电式混合动力、双燃料和两用燃料乘用车）；②综合工况燃料消耗量应符合相关标准。

减半征收车船税的节能商用车应同时符合以下标准：①获得许可在中国境内销售的燃用天然气、汽油、柴油的轻型和重型商用车（含非插电式混合动力、双燃料和两用燃料轻型和重型商用车）；②燃用汽油、柴油的轻型和重型商用车综合工况燃料消耗量应符合相关标准。

（6）对新能源车船，免征车船税。

免征车船税的新能源汽车是指纯电动商用车、插电式（含增程式）混合动力汽车、燃料电池商用车。纯电动乘用车和燃料电池乘用车不属于车船税征税范围，不征车船税。

免征车船税的新能源汽车应同时符合以下标准：①获得许可在中国境内销售的纯电动商用车、插电式（含增程式）混合动力汽车、燃料电池商用车；②符合新能源汽车产品相关技术标准；③通过新能源汽车专项检测，符合新能源汽车相关标准；④新能源汽车生产企业或进口新能源汽车经销商在产品质量保证、产品一致性、售后服务、安全监测、动力电池回收利用等方面符合相关要求。

免征车船税的新能源船舶应符合以下标准：船舶的主推进动力装置为纯天然气发动机。发动机采用微量柴油引燃方式且引燃油热值占全部燃料总热值的比例不超过 5% 的，视同纯天然气发动机。

（7）省、自治区、直辖市人民政府根据当地实际情况，可以对公共交通车船、农村居民拥有并主要在农村地区使用的摩托车、三轮汽车和低速载货汽车定期减征或者免征车船税。

（8）国家综合性消防救援车辆由部队号牌改挂应急救援专用号牌的，一次性免征改挂当年车船税。

2. 特定减免

（1）经批准临时入境的外国车船和香港特别行政区、澳门特别行政区、台湾地区的车船，不征车船税。

（2）按照规定缴纳船舶吨税的机动船舶，自《中华人民共和国车船税法》实施之日起 5 年内免征车船税。

（3）依法不需要在车船登记管理部门登记的机场、港口、铁路站场内部行驶或作业的车船，自《中华人民共和国车船税法》实施之日起 5 年内免征车船税。

7.2.6 车船税的征收管理

1. 纳税申报

车船税纳税义务发生时间，为取得车船所有权或者管理权的当月，应当以购买车船的发票或者其他证明文件所载日期的当月为准。车船税按年申报，分月计算，一次性缴纳。具体申报纳税期限由省、自治区、直辖市人民政府规定。

2. 纳税地点

车船使用税由纳税人所在地税务机关负责征收。车船税的纳税地点为车船的登记地或者车船税扣缴义务人所在地。依法不需要办理登记的车船，车船税的纳税地点为车船的所有人或者管理人所在地。车船税的纳税人按照纳税地点所在的省、自治区、直辖市人民政府确定的具体适用税额缴纳车船税。

3. 纳税申报

车船税按年申报，分月计算，一次性缴纳。纳税年度为公历 1 月 1 日至 12 月 31 日。具体申报纳税期限由省、自治区、直辖市人民政府规定。

（1）从事机动车第三者责任强制保险业务的保险机构为机动车车船税的扣缴义务人，应当在收取保险费时依法代收车船税，并出具代收税款凭证。

机动车车船税扣缴义务人在代收车船税时，应当在机动车交通事故责任强制保险的保险单以及保费发票上注明已收税款的信息，作为代收税款凭证。

（2）已完税或者依法减免税的车辆，纳税人应当向扣缴义务人提供登记地的主管税务机关出具的完税凭证或者减免税证明。

（3）纳税人没有按照规定期限缴纳车船税的，扣缴义务人在代收代缴税款时，可以一并代收代缴欠缴税款的滞纳金。

（4）扣缴义务人已代收代缴车船税的，纳税人不再向车辆登记地的主管税务机关申报缴纳车船税。

没有扣缴义务人的，纳税人应当向主管税务机关自行申报缴纳车船税。

（5）纳税人缴纳车船税时，应当提供反映排气量、整备质量、核定载客人数、净吨位、千瓦、艇身长度等与纳税相关信息的相应凭证以及税务机关根据实际需要要求提供的其他资料。纳税人以前年度已经提供前款所列资料信息的，可以不再提供。

（6）已缴纳车船税的车船在同一纳税年度内办理转让过户的，不另纳税，也不退税。

项目小结

本项目主要介绍了房产税和车船税的纳税义务人、征税范围、税率、税收优惠和征收管理。通过学习，能够正确计算房产税和车船税的应纳税额，掌握房产税和车船税的核算方法。

项目 8
印花税和契税

导语

契税和印花税是两个税种。对比而言，印花税是签各种合同文书还有领证书设账簿基本上都要交的，征税范围广，而且签合同的双方都要交；契税是签买卖不动产合同（即地契、房契）时只有买方交的一种税。

通过本项目，可以学习：

1. 印花税的税率；
2. 印花税的计算；
3. 契税的计算；
4. 契税的税收优惠。

学习目标

- 了解印花税和契税的概述、纳税义务人及征税对象
- 掌握印花税和契税的税率
- 掌握印花税和契税的税收优惠

应知应会

- 印花税和契税应纳税所得额的计算
- 印花税和契税的征收管理

项目地位

作为纳税义务人，都应按时缴纳税费，在我国，税费的种类很多，其中常见的有印花税和契税等。开征印花税利于培养公民的纳税意识和维护国家经济权益；开征契税将增强财产税的再分配和调节功能，其对整个社会的和谐和长期可持续发展的积极意义也是值得期待和肯定的。

项目导图

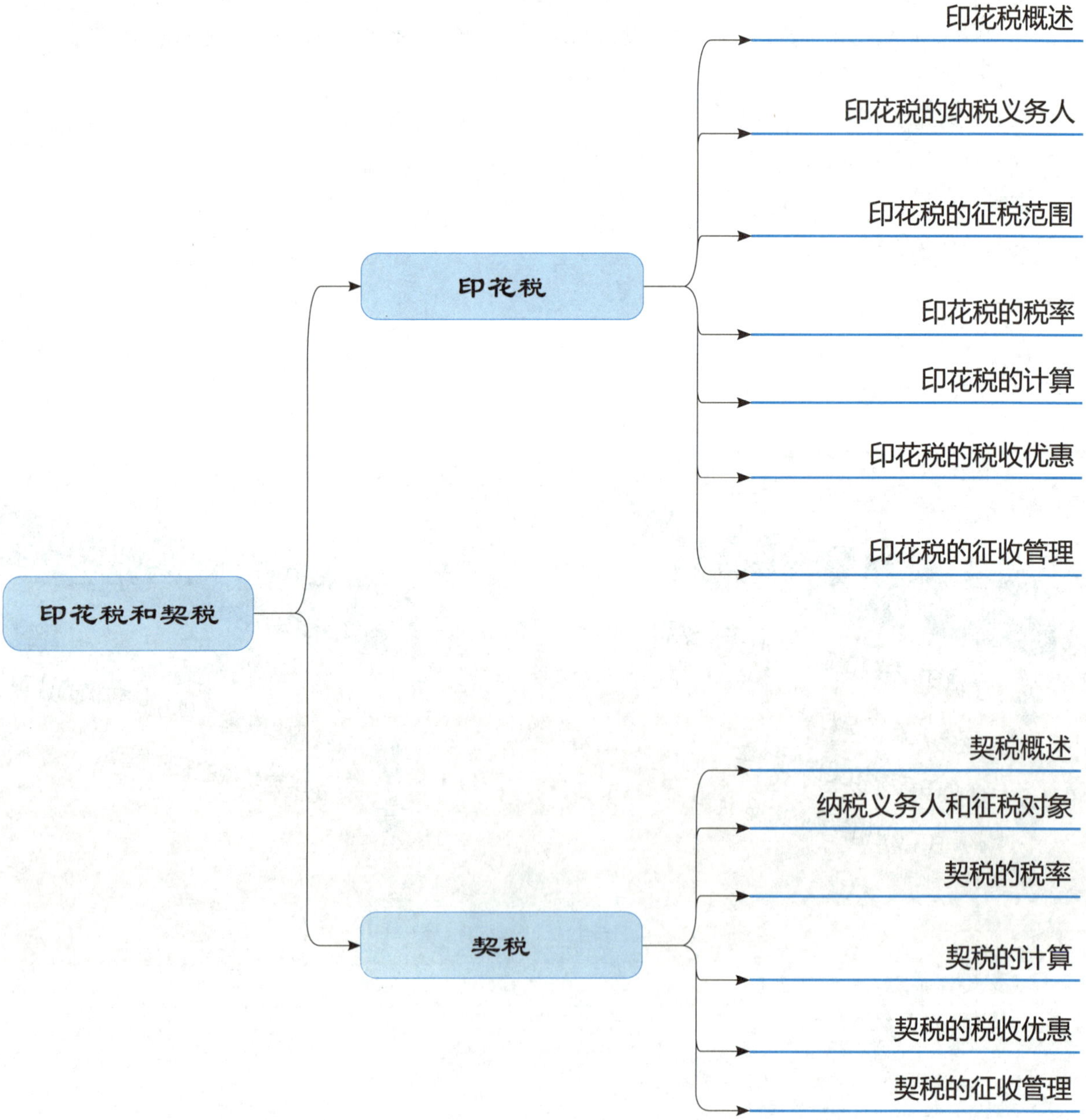

8.1 印花税

关键词

印花税
营业账簿
资金账簿
融资合同

情景

应纳税额的计算方法。

北京昌达股份有限公司 2021 年 5 月份承包建筑工程一项，承包金额 1 600 000 元，按合同法订立建筑承包工程合同。

8.1.1 印花税概述

1. 印花税的概念

印花税是对经济活动和经济交往中书立、使用、领受应税凭证的单位和个人征收的一种税。由于该税的纳税人是通过在应税凭证上粘贴“印花税票”来完成纳税义务的，故名印花税。

印花税由纳税人按规定应税的比例和定额自行购买并粘贴印花税票，即完成纳税义务。证券交易印花税，是印花税的一部分，根据书立证券交易合同的金额对卖方计征，税率为1‰。经国务院批准，财政部决定自2008年9月19日起，对证券交易印花税政策进行调整，由现行双边征收改为单边征收，即只对卖出方（或继承、赠与A股、B股股权的出让方）征收证券（股票）交易印花税，对买入方（受让方）不再征税。税率仍保持1‰。根据印花税暂行条例规定，个人买卖房地产按交易合同记载金额的万分之零点五的税率对买卖双方征收印花税。

2. 印花税的特点

（1）征税范围广。印花税的征税对象是经济活动和经济交往中书立、领受应税凭证的行为，征税范围十分广泛。具体表现在两个方面：一是涉及的应税行为广泛，包括书立和领受应税凭证的行为，这些行为在经济生活中是经常发生的；二是涉及的应税凭证范围广泛，包括各类经济合同、营业账簿、权利许可证照等，这些凭证在经济生活中被广泛使用。随着社会主义市场经济的发展和经济法制的日益完善，印花税的应税行为和应税凭证将会越来越普遍，征税范围也会更加广阔。

（2）税负从轻。印花税税负较轻，主要表现在其税率或税额明显低于其他税种，最低比例税率为应税凭证所载金额的0.05‰，一般都为万分之几或千分之几；定额税率是每件应税凭证5元。

（3）自行贴花纳税。印花税的纳税方法完全不同于其他税种，它采取纳税人自行计算应纳税额、自行购买印花税票、自行贴花、自行在每枚税票的骑缝处盖戳注销或划销的纳税方法。

（4）多缴不退不抵。印花税条例规定，凡多贴印花税票者，不得申请退税或者抵用。这与其他税种多缴税款可以申请退税或抵缴的规定也不相同。

8.1.2 印花税的纳税义务人

印花税的纳税人，是在我国境内书立、使用、领受属于征税范围内所列凭证的单位和个人，包括各类企业、事业、机关、团体、部队，以及中外合资经营企业、合作经营企业、外资企业、外国公司企业和其他经济组织及其在华机构等单位和个人。

根据书立、使用、领受凭证的不同，印花税的纳税人分别称为立合同人、立据人、立账簿人、领受人和使用人五种。

1. 立合同人

立合同人指合同的当事人。所谓当事人，是指对凭证有直接权利义务关系的单位和个人，但不包括合同的担保人、证人、鉴定人。各类合同的纳税人是立合同人。各类合同，包括购销、加工承揽、建设工程承包、财产租赁、货物运输、仓储保管、借款、财产保险、技术合同或者具有合同性质的凭证。

《中华人民共和国民法典》第四百六十四条规定：合同是民事主体之间设立、变更、终止民事法律关系的协议。

当事人的代理人有代理纳税的义务，他与纳税人负有同等的税收法律义务和责任。

2. 立据人

产权转移书据的纳税人是立据人。是指土地、房屋权属转移过程中买卖双方的当事人。

3. 立账簿人

营业账簿的纳税人是立账簿人。所谓立账簿人，指设立并使用营业账簿的单位和个人。例如，企业单位因生产、经营需要设立了营业账簿，该企业即为纳税人。

4. 领受人

权利、许可证照的纳税人是领受人。领受人，是指领取或接受并持有该项凭证的单位和个人。例如，某人因其发明创造，经申请依法取得国家专利机关颁发的专利证书，该人即为纳税人。

5. 使用人

在国外书立、领受，但在国内使用的应税凭证，其纳税人是使用人。

需要注意的是，对于同一凭证，凡是由两方或者两方以上当事人共同书立的，各方均为印花税的纳税人，应当由各方就所持凭证的计税金额履行纳税义务。

8.1.3 印花税的征税范围

我国经济活动中发生的经济凭证种类繁多、数量巨大，现行印花税采取正列举形式，只对法律规定中列举的凭证征收，没有列举的凭证不征税。列举的凭证主要分为四类，即合同类，产权转移书据类，营业账簿类和证券交易类。

1. 合同

合同是指平等主体的自然人、法人、其他组织之间设立、变更、终止民事权利义务关系的协议。印花税税目中的合同按照分类，在税目税率表中列举了如下 11 大类合同。

（1）买卖合同，包括供应、预购、采购、购销结合及协作、调剂、补偿、易货等合同；还包括各出版单位与发行单位（不包括订阅单位和个人）之间订立的图书、报刊、音像征订凭证。

对于工业、商业、物资、外贸等部门经销和调拨商品、物资供应的调拨单（或其他名称的单、卡、书、表等），应当区分性质和用途，即主要看是作为部门内执行计划使用的，还是代替合同使用的，以确定是否贴花。凡属于明确双方供需关系，据以供货和结算，具有合同性质的凭证，应按规定缴纳印花税。

对纳税人以电子形式签订的各类应税凭证，按规定计征印花税。

对发电厂与电网之间、电网与电网之间（国家电网公司系统、南方电网公司系统内部各级电网互供电量除外）签订的购售电合同，按购销合同征收印花税。电网与用户之间签订的供用电合同不征印花税。

（2）借款合同，包括银行及其他金融组织和借款人（不包括银行同业拆借）签订的借款合同。

（3）融资租赁合同。

（4）租赁合同，包括租赁房屋、船舶、飞机、机动车辆、机械、器具、设备等合同；还包括企业、个人出租门店、柜台等签订的合同，但不包括企业与主管部门签订的租赁承包合同。

（5）承揽合同，包括加工、定做、修缮、修理、印刷、广告、测绘、测试等合同。

（6）建设工程合同，包括勘察、设计、建筑、安装工程合同的总包合同、分包合同和转包合同。

（7）运输合同，包括民用航空运输、铁路运输、海上运输、内河运输、公路运输和联运合同。

（8）技术合同，包括技术开发、转让、咨询、服务等合同。

技术转让合同包括专利申请转让、非专利技术转让所书立的合同，但不包括专利权转让、专利实施许可所书立的合同。后者适用于“产权转移书据”合同。

技术咨询合同是合同当事人就有关项目的分析、论证、评价、预测和调查订立的技术合同，而一般的法律、会计、审计等方面的咨询不属于技术咨询，所立合同不贴印花。

技术服务合同的征税范围包括技术服务合同、技术培训合同和技术中介合同。

（9）保管合同，包括保管合同或作为合同使用的仓单、栈单（或称入库单）。对某些使用不规范的凭证不便计税的，可就其结算单据作为计税贴花的凭证。

（10）仓储合同。

（11）财产保险合同，包括财产、责任、保证、信用等保险合同。

2. 产权转移书据

产权转移即财产权利关系的变更行为，表现为产权主体发生变更。产权转移书据是在产权的买卖、交换、继承、赠与、分割等产权主体变更过程中，由产权出让人与受让人之间所订立的民事法律文书。

我国印花税税目中的产权转移书据包括土地使用权出让和转让书据；房屋等建筑物、构筑物所有权、股权（不包括上市和挂牌公司股票）、商标专用权、著作权、专利权、专有技术使用权转让书据。

3. 营业账簿

印花税税目中的营业账簿属于财务会计账簿，是按照财务会计制度的要求设置的，反映生产经营活动的账册。按照营业账簿反映的内容不同，在税目中分为记载资金的账簿（以下简称"资金账簿"）和其他营业账簿两类，对记载资金的营业账簿征收印花税，对其他营业账簿不征收印花税。

（1）资金账簿是反映生产经营单位"实收资本"和"资本公积"金额增减变化的账簿。

（2）其他营业账簿是反映除资金资产以外的其他生产经营活动内容的账簿，即除资金账簿以外的，属于财务会计体系的其他生产经营用账册。

4. 证券交易

证券交易是指在依法设立的证券交易所上市交易或者在国务院批准的其他证券交易场所转让公司股票和以股票为基础发行的存托凭证。

8.1.4 印花税的税率

适用于各类经济合同、产权转移书据、营业账簿及证券交易中记载资金的账簿。税率共分四个档次，分别是 0.05‰，0.25‰，0.3‰，0.5‰，1‰，具体分类如下。

（1）适用 0.05‰税率的，有"借款合同"和"融资合同"；

（2）适用 0.25‰税率的，有经济合同中的"营业账簿"；

（3）适用 0.3‰税率的，有经济合同中的"承揽合同""建筑工程合同""货物运输合同""买卖合同""技术合同"中记载资金的账簿；

（4）适用 0.5‰税率的，有土地使用权出让和转让书据；房屋等建筑物、构筑物所有权、股权（不包括上市和挂牌公司股票）、商标专用权、著作权、专利权、专有技术使用权转让书据。

（5）适用 1‰税率的，有经济合同中的"租赁合同""保管合同""仓储合同""财产保险合同"和证券交易。印花税税目税率如表 8-1 所示。

表 8-1　印花税税目税率表

税 目		税 率	备 注
合同 （指书面合同）	借款合同	借款金额的万分之零点五	指银行业金融机构、经国务院银行业监督管理机构批准设立的其他金融机构与借款人（不包括同业拆借）的借款合同
	融资租赁合同	租金的万分之零点五	

续表

税 目		税 率	备 注
合同（指书面合同）	买卖合同	借款的万分之三	指动产买卖合同（不包括个人书立的动产买卖合同）
	承揽合同	报酬的万分之三	
	建筑工程合同	价款的万分之三	
	运输合同	运输费用的万分之三	指货运合同和多式联运合同（不包括管道运输合同）
	技术合同	价款、报酬或者使用费的万分之三	不包括专利权、专有技术使用权转让数据
	租赁合同	租金的千分之一	
	保管合同	保管费的千分之一	
	仓储合同	仓储费的千分之一	
	财产保险合同	保险费的千分之一	不包括再保险合同
产权转移书据	土地使用权出让数据	价款的万分之五	转让包括买卖（出售）、继承、赠与、互换、分割
	土地使用权、房屋等建筑物和构筑物所有权转让书据（不包括土地承包经营权和土地经营权转移）	价款的万分之五	
	股权转让书据（不包括应缴纳证券交易印花税的）	价款的万分之五	
	商标专用权、著作权、专利权、专有技术使用权转让书据	价款的万分之三	
营业账簿		实收资本（股本）、资本公积合计金额的万分之二点五	
证券交易		成交金额的千分之一	

证券交易是指转让在依法设立的证券交易所、国务院批准的其他全国性证券交易场所交易的股票和以股票为基础的存托凭证。

证券交易印花税对证券交易的出让方征收，不对受让方征收。

8.1.5 印花税的计算

1. 计税依据的一般规定

印花税的计税依据为各种应税凭证上记载的计税金额，具体规定为：

（1）购销合同的计税依据为合同记载的购销金额。

（2）加工承揽合同的计税依据是加工或承揽收入的金额。具体规定如下。

①对于由受托方提供原材料的加工、定做合同，凡在合同中分别记载加工费金额和原材料金额的，应分别按“加工承揽合同”“购销合同”计税，两项税额相加数，即为合同应贴印花；若合同中未分别记载，则应就全部金额依照加工承揽合同计税贴花。

②对于由委托方提供主要材料或原料，受托方只提供辅助材料的加工合同，无论加工费和辅助材料金额是否分别记载，均以辅助材料与加工费的合计数，依照加工承揽合同计税贴花。对委托方提供的主要材料或原料金额不计税贴花。

（3）建设工程勘察设计合同的计税依据为收取的费用。

（4）建筑安装工程承包合同的计税依据为承包金额。

（5）财产租赁合同的计税依据为租赁金额；经计算，税额不足1元的，按1元贴花。

（6）货物运输合同的计税依据为取得的运输费金额（即运费收入），不包括所运货物的金额、装卸费和保险费等。

（7）仓储保管合同的计税依据为收取的仓储保管费用。

（8）借款合同的计税依据为借款金额。针对实际借贷活动中不同的借款形式，税法规定了不同的计税方法，具体内容如下。

①凡是一项信贷业务既签订借款合同，一次或分次填开借据的，只以借款合同所载金额为计税依据计税贴花；凡是只填开借据并作为合同使用的，应以借据所载金额为计税依据计税贴花。

②借贷双方签订的流动资金周转性借款合同，一般按年（期）签订，规定最高限额，借款人在规定的期限和最高限额内随借随还。为避免加重借贷双方的负担，对这类合同只以其规定的最高限额为计税依据，在签订时贴花一次，在限额内随借随还不签订新合同的，不再另贴印花。

③对借款方以财产作抵押，从贷款方取得一定数量抵押贷款的合同，应按借款合同贴花；在借款方因无力偿还借款而将抵押财产转移给贷款方时，应再就双方书立的产权书据，按产权转移书据的有关规定计税贴花。

④对银行及其他金融组织的融资租赁业务签订的融资租赁合同，应按合同所载租金总额，暂按借款合同计税。

⑤在贷款业务中，如果贷方系由若干银行组成的银团，银团各方均承担一定的贷款数额。借款合同由借款方与银团各方共同书立，各执一份合同正本。对这类合同借款方与贷款银团各方应分别在所执的合同正本上，按各自的借款金额计税贴花。

⑥在基本建设贷款中，如果按年度用款计划分年签订借款合同，在最后一年按总概算签订借款总合同，且总合同的借款金额包括各个分合同的借款金额的，对这类基建借款合同，应按分合同分别贴花，最后签订的总合同，只就借款总额扣除分合同借款金额后的余额计税贴花。

（9）财产保险合同的计税依据为支付（收取）的保险费，不包括所保财产的金额。

（10）技术合同的计税依据为合同所载的价款、报酬或使用费。为了鼓励技术研究开发，对技术开发合同，只就合同所载的报酬金额计税，研究开发经费不作为计税依据。单对合同约定按研究开发经费一定比例作为报酬的，应按一定比例的报酬金额贴花。

（11）产权转移书据的计税依据为所载金额。

（12）营业账簿税目中记载资金的账簿的计税依据为“实收资本”与“资本公积”两项的合计金额。实收资本包括现金、实物、无形资产和材料物资。现金按实际收到或存入纳税人开户银行的金额确定。实物指房屋、机器等，按评估确认的价值或者合同、协议约定的价格确定。无形资产和材料物资，按评估确认的价值确定。资本公积包括接受捐赠、法定财产重估增值、资本折算差额、资本溢价等。如果是实物捐赠，则按同类资产的市场价格或有关凭据确定。

其他账簿的计税依据为应税凭证件数。

（13）权利、许可证照的计税依据为应税凭证件数。

2. 计税依据的特殊规定

（1）上述凭证以“金额”“收入”“费用”作为计税依据的，应当全额计税，不得作任何扣除。

（2）同一凭证，载有两个或两个以上经济事项而适用不同税目税率，如分别记载金额的，应分别计算应纳税额，相加后按合计税额贴花；如未分别记载金额的，按税率高的计税贴花。

（3）按金额比例贴花的应税凭证，未标明金额的，按照凭证所载数量及国家牌价计算金额；没有国家牌价的，按市场价格计算金额，然后按规定税率计算应纳税额。

（4）应税凭证所载金额为外国货币的，按照凭证书立当日国家外汇管理局公布的外汇牌价折合成人民币，然后计算应纳税额。

（5）应纳税额不足 1 角的，免纳印花税；1 角以上的，其税额尾数不满 5 分的不计，满 5 分的按 1 角计算。

（6）有些合同，在签订时无法确定计税金额，如技术转让合同中的转让收入，是按销售收入的一定比例收取或是按实现利润分成的；财产租赁合同，只是规定了月（天）租金标准而无租赁期限的。对这类合同，可在签订时先按定额 5 元贴花，以后结算时再按实际金额计税，补贴印花。

（7）应税合同在签订时纳税义务即已产生，应计算应纳税额并贴花。所以，不论合同是否兑现或是否按期兑现，均应贴花。

对已履行并贴花的合同，所载金额与合同履行后实际结算金额不一致的，只要双方未修改合同金额，一般不再办理完税手续。

（8）对有经营收入的事业单位，凡属由国家财政拨付事业经费，实行差额预算管理的单位，记载经营业务的账簿，按其他账簿定额贴花，不记载经营业务的账簿不贴花；凡属经费来源实行自收自支的单位，营业账簿应对记载资金的账簿和其他账簿分别计算应纳税额。

跨地区经营的分支机构使用的营业账簿，应由各分支机构于其所在地计算贴花。对上级单位核拨资金的分支机构，记载资金的账簿按核拨的账面资金额计税贴花，其他账簿按定额贴花；对上级单位不核拨资金的分支机构，只就其他账簿按件定额贴花。为避免对同一资金重复计税贴花，上级单位记载资金的账簿，按扣除拨给下属机构资金数额后的其余部分计税贴花。

（9）商品购销活动中，采用以货换货方式进行商品交易签订的合同，是反映既购又销双重经济行为的合同。对此，按合同所载的购、销合计金额计税贴花。合同未列明金额的，按合同所载购、销数量依照国家牌价或者市场价格计算应纳税额。

（10）施工单位将自己承包的建设项目，分包或者转包给其他施工单位所签订的分包合同或者转包合同，按新的分包合同或转包合同所载金额计算应纳税额。这是因为印花税是一种具有行为税性质的凭证税，尽管总承包合同已依法计税贴花，但新的分包或转包合同是一种新的凭证，又发生了新的纳税义务。

（11）自 2008 年 9 月 19 日起，对证券交易印花税政策进行调整，由双边征收改为单边征收，即只对卖出方（或继承、赠与 A 股、B 股股权的出让方）征收证券（股票）交易印花税，对买入方（受让方）不再征税。税率仍保持 1‰。

（12）对国内各种形式的货物联运，凡在起运地统一结算全程运费的，以全程运费作为计税依据，由起运地运费结算双方缴纳印花税；凡分程结算运费的，以分程的运费作为计税依据，分别由办理运费结算的各方缴纳印花税。

对国际货运，凡由我国运输企业运输的，不论在我国境内、境外起运或中转分程运输，我国运输企业所持的一份运费结算凭证，均按本程运费计算应纳税额；托运方所持的一份运费结算凭证，按全程运费计算应纳税额。由外国运输企业运输进出口货物的，外国运输企业所持的一份运费结算凭证免纳印花税；托运方所持的一份运费结算凭证应缴纳印花税。国际货运运费结算凭证在国外办理的，应在凭证转回我国境内时按规定缴纳印花税。

必须明确的是，印花税票为有价证券，其票面金额以人民币为单位，分为 1 角、2 角、5 角、1 元、2 元、5 元、10 元、50 元、100 元 9 种。

3. 应纳税额的计算方法

根据应纳税凭证的性质，纳税人的应纳税额分别按比例税率或者定额税率计算，计算公式为：

应纳税额 = 应税凭证计税金额（或应税凭证件数）× 适用税率

【例 8-1】北京昌达股份有限公司 2021 年 5 月份承包建筑工程一项，承包金额 1 600 000 元，按合同法订立建筑承包工程合同。计算公司此项业务应纳印花税税额，并编制会计分录。

应纳税额 =1 600 000 × 0.3‰ =480（元）

借：管理费用　　480

　　贷：银行存款　　480

8.1.6 印花税的税收优惠

应税合同、产权转移书据未列明金额的，印花税的计税依据按照实际结算金额确定。

按照前款规定计税依据不能确定的，按照书立合同、产权转移书据时的市场价格确定；依法应当执行政府定价或者政府指导价的，按国家有关规定确定。

证券交易无转让价格的，按办理过户登记手续时该证券前一个交易日收盘价计算确定计税依据；无收盘价的，按证券面值计算确定计税依据。

同一应税凭证载有两个以上税目事项并分别列明金额的，按各自适用的税目税率分别计算应纳税额；未分别列明金额的，从高适用税率。

已缴纳印花税的营业账簿，以后年度记载的实收资本（股本）、资本公积合计金额比已缴纳印花税的实收资本（股本）、资本公积合计金额增加的，按增加部分计算应纳税额。

下列凭证免征印花税：

（1）应税凭证的副本或者抄本；

（2）依照法律规定应当予以免税的外国驻华使馆、领事馆和国际组织驻华代表机构为获得馆舍书立的应税凭证；

（3）中国人民解放军、中国人民武装警察部队书立的应税凭证；

（4）农民、家庭农场、农民专业合作社、农村集体经济组织、村民委员会购买农业生产资料或者销售农产品书立的买卖合同和农业保险合同；

（5）无息或者贴息借款合同、国际金融组织向中国提供优惠贷款书立的借款合同；

（6）财产所有权人将财产赠与政府、学校、社会福利机构、慈善组织书立的产权转移书据；

（7）非营利性医疗卫生机构采购药品或者卫生材料书立的买卖合同；

（8）个人与电子商务经营者订立的电子订单。

根据国民经济和社会发展需要，国务院对居民住房需求保障、企业改制重组、破产、支持小型微型企业发展等情形可以规定减征或者免征印花税，报全国人大常委会备案。

8.1.7 印花税的征收管理

1. 纳税方法

印花税的纳税办法，根据税额大小、贴花次数以及税收征收管理的需要，分别采用以下三种纳税办法。

1）自行贴花办法

这种办法一般适用于应税凭证较少或者贴花次数较少的纳税人。纳税人书立、领受或者使用印花税法列举的应税凭证的同时，纳税义务即已发生，应当根据应纳税凭证的性质和适用的税目税率，自行计算应纳税额，自行购买印花税票，自行一次贴足印花税票并加以注销或划销，纳税义务才算全部履行完毕。

对已贴花的凭证，修改后所载金额增加的，增加部分应当补贴印花税票。凡多贴印花税票者，不得申请退税或者抵用。

2）汇贴或汇缴办法

这种办法，一般适用于应纳税额较大或者贴花次数频繁的纳税人。

一份凭证应纳税额超过 500 元的，应向当地税务机关申请填写缴款书或者完税证，将其中一联粘贴在凭证上或者由税务机关在凭证上加注完税标记代替贴花。这就是通常所说的“汇贴”办法。

同一种类应纳税凭证，需要频繁贴花的，纳税人可以根据实际情况自行决定是否采用按期汇总缴纳印花税的方式，汇总缴纳的期限为 1 个月。采用按期汇总缴纳方式的纳税人应事先告知主管税务机关。缴纳方式一经选定，1 年内不得变更。主管税务机关接到纳税人要求按期汇总缴纳印花税的告知后，应及时登记、制订相应的管理办法，防止出现管理漏洞。对采用按期汇总缴纳方式缴纳印花税的纳税人，应加强日常监督检查。

实行印花税按期汇总缴纳的单位，对征税凭证和免税凭证汇总时，凡分别汇总的，按本期征税凭证的汇总金额计算缴纳印花税；凡确属不能分别汇总的，按本期全部凭证的实际汇总金额计算缴纳印花税。

凡汇总缴纳印花税的凭证，应加注税务机关指定的汇缴戳记、编号并装订成册后，将已贴印花或者缴款书的一联粘附册后，盖章注销，保存备查。

经税务机关核准，持有代售许可证的代售户，代售印花税票取得的税款须专户存储，并按照规定的期限，向当地税务机关结报，或者填开专用缴款书直接向银行缴纳，不得逾期不缴或者挪作他用。代售户领存的印花税票及所售印花税票的税款，如有损失，应负责赔偿。

3）委托代征办法

这一办法主要是通过税务机关的委托，经由发放或者办理应纳税凭证的单位代为征收印花税税款，税务机关应与代征单位签订代征委托书。所谓发放或者办理应纳税凭证的单位，是指发放权利、许可证照的单位和办理凭证的鉴证、公证及其他有关事项的单位。如按照印花税法规定，工商行政管理机关在核发各类营业执照和商标注册证的同时，负责代售印花税票，征收印花税税款，并监督领受单位或个人负责贴花。税务机关委托工商行政管理机关代售印花税票，按代售金额 5% 的比例支付代售手续费。

印花税法规定，发放或者办理应纳税凭证的单位，负有监督纳税人依法纳税的义务，具体是指对以下纳税事项的监督：

（1）应纳税凭证是否已粘贴印花；

（2）粘贴的印花是否足额；

（3）粘贴的印花是否按规定注销。对未完成以上纳税手续的，应督促纳税人当场完成。

2. 纳税环节

印花税应当在书立或领受时贴花。具体是指在合同签订时、账簿启用时和证照领受时贴花。如果合同是在国外签订，并且不便在国外贴花的，应在将合同带入境时办理贴花纳税手续。

3. 纳税地点

印花税一般实行就地纳税。对于全国性商品物资订货会（包括展销会、交易会等）上所签订合同应纳的印花税，由纳税人回其所在地后及时办理贴花完税手续；对地方主办、不涉及省际关系的订货会、展销会上所签合同的印花税，其纳税地点由各省、自治区、直辖市人民政府自行确定。

8.2 契税

关键词

契税
房屋买卖
房屋赠与
自行贴花

情景

应纳税额的计算方法。

佳成房地产开发公司，2021 年 5 月通过拍卖方式取得国有土地一块，支付地价款 1 800 000 元，当地政府规定契税税率为 3%。

8.2.1 契税概述

1. 契税的概念

契税是以在中华人民共和国境内转移土地、房屋权属为征税对象，向产权承受人征收的一种财产税。

2. 契税的特点

契税与其他税种相比，具有以下特点。

（1）契税属于财产转移税。它以权属发生转移的土地和房屋为征税对象，具有对财产转移课税性质。

（2）契税由财产承受人纳税。一般税种在税制中确定纳税人，都确定销售者为纳税人，即卖方纳税。对买方征税的主要目的，在于承认不动产转移生效，承受人纳税以后，便可拥有转移过来的不动产的产权或使用权，便于通过法律手段保护纳税人的合法权益。

3. 契税的作用

（1）广辟财源，增加地方财政收入。契税按财产转移价值征税，税源较为充足，它可以弥补其他财产课税的不足，扩大征税范围，为地方政府增加部分财政收入。随着市场经济的发展和房地产交易的日趋活跃，契税的财政作用将日益明显。

（2）保护合法产权，避免产权纠纷。不动产所有权和使用权的转移，涉及转让者和承受者双方的利益。而且，由于产权转移形式多种多样，如果产权的合法性得不到确认，事后必然会出现产权纠纷。契税规定对承受人征税，一方面是对承受人财富的调节，另一方有利于通过法律形式确定产权关系，维护公民的合法利益，避免纠纷。

8.2.2 纳税义务人和征税对象

1. 纳税义务人

契税的纳税义务人是境内转移土地、房屋权属，承受的单位和个人。境内是指中华人民共和国实际税收行政管辖范围内。土地、房屋权属是指土地使用权和房屋所有权。单位是指企事业单位、国家机关、军事单位和社会团体以及其他组织。个人是指个体经营者及其他个人，包括中国公民和外籍人员。

2. 征税对象

契税的征税对象是境内转移的土地、房屋权属，具体包括以下内容。

1）国有土地使用权出让

国有土地使用权出让是指土地使用者向国家交付土地使用权出让费用，国家将国有土地使用权在一定年限内让与土地使用者的行为。

2）土地使用权的转让

土地使用权的转让是指土地使用者以出售、赠与、交换或者其他方式将土地使用权转移给其他单位和个人的行为。土地使用权的转让不包括农村集体土地承包经营权的转移。

3）房屋买卖

房屋买卖即以货币为媒介，出卖者向购买者过渡房产所有权的交易行为。以下几种特殊情况，视同买卖房屋：

（1）以房产抵债或实物交换房屋。经当地政府和有关部门批准，以房抵债和实物交换房屋，均视同房屋买卖，由产权承受人按房屋现值缴纳契税。

例如，甲某因无力偿还乙某债务，而以自有的房产折价抵偿债务。经双方同意，有关部门批准，乙某取得甲某的房屋产权，在办理产权过户手续时，按房产折价款缴纳契税。如以实物（金银首饰等等价物品）交换房屋，视同以货币购买房屋。

（2）以房产作投资或作股权转让。这种交易业务属房屋产权转移，应根据国家房地产管理的有关规定，办理房屋产权交易和产权变更登记手续，视同房屋买卖，由产权承受方按契税税率计算缴纳契税。

例如，甲某以自有房产，投资于乙某企业。其房屋产权变为乙某企业所有，故产权所有人发生变化，因此，乙某企业在办理产权登记手续后，按甲某入股房产现值（国有企事业房产须经国有资产管理部门评估核价）缴纳契税。如丙某以股份方式购买乙某企业房屋产权，丙某在办理产权登记后，按取得房产买价缴纳契税。

以自有房产作股投入本人独资经营的企业，免纳契税。因为以自有的房地产投入本人独资经营的企业，产权所有人和使用权使用人未发生变化，不需办理房产变更手续，也不办理契税手续。

（3）买房拆料或翻建新房，照章征收契税。例如，甲某购买乙某房产，不论其目的是取得该房产的建筑材料或是翻建新房，实际构成房屋买卖。甲某应首先办理房屋产权变更手续，并按买价缴纳契税。

4）房屋赠与

房屋的赠与是指房屋产权所有人将房屋无偿转让给他人所有。其中，将自己的房屋转交给他人的法人和自然人，称作房屋赠与人；接受他人房屋的法人和自然人，称为受赠人。房屋赠与的前提必须是产权无纠纷，赠与人和受赠人双方自愿。

由于房屋是不动产，价值较大，故法律要求赠与房屋应有书面合同（契约），并到房地产管理机关或农村基层政权机关办理登记过户手续，才能生效。如果房屋赠与行为涉及涉外关系，还需公证处证明和外事部门认证才能有效。房屋的受赠人按规定缴纳契税。

5）房屋交换

房屋交换是指房屋所有者之间互相交换房屋的行为。

随着经济形势的发展，有些特殊方式转移土地、房屋权属的，也将视同土地使用权转让、房屋买卖或者房屋赠与。一是以土地、房屋权属作价投资、入股；二是以土地、房屋权属抵债；三是以获奖方式承受土地、房屋权属；四是以预购方式或者预付集资建房款方式承受土地、房屋权属。

6）承受国有土地使用权支付的土地出让金

对承受国有土地使用权应支付的土地出让金，计征契税。不得因减免土地出让金而减免契税。

8.2.3 契税的税率

契税实行 3%~5% 的幅度税率。实行幅度税率是考虑到我国经济发展的不平衡，各地经济差别较大的实际情况。因此，各省、自治区、直辖市人民政府可以在 3% ~ 5% 的幅度税率规定范围内，按照本地区的实际情况确定。

8.2.4 契税的计算

1. 计税依据

契税的计税依据为不动产的价格。由于土地、房屋权属转移方式不同，定价方法不同，因而具体计税依据视不同情况确定。

（1）国有土地使用权出让、土地使用权出售、房屋买卖，以成交价格为计税依据。成交价格是指土地、房屋权属转移合同确定的价格，包括承受者应交付的货币、实物、无形资产或者其他经济利益。

（2）土地使用权赠与、房屋赠与，由征收机关参照土地使用权出售、房屋买卖的市场价格核定。

（3）土地使用权交换、房屋交换，为所交换的土地使用权、房屋的价格差额。也就是说，交换价格相等时，免征契税；交换价格不等时，由多交付的货币、实物、无形资产或者其他经济利益的一方缴纳契税。

（4）以划拨方式取得土地使用权，经批准转让房地产时，由房地产转让者补交契税。计税依据为补交的土地使用权出让费用或者土地收益。

（5）房屋附属设施征收契税的依据。

①采取分期付款方式购买房屋附属设施土地使用权、房屋所有权的，按合同规定的总价款计征契税。

②承受的房屋附属设施权属，如为单独计价的，按照当地确定的适用税率计征契税；如与房屋统一计价的，适用与房屋相同的契税税率。

（6）个人无偿赠与不动产行为（法定继承人除外），应对受赠人全额征收契税。在缴纳契税时，纳税人须提交经税务机关审核并签字盖章的《个人无偿赠与不动产登记表》，税务机关（或其他征收机关）应在纳税人的契税完税凭证上加盖“个人无偿赠与”印章，在《个人无偿赠与不动产登记表》中签字并将该表格留存。

（7）出让国有土地使用权，契税计税价格为承受人为取得该土地使用权而支付的全部经济利益。对通过“招、拍、挂”程序承受国有土地使用权的，按照土地成交总价款计征契税，其中的土地前期开发成本不得扣除。

2. 应纳税额的计算方法

契税采用比例税率。计税依据确定后，应纳税额的计算比较简单。计算公式为：

应纳税额 = 计税依据 × 税率

【例 8-2】佳成房地产开发公司，2021 年 5 月通过拍卖方式取得国有土地一块，支付地价款 1 800 000 元，当地政府规定契税税率为 3%。计算该房地产开发公司应缴纳的契税。

应纳税额 =1 800 000 × 3%=54 000（元）

计提契税时，编制会计分录：

借：无形资产　54 000

　贷：应交税费——应交契税　54 000

缴纳税款时，编制会计分录：

借：应交税费——应交契税　54 000

　贷：银行存款　54 000

8.2.5 契税的税收优惠

1. 免征契税

存在下列情形之一的，免征契税。

（1）国家机关、事业单位、社会团体、军事单位承受土地、房屋用于办公、教学、医疗、科研和军事设施的。

（2）营利性的学校、医疗机构、社会福利机构承受土地、房屋权属用于办公、教学、医疗、科研、养老、救助。

（3）承受荒山、荒地、荒滩土地使用权，并用于农、林、牧、渔业生产。

（4）婚姻关系存续期间夫妻之间变更土地、房屋权属。

（5）法定继承人通过继承承受土地、房屋权属。

（6）依照法律规定应当予以免税的外国驻华使馆、领事馆和国际组织驻华代表机构承受土地、房屋权属。

根据国民经济和社会发展需要，国务院对居民住房需求保障、企业改制重组、灾后重建等情形可以规定免征或者减征契税，报全国人大常委会备案。

2. 减征契税

省、自治区、直辖市可以决定对下列情形免征或者减征契税。

（1）因土地、房屋被县级以上人民政府征收、征用，重新承受土地、房屋权属。

（2）因不可抗力灭失住房，重新承受住房权属。

免征或者减征契税的具体办法，由省、自治区、直辖市人民政府提出，报同级人大常委会决定，并报全国人大常委会和国务院备案。

8.2.6 契税的征收管理

1. 纳税义务发生时间

契税的纳税义务发生时间是纳税人签订土地、房屋权属转移合同的当天，或者纳税人取得其他具有土地、房屋权属转移合同性质凭证的当天。

2. 纳税期限

纳税人应当自纳税义务发生之日起 10 日内，向土地、房屋所在地的契税征收机关办理纳税申报，并在契税征收机关核定的期限内缴纳税款。

3. 纳税地点

契税在土地、房屋所在地的征收机关缴纳。

4. 征收管理

纳税人办理纳税事宜后，征收机关应向纳税人开具契税完税凭证。纳税人持契税完税凭证和其他规定的文件材料，依法向土地管理部门、房产管理部门办理有关土地、房屋的权属变更登记手续。土地管理部门和房产管理部门应向契税征收机关提供有关资料，并协助契税征收机关依法征收契税。

在依法办理土地、房屋权属登记前，权属转移合同、权属转移合同性质凭证不生效、无效、被撤销或者被解除的，纳税人可以向税务机关申请退还已缴纳的税款，税务机关应当依法办理。

税务机关应当与相关部门建立契税涉税信息共享和工作配合机制。自然资源、住房城乡建设、民政、公安等相关部门应当及时向税务机关提供与转移土地、房屋权属有关的信息，协助税务机关加强契税征收管理。

税务机关及其工作人员对税收征收管理过程中知悉的纳税人的个人信息，应当依法予以保密，不得泄露或者非法向他人提供。

项目小结

本项目主要介绍了印花税和契税的纳税义务人、征税范围、税率、税收优惠和征收管理。对印花税和契税的应纳税额的计算、会计处理方法应重点掌握。

项目 9
资源税和城镇土地使用税

导语

我国对资源征税的税种主要有资源税、城镇土地使用税等。资源税是对在我国境内开采应税矿产品和生产盐的单位和个人，就其应税数量征收的一种税；城镇土地使用税是国家对拥有城镇土地使用权的单位和个人征收的一种税。

通过本项目，可以学习：

1. 资源税的税目与税率；
2. 资源税应纳税额的计算；
3. 城镇土地使用税的征收管理；
4. 城镇土地使用税应纳税额的会计核算。

学习目标

- 了解资源税和城镇土地使用税的概念、纳税义务人
- 掌握资源税的减税、免税项目
- 掌握城镇土地使用税的税收优惠

应知应会

- 资源税和城镇土地使用税应纳税额的计算
- 资源税和城镇土地使用税的会计核算

项目地位

资源税是以资源的绝对收益和级差收益为征税对象的那一类税收制度的统称，如资源税和城镇土地使用税等。这些税种主要是对矿产资源和土地资源的征税，既有对资源级差收入的调节，也有对资源收益的征收。

项目导图

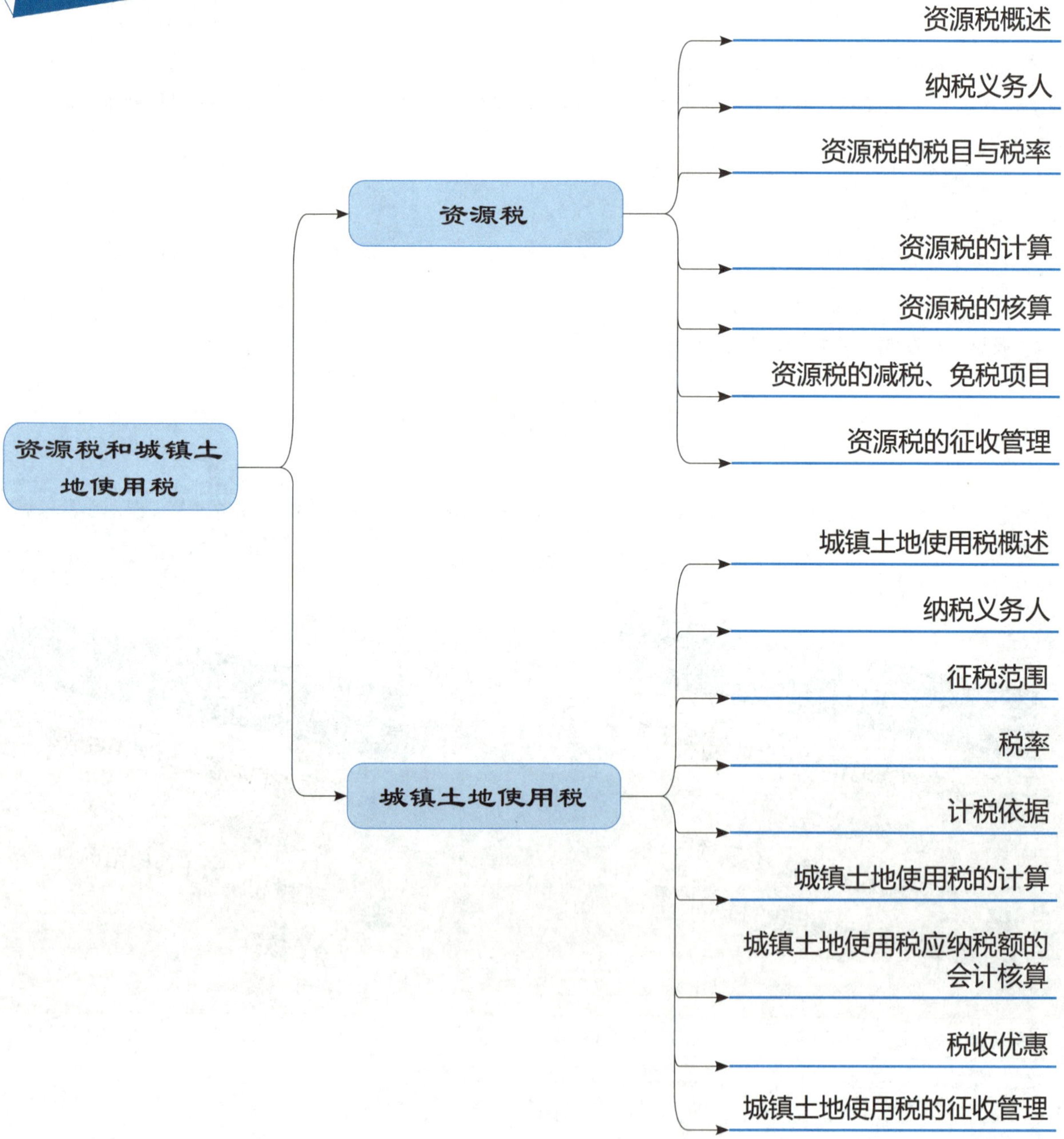

9.1 资源税

关键词

资源税
能源矿产
金属矿产

情景

资源税的核算。

北京昌达股份有限公司为增值税一般纳税人，2021 年 10 月生产原煤 1 000 000 吨，全部对外销售；另外该煤矿当月还生产销售天然气 2 000 万立方米。已知该煤矿原煤适用的单位税额为 2 元 / 吨，煤矿邻近的石油管理局天然气适用单位税额为 10 元 / 千立方米。

9.1.1 资源税概述

1. 资源税的概念

资源税是对在我国境内从事应税矿产品开采和生产盐的单位和个人课征的一种税，属于对自然资源占用课税的范畴。

对资源占用行为课税不仅为当今许多国家广泛采用，而且具有十分悠久的历史。我国对资源占用课税的历史至少可以追溯到周代，当时的“山泽之赋”就是对伐木、采矿、狩猎、捕鱼、煮盐等开发、利用自然资源的生产活动课征的赋税。此后，我国历代政府一直延续了对矿冶资源、盐业资源等自然资源开发利用课税的制度。

2. 资源税计税方法

由于资源税的课税对象主要为计量单位标准的矿产资源，因此在对资源征税时，往往采用从量定额的征收方法，不仅计算简单，而且便于管理。但是采取定额征收的方法，对于资源开采中的级差收入的征税政策不能体现出来，尤其当资源价格波动比较大时，不能做到随价格提高而相应提高资源税额，不利于资源的合理开采和利用。因此，我国现行资源税的计税方法存在进一步调整的空间。

3. 资源税的作用

我国的现行资源税开征于 1984 年，是以调节资源级差收入、促进企业平等竞争和保护自然资源为主要目的而设置的一个税种。资源税的开征，为构建我国的资源占用课税体系奠定了基础，对于完善我国的税制结构，拓宽税收的调节领域，全面发挥税收的职能作用具有重要意义。资源税开征以来，经过不断改进，课征范围逐渐扩大，计征方法日趋完善，已经成为我国现行税制体系中的一个重要税种。

在社会主义市场经济条件下，资源税的作用主要体现在以下几个方面。

（1）促进企业之间开展平等竞争。我国的资源税属于比较典型的级差资源税，它根据应税产品的品种、质量、存在形式、开采方式以及企业所处地理位置和交通运输条件等客观因素的差异确定差别税率，从而使条件优越者税负较高、反之则税负较低。这种税率设计使资源税能够比较有效地调节由于自然资源条件差异等客观因素给企业带来的级差收入，减少或排除资源条件差异对企业盈利水平的影响，为企业之间开展平等竞争创造有利的外部条件。

（2）促进对自然资源的合理开发利用。通过对开发、利用应税资源的行为课征资源税，体现了国有自然资源有偿占用的原则，从而可以促使纳税人节约、合理地开发和利用自然资源，有利于我国经济可持续发展。

（3）为国家筹集财政资金。资源税虽然以促进平等竞争和保护自然资源为主要课征目的，但就课征结果而言，仍不失为财政收入的一项重要来源。随着课征范围的逐渐扩展，资源税的收入规模及其在税收收入总额中所占的比重都相应增加，财政意义也日渐明显，在为国家筹集财政资金方面发挥着不可忽视的作用。

9.1.2 纳税义务人

资源税的纳税义务人是指在中华人民共和国境内开采应税资源的矿产品或者生产盐的单位和个人。

上述单位是指国有企业、集体企业、私营企业、股份制企业、其他企业和行政单位、事业单位、军事单位、社会团体及其他单位；个人是指个体经营者和其他个人；其他单位和其他个人包括外商投资企业、外国企业及外籍人员。

中外合作开采石油、天然气，按照现行规定只征收矿区使用费，暂不征收资源税。因此，中外合作开采石油、天然气的企业不是资源税的纳税义务人。

《中华人民共和国资源税暂行条例》规定，收购未税矿产品的单位为资源税的扣缴义务人。

规定资源税的扣缴义务人，主要是针对零星、分散、不定期开采的情况，为了加强管理，避免漏税，由扣缴义务人在收购矿产品时代扣代缴资源税。

收购未税矿产品的单位是指独立矿山、联合企业和其他单位。独立矿山是指只有采矿或只有采矿和选矿、独立核算、自负盈亏的单位，其生产的原矿和精矿主要用于对外销售。联合企业是指采矿、选矿、冶炼（或加工）连续生产的企业或采矿、冶炼（或加工）连续生产的企业，其采矿单位一般是该企业的二级或二级以下核算单位。其他单位也包括收购未税矿产品的个体户在内。

9.1.3 资源税的税目与税率

1. 税目

资源税税目包括 5 大类，在 5 个税目下面又设有若干个子目。《中华人民共和国资源税法》所列的税目有 164 个，涵盖了所有已经发现的矿种和盐。

1）能源矿产

（1）原油，是指开采的天然原油，不包括人造石油。

（2）天然气、页岩气、天然气水合物。

（3）煤，包括原煤和以未税原煤加工的洗选煤。

（4）煤成（层）气。

（5）铀、社。

（6）油页岩、油砂、天然沥青、石煤。

（7）地热。

2）金属矿产

（1）黑色金属包括铁、锰、铬、钒、钛。

（2）有色金属包括铜、铅、锌、锡、镍、锑、镁、钴、铋、汞；铝土矿；钨；钼；金、银；铂、钯、钌、锇、铱、铑；轻稀土；中重稀土；铍、锂、锆、锶、铷、铯、铌、钽、锗、镓、铟、铊、铪、铼、镉、硒、碲。

3）非金属矿产

（1）矿物类，包括高岭土；石灰岩；磷；石墨；萤石、硫铁矿、自然硫；天然石英砂、脉石英、粉石英、水晶、工业用金刚石、冰洲石、蓝晶石、硅线石（矽线石）、长石、滑石、刚玉、菱镁矿、颜料矿物、天然碱、芒硝、钠硝石、明矾石、硼、碘、膨润土、硅藻土、陶瓷土、耐火粘土、凹凸棒石粘土、海泡石粘土、伊利石粘土、累托石粘土；叶蜡石、硅灰石、透辉石、珍珠岩、云母、沸石、重晶石、毒重石、方解石、蛭石、透闪石、工业用电气石、白垩、石棉、蓝石棉、红柱石、石榴子石、石膏；其他粘土（铸型用粘土、砖瓦用粘土、陶粒用粘土、水泥配料用粘土、水泥配料用红土、水泥配料用黄土、水泥配料用泥岩、保温材料用粘土）。

（2）岩石类，包括大理岩、花岗岩、白云岩、石英岩、砂岩、辉绿岩、安山岩、闪长岩、板岩、玄武岩、片麻岩、角闪岩、页岩、浮石、凝灰岩、黑曜岩、霞石正长岩、蛇纹岩、麦饭石、泥灰岩、含钾岩石、含钾砂页岩、天然油石、橄榄岩、松脂岩、粗面岩、辉长岩、辉石岩、正长岩、火山灰、火山渣、泥炭；砂石（天然砂、卵石、机制砂石）。

（3）宝玉石类，包括宝石、玉石、宝石级金刚石、玛瑙、黄玉、碧玺。

4）水气矿产

（1）二氧化碳气、硫化氢气、氦气、氡气。

（2）矿泉水。

5）盐

（1）钠盐、钾盐、镁盐、锂盐。

（2）天然卤水。

（3）海盐。

上述各税目征税时有的对原矿征税，有的对选矿征税，具体适用的征税对象按照《资源税税目税率表》的规定执行，主要包括以下三类。

①按原矿征税。

②按选矿征税。

按原矿或者选矿征税。

纳税人以自采原矿（经过采矿过程采出后未进行选矿或者加工的矿石）直接销售，或者自用于应当缴纳资源税情形的，按照原矿计征资源税。

纳税人以自采原矿洗选加工为选矿产品（通过破碎、切割、洗选、筛分、磨矿、分级、提纯、脱水、干燥等过程形成的产品，包括富集的精矿和研磨成粉、粒级成型、切割成型的原矿加工品）销售，或者将选矿产品自用于应当缴纳资源税情形的，按照选矿产品计征资源税，在原矿移送环节不缴纳资源税。对于无法区分原生岩石矿种的粒级成型砂石颗粒，按照砂石税目征收资源税。

2. 税率

资源税采取从价定率或从量定额的办法计征。因此，税率形式有比例税率和定额税率两种。原油、天然气、煤炭、稀土、钨、钼资源采用比例税率，其他应税资源采用定额税率。

资源税采取从量定额的办法征收，实施“普遍征收、级差调节”的原则。普遍征收是指对在我国境内开发的一切应税资源产品征收资源税；级差调节是指运用资源税对因资源贮存状况、开采条件、资源优劣、地理位置等客观存在的差别而产生的资源级差收入，通过实施差别税额标准进行调节。资源条件好的，税额高一些；资源条件差的，税额低一些。税目、税率（额）如表 9-1 所示。

表 9-1　资源税税目税率幅度表

序号	税目			征税对象	税率
1	能源矿产		原油	原矿	6%
2			天然气、页岩气、天然气水合物	原矿	6%
3			煤	原矿或者选矿	2% ~ 10%
4			煤成（层）气	原矿	1% ~ 2%
5			铀、钍	原矿	4%
6			油页岩、油砂、天然沥青、石煤	原矿或者选矿	1% ~ 4%
7			地热	原矿	1% ~ 20% 或者每立方米 1 ~ 30 元
8	金属矿产	黑色金属	铁、锰、铬、钒、钛	原矿或者选矿	1% ~ 9%
9		有色金属	铜、铅、锌、锡、镍、锑、镁、钴、铋、汞	原矿或者选矿	2% ~ 10%
10			铝土矿	原矿或者选矿	2% ~ 9%
11			钨	选矿	6.50%
12			钼	选矿	8%
13			金、银	原矿或者选矿	2% ~ 6%
14			铂、钯、钌、锇、铱、铑	原矿或者选矿	5% ~ 10%
15			轻稀土	选矿	7% ~ 12%
16			中重稀土	选矿	20%
17			铍、锂、锆、锶、铷、铯、铌、钽、锗、镓、铟、铊、铪、铼、镉、硒、碲	原矿或者选矿	2% ~ 10%

续表

序号	税目			征税对象	税率
18	非金属矿产	矿物类	高岭土	原矿或者选矿	1% ~ 6%
19			石灰岩	原矿或者选矿	1% ~ 6% 或者每吨（或者每立方米）1 ~ 10 元
20			磷	原矿或者选矿	3% ~ 8%
21			石墨	原矿或者选矿	3% ~ 12%
22			萤石、硫铁矿、自然硫	原矿或者选矿	1% ~ 8%
23			天然石英砂、脉石英、粉石英、水晶、工业用金刚石、冰洲石、蓝晶石、硅线石（矽线石）、长石、滑石、刚玉、菱镁矿、颜料矿物、天然碱、芒硝、钠硝石、明矾石、砷、硼、碘、溴、膨润土、硅藻土、陶瓷土、耐火粘土、铁钒土、凹凸棒石粘土、海泡石粘土、伊利石粘土、累托石粘土	原矿或者选矿	1% ~ 12%
24			叶腊石、硅灰石、透辉石、珍珠岩、云母、沸石、重晶石、毒重石、方解石、蛭石、透闪石、工业用电气石、白垩、石棉、蓝石棉、红柱石、石榴子石、石膏	原矿或者选矿	2% ~ 12%
25			其他粘土（铸型用粘土、砖瓦用粘土、陶粒用粘土、水泥配料用粘土、水泥配料用红土、水泥配料用黄土、水泥配料用泥岩、保温材料用粘土）	原矿或者选矿	1% ~ 5% 或者每吨（或者每立方米）0.1 ~ 5 元
26		岩石类	大理岩、花岗岩、白云岩、石英岩、砂岩、辉绿岩、安山岩、闪长岩、板岩、玄武岩、片麻岩、角闪岩、页岩、浮石、凝灰岩、黑曜岩、霞石正长岩、蛇纹岩、麦饭石、泥灰岩、含钾岩石、含钾砂页岩、天然油石、橄榄岩、松脂岩、粗面岩、辉长岩、辉石岩、正长岩、火山灰、火山渣、泥炭	原矿或者选矿	1% ~ 10%
27			砂石（天然砂、卵石、机制砂石）	原矿或者选矿	1% ~ 5% 或者每吨（或者每立方米）0.1 ~ 5 元
28		宝玉石类	宝石、玉石、宝石级金刚石、玛瑙、黄玉、碧玺	原矿或者选矿	4% ~ 20%
29	水气矿产	二氧化碳气、硫化氢气、氦气、氡气		原矿	2% ~ 5%
30		矿泉水		原矿	1% ~ 20% 或者每立方米 1 ~ 30 元
31	盐	钠盐、钾盐、镁盐、锂盐		选矿	3% ~ 15%
32		天然卤水		原矿	3% ~ 15% 或者每吨（或者每立方米）1 ~ 10 元
33		海盐			2% ~ 5%

纳税人开采或者生产不同税目应税产品的，应当分别核算不同税目应税产品的销售额或者销售数量；未分别核算或者不能准确提供不同税目应税产品的销售额或者销售数量的，从高适用税率。

纳税人开采或者生产同一税目下适用不同税率应税产品的，应当分别核算不同税率应税产品的销售额或者销售数量；未分别核算或者不能准确提供不同税率应税产品的销售额或者销售数量的，从高适用税率。

9.1.4 资源税的计算

根据应税产品不同，资源税应纳税额两种计算方法，计算公式为：

从价定率：应纳税额 = 销售额 × 税率

从量定额：应纳税额 = 计税数量 × 单位税额

1. 销售额的确定

从价计税的应税产品以销售额为计税依据。销售额为纳税人销售应税产品向购买方收取的全部价款和价外费用。构成内容和确定方法与增值税计税依据完全相同，即不含增值税但含有资源税。

纳税人以人民币以外的货币结算销售额的，应当折合成人民币。折合率可以选择销售额发生的当天或当月1日的人民币汇率中间价。换算方法一经确定，1年内不得变更。

纳税人申报的应税产品销售额明显偏低并且无正当理由或有视同销售行为而无销售额的，除财政部、国家税务总局另有规定外，按下列顺序确定销售额：

（1）按纳税人最近时期同类产品的平均销售价格确定；

（2）按其他纳税人最近时期同类产品的平均销售价格确定；

（3）按组成计税价格确定。

组成计税价格 = 成本 ×（1+ 成本利润率）÷（1- 税率）

公式中的成本是指应税产品的实际生产成本，成本利润率由省、自治区、直辖市税务机关确定。

2. 计税数量的确定

（1）纳税人开采或生产应税产品销售的，以销售数量为计税数量。

（2）开采或生产的应税产品自用的，以使用数量为计税数量；不能准确提供应税产品使用数量的，以应税产品的产量或者主管税务机关确定的折算比换算成的数量为计税数量，具体存在以下情形。

①对于连续加工前无法正确计算原煤移送使用量的，可按加工产品的综合回收率，将加工产品实际销量和自用量折算成的原煤数量作为计税数量。

②金属和非金属矿产品原矿，因无法准确掌握纳税人移送使用原矿数量的，可将其精矿按选矿比折算成的原矿数量作为计税数量。

③纳税人以资产的液体盐加工固体盐，以加工的固体盐数量为课税数量，按固体盐税额征税。纳税人以外购的液体盐加工成固体盐，加工固体盐所耗用液体盐的已纳税额准予抵扣。

【例9-1】某铜矿2021年8月销售当月产铜矿石原矿取得销售收入3 000 000元，销售精矿取得收入12 000 000元。已知：该矿山铜矿精矿换算比为1.1，适用的资源税税率为6%。

计算该铜矿8月应纳资源税税额。

（1）该铜矿当月应税产品销售额=3 000 000×1.1+12 000 000=15 300 000（元）；

（2）该铜矿8月应纳资源税税额=15 300 000×6%=918 000（元）。

9.1.5 资源税的核算

企业核算资源税应设置“应交税费——应交资源税”科目。资源矿产品用途不同，会计核算也存在差异，具体内容如下。

1. 一般应税资源产品的会计处理

对外销售应税产品应缴资源税，借记“税金及附加”科目，贷记“应交税费——应交资源税”科目。

2. 自产自用矿产品资源税的会计处理

自产自用应税产品应缴资源税，借记“生产成本”“制造费用”等科目，贷记“应交税费——应交资源税”科目。

3. 收购未税矿产品会计处理

收购未税矿产品代扣代缴资源税，借记“应付账款”等科目，贷记“应交税费——代扣代缴资源税”科目。

4. 外购液体盐加工固体盐的会计处理

企业外购液体盐加工成固体盐，在购入液体盐时，按允许抵扣的资源税，借记“应交税费——应交资源税”科目，按外购价款扣除允许抵扣资源税后的数额，借记“物资采购”等科目，按应支付的全部价款，贷记“银行存款”等科目；企业加工成固体盐销售时，按销售固体盐应缴资源税，借记“税金及附加”科目，贷记“应交税费——应交资源税”科目，将销售固体盐应纳资源税扣抵液体盐已纳资源税后的差额上交时，借记“应交税费——应交资源税”科目，贷记“银行存款”科目；纳税人按规定缴纳资源税时，借记“应交税费——应交资源税”科目，贷记“银行存款”科目。

【例 9-2】北京昌达股份有限公司为增值税一般纳税人，2021 年 10 月生产原煤 1 000 000 吨，全部对外销售；另外该煤矿当月还生产销售天然气 2 000 万立方米。已知该煤矿原煤适用的单位税额为 2 元 / 吨，煤矿邻近的石油管理局天然气适用单位税额为 10 元 / 千立方米。计算该矿山上述业务应缴纳的资源税税额，并作会计处理。

根据税法规定，煤矿生产的天然气暂不征税。

应纳税额 =1 000 000 × 2=2 000 000（元）

计提资源税时：

借：税金及附加	2 000 000	
贷：应交税费——应交资源税		2 000 000

9.1.6 资源税的减税、免税项目

1. 免征资源税

存在下列情形之一的，免征资源税。

（1）开采原油以及油田范围内运输原油过程中用于加热的原油、天然气。

（2）煤炭开采企业因安全生产需要抽采的煤成（层）气。

2. 减征资源税

存在下列情形之一的，减征资源税。

（1）从低丰度油气田开采的原油、天然气减征 20% 资源税。

陆上低丰度油田是指每平方公里原油可采储量丰度低于 25 万立方米的油田；陆上低丰度气田是指每平方公里天然气可采储量丰度低于 2. 5 亿立方米的气田。

海上低丰度油田是指每平方公里原油可开采储量丰度低于 60 万立方米的油田；海上低丰度气田是指每平方公里天然气可开采储量丰度低于 6 亿立方米的气田。

（2）高含硫天然气、三次采油和从深水油气田开采的原油、天然气，减征 30% 的资源税。高含硫天然气是指硫化氢含量在每立方米 30 克以上的天然气。

三次采油是指二次采油后继续以聚合物驱、复合驱、泡沫驱、二氧化碳驱、气水交替驱、微生物驱等方式进行采油。

深水油气田是指水深超过 300 米的油气田。

（3）稠油、高凝油减征 40% 的资源税。

稠油是指地层原油黏度大于或等于 50 毫帕 / 秒，或原油密度大于或等于 0.92 克 / 立方厘米的原油。

高凝油是指凝固点高于 40℃，含蜡量大于 35% 的原油。

（4）从衰竭期矿山开采的矿产品，减征 30% 的资源税。

衰竭期矿山是指设计开采年限超过 15 年，且剩余可采储量下降到原设计可采储量的 20% 以下或者剩余开采年限不超过 5 年的矿山，衰竭期矿山以开采企业下属的单个矿山单位确定。

根据国民经济和社会发展的需要，国务院对有利于促进资源节约集约利用、保护环境等情形可以规定免征或者减征资源税，报全国人大常委会备案。

3. 可由省、自治区、直辖市人民政府决定的减税或者免税

存在下列情形之一的，省、自治区、直辖市人民政府可以决定减税或者免税。

（1）纳税人开采或者生产应税产品过程中，因意外事故或者自然灾害等原因遭受重大损失的。

（2）纳税人开采共伴生矿、低品位矿、尾矿。

上述两项的免征或者减征的具体办法，由省、自治区、直辖市人民政府提出，报同级人大常委会决定，并报全国人大常委会和国务院备案。

4. 减税、免税

（1）青藏铁路公司及其所属单位运营期间自采自用的砂、石等材料免征资源税。

（2）自 2018 年 4 月 1 日至 2021 年 3 月 31 日，对页岩气资源税减征 30%。

（3）自 2019 年 1 月 1 日至 2021 年 12 月 31 日，对增值税小规模纳税人可以在 50% 的税额幅度内减征资源税。

（4）自 2014 年 12 月 1 日至 2023 年 8 月 31 日，对充填开采置换出来的煤炭，资源税减征 50%。

纳税人开采或者生产同一应税产品，其中既有享受减免税政策的，又有不享受减免税政策的，按照免税、减税项目的产量占比等方法分别核算确定免税、减税项目的销售额或者销售数量。

纳税人开采或者生产同一应税产品同时符合两项或者两项以上减征资源税优惠政策的，除另有规定外，只能选择其中一项执行。

纳税人享受资源税优惠政策，实行“自行判别、申报享受、有关资料留存备查”的办理方式，另有规定的除外。纳税人对资源税优惠事项留存材料的真实性和合法性承担法律责任。

9.1.7 资源税的征收管理

1. 纳税义务发生时间

（1）纳税人销售应税产品，纳税义务的发生时间为有如下几种情况。

①纳税人采取分期收款结算方式的，纳税义务的发生时间为销售合同规定的收款日期的当天。

②纳税人采取预收货款结算方式的，纳税义务发生时间为发出应税产品的当天。

③纳税人采取其他结算方式的，纳税义务发生时间为收讫销售款或者取得索取销售款凭据的当天。

（2）纳税人自产自用应税产品的纳税义务发生时间，为移送使用应税产品的当天。

（3）扣缴义务人代扣代缴税款的纳税义务发生时间，为支付首笔货款或者首次开具应支付货款凭据的当天。

2. 纳税期限

纳税期限是纳税人发生纳税义务后缴纳税款的期限。资源税的纳税期限为 1 日、3 日、5 日、10 日、15 日

或者 1 个月，纳税人的纳税期限由主管税务机关根据实际情况具体核定。不能按固定期限计算纳税的，可以按次计算纳税。

纳税人以 1 个月为一期纳税的，自期满之日起 10 日内申报纳税；以 1 日、3 日、5 日、10 日或者 15 日为一期纳税的，自期满之日起 5 日内预缴税款，于次月 1 日起 10 日内申报纳税并结清上月税款。

3. 纳税地点

（1）凡是缴纳资源税的纳税人，都应当向应税产品的开采或者盐生产所在地主管税务机关缴纳税款。

（2）如果纳税人在本省、自治区、直辖市范围内开采或者生产应税产品，纳税地点需要调整的，由所在地省、自治区、直辖市税务机关决定。

（3）如果纳税人应纳的资源税属于跨省开采，下属生产单位与核算单位不在同一省、自治区、直辖市的，对开采的矿产品一律在开采地纳税，应纳税款由独立核算、自负盈亏的单位，按照开采地的实际销售量（或者自用量）及适用的单位税额计算划拨。

（4）扣缴义务人代扣代缴的资源税，应向收购地主管税务机关缴纳。

9.2 城镇土地使用税

关键词

城镇土地使用税
实际占用土地面积

情景

城镇土地使用税的计算。

北京昌达股份有限公司实际占地面积共计 30 000 平方米，其中，4 000 平方米为职工家属宿舍用地，600 平方米为厂区以外绿化区，800 平方米为厂内医院和幼儿园用地。该公司所处地段适用城镇土地使用税年税率为 2 元 / 平方米。

9.2.1 城镇土地使用税概述

1. 城镇土地使用税的概念

城镇土地使用税是以城镇土地为征税对象，对拥有土地使用权的单位和个人征收的一种税。

开征城镇土地使用税，有利于通过经济手段，加强对土地的管理，变土地的无偿使用为有偿使用，促进合理、节约使用土地，提高土地使用效益；有利于适当调节不同地区、不同地段之间的土地级差收入，促进企业加强经济核算，理顺国家与土地使用者之间的分配关系。

2. 城镇土地使用税的特点

（1）征税对象是国有土地。我国宪法明确规定，城镇土地的所有权归国家，单位和个人对占用的土地只有使用权而无所有权。国家既可以凭借财产权利对土地使用人获取的收益进行分配，又可以凭借政治权利对土地使用者进行征税。开征城镇土地使用税，实质上是运用国家政治权力，将纳税人获取的本应属于国家的土地收益集中到国家手中。农业土地因属于集体所有，故未纳入征税范围。

（2）征税范围。现行城镇土地使用税对在我国境内使用土地单位和个人征收。征收范围较广的土地使用税，将在筹集地方财政资金、调节土地使用和收益分配方面，发挥积极作用。

（3）实行差别幅度税额。开征城镇土地使用税的目的之一，在于调节土地的级差收入，而级差收入的产生主要取决于土地的位置。占有土地位置优越的纳税人可以节约运输和流通费用，扩大销售和经营规模，取得额外经济收益。为了有利于体现国家政策，城镇土地使用税实行差别幅度税额。对不同城镇适用不同税额，对同一城镇的不同地段，根据市政建设状况和经济繁荣程度也确定不等的负担水平。

3. 城镇土地使用税的作用

（1）有利于促进土地的合理使用。土地是一种宝贵的自然资源。我国虽然幅度辽阔，但人均占有土地面积并不宽裕。过去，我国对非农业用地基本都采取行政划拨、无偿使用的办法，造成大量土地资源的浪费。开征城镇土地使用税后，国有土地不再由单位和个人无偿使用，而要按规定向国家纳税。由于土地使用税的负担是按城市大小和所处地区经济繁荣程度确定的，因此，单位和个人多占地、占好地就要多纳税；少占地、占差地就少纳税。这样就能够促进企业合理配置土地，节约使用土地。

（2）调节土地级差收入。在我国目前市场经济条件下，影响企业效益的客观因素很多。其中，地理位置的好坏是影响企业运输成本、流通费用高低，进而影响企业利润率高低的重要因素之一。由于土地级差收入的获得与企业本身经营状况无关，如果对此不征税，则既不利于企业经济核算，也无法对企业的主观经营成果进行比较。开征城镇土地使用税，将土地的级差收入纳入国家财政，不仅有利于理顺国家和土地使用者的分配关系，而且为企业公平竞争创造了条件。

（3）筹集地方财政资金。城镇土地使用税是地方税，它的税收收入归地方政府支配，是地方财政收入的一项稳定来源。同时，由于城镇土地使用税在所有大中小城市和县城、建制镇、工矿区开征，涉及面广，收入额大，为建立和完善地方税体系创造了条件。

9.2.2 纳税义务人

在城市、县城、建制镇、工矿区范围内使用土地的单位和个人，为城镇土地使用税的纳税人。

上述所称单位，包括国有企业、集体企业、私营企业、股份制企业、外商投资企业、外国企业以及其他企事业单位、社会团体、国家机关、军队以及其他单位；所称个人，包括个体工商户以及其他个人。

城镇土地使用税的纳税人通常包括以下几类。

（1）拥有土地使用权的单位和个人。

（2）拥有土地使用权的单位和个人不在土地所在地的，实际使用人和代管人为纳税人。

（3）土地使用权未确定或权属纠纷未解决的，实际使用人为纳税人。

（4）土地使用权共有的，共有各方都是纳税人，由共有各方分别纳税。

（5）在城镇土地使用税征税范围内，承租集体所有建设用地的，由直接从集体经济组织承租土地的单位和个人，缴纳城镇土地使用税。

几个人或几个单位共同拥有一块土地的使用权，该地块城镇土地使用税的纳税人应是对这块土地拥有使用权的每一个人或每一个单位。他们应按实际使用的土地面积占总面积的比例，分别计算缴纳土地使用税。

9.2.3 征税范围

城镇土地使用税的征税范围，包括在城市、县城、建制镇和工矿区内的国家所有和集体所有的土地。

上述城市、县城、建制镇和工矿区分别按以下标准确认。

（1）城市是指经国务院批准设立的市。

（2）县城是指县人民政府所在地。

（3）建制镇是指经省、自治区、直辖市人民政府批准设立的建制镇。

（4）工矿区是指工商业比较发达，人口比较集中，符合国务院规定的建制镇标准，但尚未设立建制镇的大中型工矿企业所在地，工矿区须经省、自治区、直辖市人民政府批准。

上述城镇土地使用税的征税范围中，城市的土地包括市区和郊区的土地，县城的土地是指县人民政府所在地的城镇的土地，建制镇的土地是指镇人民政府所在地的土地。

建立在城市、县城、建制镇和工矿区以外的工矿企业不需要缴纳城镇土地使用税。

9.2.4 税率

城镇土地使用税采用定额税率，采用有幅度的差别税额，按大、中、小城市和县城、建制镇、工矿区分别规定每平方米城镇土地使用税年应纳税额，具体标准如下。

（1）大城市 1.5 ~ 30 元。

（2）中等城市 1.2 ~ 24 元。

（3）小城市 0.9 ~ 18 元。

（4）县城、建制镇、工矿区 0.6 ~ 12 元。

大、中、小城市以公安部门登记在册的非农业正式户口人数为依据，按照国务院颁布的《城市规划条例》中规定的标准划分。人口在 50 万人以上者为大城市；人口在 20 万至 50 万人者为中等城市；人口在 20 万人以下者为小城市。城镇土地使用税税率如表 9-2 所示。

表 9-2　城镇土地使用税税率

级别	人口（人）	每平方米税额（元）
大城市	50 万以上	1.5 ~ 30
中等城市	20 万至 50 万	1.2 ~ 24
小城市	20 万以下	0.9 ~ 18
县城、建制镇、工矿区		0.6 ~ 12

各省、自治区、直辖市人民政府可根据市政建设情况和经济繁荣程度在规定税额幅度内，确定所辖地区的适用税额幅度。经济落后地区，城镇土地使用税的适用税额标准可适当降低，但降低额不得超过上述规定最低

税额的 30%。经济发达地区的适用税额标准可以适当提高，但须报财政部批准。

城镇土地使用税规定幅度税额主要考虑到我国各地区存在着悬殊的土地级差收益，同一地区内不同地段的市政建设情况和经济繁荣程度也有较大差别。把城镇土地使用税税额定为幅度税额，拉开档次，而且每个幅度税额的差距规定为 20 倍。这样，各地政府在划分本辖区不同地段的等级，确定适用税额时，有选择余地，便于具体操作。幅度税额还可以调节不同地区、不同地段之间的土地级差收益，尽可能平衡税负。

9.2.5 计税依据

城镇土地使用税以纳税人实际占用的土地面积为计税依据，土地面积计量标准为每平方米。即税务机关根据纳税人实际占用的土地面积，按照规定的税额计算应纳税额，向纳税人征收城镇土地使用税。

纳税人实际占用的土地面积按下列办法确定。

（1）由省、自治区、直辖市人民政府确定的单位组织测定土地面积的，以测定的面积为准。

（2）尚未组织测定，但纳税人持有政府部门核发的土地使用证书的，以证书确认的土地面积为准。

（3）尚未核发土地使用证书的，应由纳税人申报土地面积并据以纳税，待核发土地使用证书以后再作调整。

（4）对在城镇土地使用税征税范围内单独建造的地下建筑用地，按规定征收城镇土地使用税。其中，已取得地下土地使用权证的，按土地使用权证确认的土地面积计算应征税款；未取得地下土地使用权证或地下土地使用权证上未标明土地面积的，按地下建筑垂直投影面积计算应征税款。

对上述地下建筑用地，暂按应征税款的 50% 征收城镇土地使用税。

9.2.6 城镇土地使用税的计算

城镇土地使用税以纳税人实际占用的土地面积为计税依据，实行从量计征。计算公式为：

（年）应纳税额 = 实际占用土地面积 × 定额税率

纳税人实际占用的土地面积按下列办法确定：凡由省、自治区、直辖市人民政府确定的单位组织测定面积的，以测定面积为依据；尚未组织测量，但纳税人持有政府部门核发的土地使用证书的，以证书确认的土地面积为依据；尚未核发土地使用证书的，以纳税人申报土地面积为依据，待核发土地使用证后再作调整。

【例 9-3】设在某城市的一家企业使用土地面积为 20 000 平方米，经税务机关核定，该土地为应税土地，每平方米年税额为 3 元。请计算其全年应纳的城镇土地使用税税额。

全年应纳税额 =20 000 × 3=60 000（元）

9.2.7 城镇土地使用税应纳税额的会计核算

企业核算城镇土地使用税应设置“应交税费——应交城镇土地使用税”科目。纳税人纳税义务发生计提税款时，借记“管理费用”科目，贷记“应交税费——应交城镇土地使用税”科目；实际缴纳税款时，借记“应交税费——应交城镇土地使用税”科目，贷记“银行存款”科目。

【例 9-4】北京昌达股份有限公司实际占地面积共计 30 000 平方米，其中，4 000 平方米为职工家属宿舍用地，600 平方米为厂区以外绿化区，800 平方米为厂内医院和幼儿园用地。该公司所处地段适用城镇土地使用税年税率为 2 元 / 平方米。计算该公司应缴纳的城镇土地使用税税额，并作会计处理。

根据税法规定，厂区以外的公共绿地、企业办的幼儿园用地，免征城镇土地使用税；纳税单位的职工家属宿舍用地，应缴纳城镇土地使用税。

应纳税额 =（30 000 — 600 — 800）× 2=57 200（元）

计提城镇土地使用税时，编制会计分录：

借：管理费用　57 200

　贷：应交税费——应交城镇土地使用税　57 200

实际缴纳税款时，编制会计分录：

借：应交税费——应交城镇土地使用税　57 200

　贷：银行存款　57 200

9.2.8 税收优惠

1. 法定免征城镇土地使用税的优惠

（1）国家机关、人民团体、军队自用的土地。

上述土地是指这些单位本身的办公用地和公务用地。如国家机关、人民团体的办公楼用地，军队的训练场用地等。

（2）由国家财政部门拨付事业经费的单位自用的土地。

上述土地是指这些单位本身的业务用地。如学校的教学楼、操场、食堂等占用的土地。

（3）宗教寺庙、公园、名胜古迹自用的土地。

宗教寺庙自用的土地是指举行宗教仪式等的用地和寺庙内的宗教人员生活用地。公园、名胜古迹自用的土地，是指供公共参观游览的用地及其管理单位的办公用地。

以上单位的生产、经营用地和其他用地，不属于免税范围，应按规定缴纳城镇土地使用税，如公园、名胜古迹中附设的营业单位如影剧院、饮食部、茶社、照相馆等使用的土地。

（4）市政街道、广场、绿化地带等公共用地。

（5）直接用于农、林、牧、渔业的生产用地。

上述土地是指直接从事于种植养殖、饲养的专业用地，不包括农副产品加工场地和生活办公用地。

（6）经批准开山填海整治的土地和改造的废弃土地，从使用的月份起免征城镇土地使用税 5 ~ 10 年。

具体免税期限由各省、自治区、直辖市税务局在《中华人民共和国城镇土地使用税暂行条例》规定的期限内自行确定。

（7）对非营利性医疗机构、疾病控制机构和妇幼保健机构等卫生机构和非营利性科研机构自用的土地，免征城镇土地使用税。

（8）对国家拨付事业经费和企业办的各类学校，托儿所、幼儿园自用的房产、土地，免征城镇土地使用税。

（9）免税单位无偿使用纳税单位的土地（如公安、海关等单位使用铁路、民航等单位的土地），免征城镇土地使用税。纳税单位无偿使用免税单位的土地，纳税单位应照章缴纳城镇土地使用税。纳税单位与免税单位共同使用、共有使用权土地上的多层建筑，对纳税单位可按其占用的建筑面积占建筑总面积的比例，计征城镇土地使用税。

（10）对改造安置住房建设用地免征城镇土地使用税。

在商品住房等开发项目中配套建造安置住房的，依据政府部门出具的相关材料、房屋征收（拆迁）补偿协议或棚户区改造合同（协议），按改造安置住房建筑面积占总建筑面积的比例，免征城镇土地使用税。

（11）为了体现国家的产业政策，支持重点产业的发展，对石油、电力、煤炭等能源用地，民用港口、铁路等交通用地和水利设施用地，盐业、采石场、邮电等一些特殊用地划分了征免税界限和给予政策性减免税照顾，具体规定如下。

①对石油天然气生产建设中用于地质勘探、钻井、井下作业、油气田地面工程等施工临时用地，石油天然

气生产企业厂区以外的铁路专用线、公路及输油（气、水）管道用地，油气长输管线用地，暂免征收城镇土地使用税。

②对企业的铁路专用线、公路等用地，在厂区以外、与社会公用地段未加隔离的，暂免征收城镇土地使用税。

③对企业厂区以外的公共绿化用地和向社会开放的公园用地，暂免征收城镇土地使用税；对企业厂区（包括生产、办公及生活区）以内的绿化用地，应照章征收城镇土地使用税。

④对盐场的盐滩、盐矿的矿井用地，暂免征收城镇土地使用税。

（12）自 2019 年 1 月 1 日至 2021 年 12 月 31 日，对专门经营农产品的农产品批发市场、农贸市场使用（包括自有和承租，下同）的房产、土地，暂免征收城镇土地使用税。对同时经营其他产品的，按其他产品与农产品交易场地面积的比例确定征免城镇土地使用税。

农产品批发市场和农贸市场，是指经工商登记注册，供买卖双方进行农产品及其初加工品现货批发或零售交易的场所。农产品包括粮油、肉禽蛋、蔬菜、干鲜果品、水产品、调味品、棉麻、活畜、可食用的林产品以及由省、自治区、直辖市财税部门确定的其他可食用的农产品。享受上述税收优惠的房产、土地，是指农产品批发市场、农贸市场直接为农产品交易提供服务的房产、土地。农产品批发市场、农贸市场的行政办公区、生活区，以及商业餐饮娱乐等非直接为农产品交易提供服务的房产、土地，不属于规定的优惠范围，按规定征收城镇土地使用税。

（13）自 2020 年 1 月 1 日起至 2022 年 12 月 31 日止，对物流企业自有（包括自用和出租）或承租的大宗商品仓储设施用地，减按所属土地等级适用税额标准的 50%，计征城镇土地使用税。

（14）自 2019 年 1 月 1 日至 2021 年 12 月 31 日，对国家级、省级科技企业孵化器、大学科技园和国家备案众创空间自用以及无偿或通过出租等方式提供给在孵对象使用的土地，免征城镇土地使用税。

（15）自 2019 年 1 月 1 日至 2021 年 12 月 31 日，对城市公交站场、道路客运站场、城市轨道交通系统运营用地，免征城镇土地使用税。

2. 省、自治区、直辖市税务局确定的城镇土地使用税减免优惠

（1）个人所有的居住房屋及院落用地。

（2）房产管理部门在房租调整改革前经租的居民住房用地。

（3）免税单位职工家属的宿舍用地。

（4）集体和个人办的各类学校、医院、托儿所、幼儿园用地。

9.2.9 城镇土地使用税的征收管理

1. 纳税期限

城镇土地使用税实行按年计算、分期缴纳的征收方法，具体纳税期限由省、治区、直辖市人民政府确定。

2. 纳税义务发生时间

（1）纳税人购置新建商品房，自房屋交付使用的次月起，缴纳城镇土地使用税。

（2）纳税人购置存量房，自办理房屋权属转移、变更登记手续，房地产权属登记机关签发房屋权属证书的次月起，缴纳城镇土地使用税。

（3）纳税人出租、出借房产，自交付出租、出借房产的次月起，缴纳城镇土地使用税。

（4）以出让或转让方式有偿取得土地使用权的，应由受让方从合同约定交税地时间的次月起缴纳城镇土地使用税；合同未约定交付时间的，由受让方从合同签订的次月起缴纳城镇土地使用税。

（5）纳税人新征用的耕地，自批准征用之日起满 1 年时开始缴纳土地使用税。

（6）纳税人新征用的非耕地，自批准征用次月起缴纳土地使用税。

（7）自 2009 年 1 月 1 日起，纳税人因土地的权利发生变化而依法终止城镇使用税纳税义务的，应纳税款的计算应截至土地权利发生变化的当月末。

3. 纳税地点和征收机构

城镇土地使用税在土地所在地缴纳。

纳税人使用的土地不属于同一省、自治区、直辖市管辖的，由纳税人分别向土地所在地的税务机关缴纳土地使用税；在同一省、自治区、直辖市管辖范围内，纳税人跨地区使用的土地，纳税地点由各省、自治区、直辖市地方税务局确定。

城镇土地使用税由土地所在地的地方税务机关征收，收入纳入地方财政预管理。土地使用税征收工作涉及面广，政策性强，在税务机关负责征收的同时，还必须注意加强同国土管理、测绘等有关部门的联系，及时取得土地的权属资料，沟通情况，共同协作把征收管理工作做好。

项目小结

本项目主要介绍了资源税和城镇土地使用税的含义、纳税义务人、税目与税率、计税依据、税收优惠和征收管理。对资源税和城镇土地使用税应纳税额的计算、会计核算的掌握处理应重点把握。

项目 10
其他税种

导语

本章介绍各个小税种的税法要素规定及相关的会计处理方法。虽然在纳税金额等方面都较小，但它们却是国家主体税种不可缺少的补充，征税范围广泛，具有重要的财政收入及经济调节效应。对于纳税人来讲，在其经营中会经常发生各种涉及这些小税种的行为。

通过本项目，可以学习：

1. 其他税种的征税对象；
2. 其他税种的优惠政策；
3. 其他税种的会计核算；
4. 其他税种的纳税申报。

学习目标

- 了解城市维护建设税应纳税额的计算
- 掌握车辆购置税应纳税额的计算
- 掌握耕地占用税的计税依据

应知应会

- 城市维护建设税和车辆购置税的会计核算
- 耕地占用税、船舶税、烟叶税的会计核算

项目地位

税收作为重要的市场经济调节手段，对于促进我国的城市发展以及解决不同企业之间，企业与居民之间的环境公平具有决定意义。

项目导图

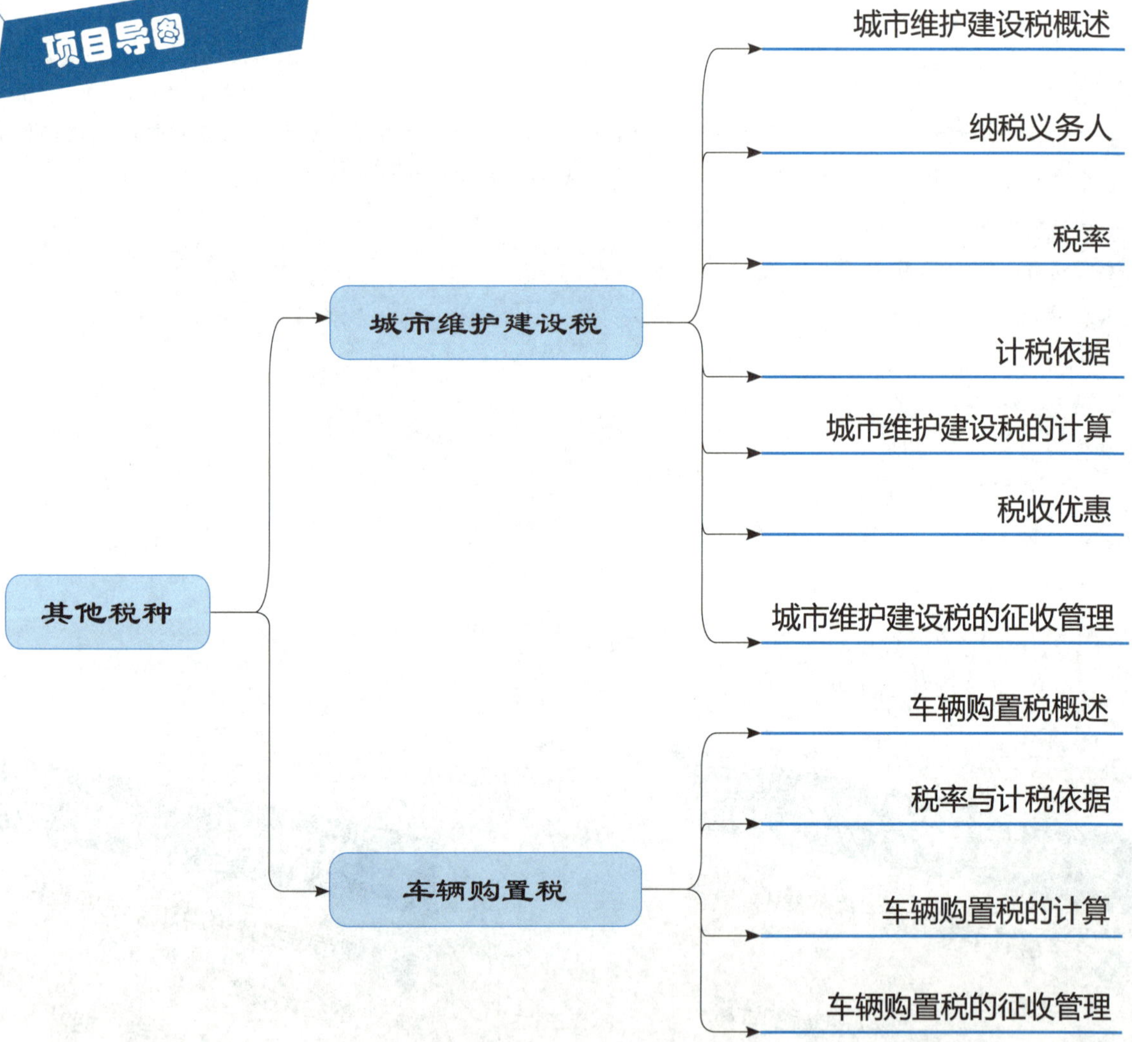

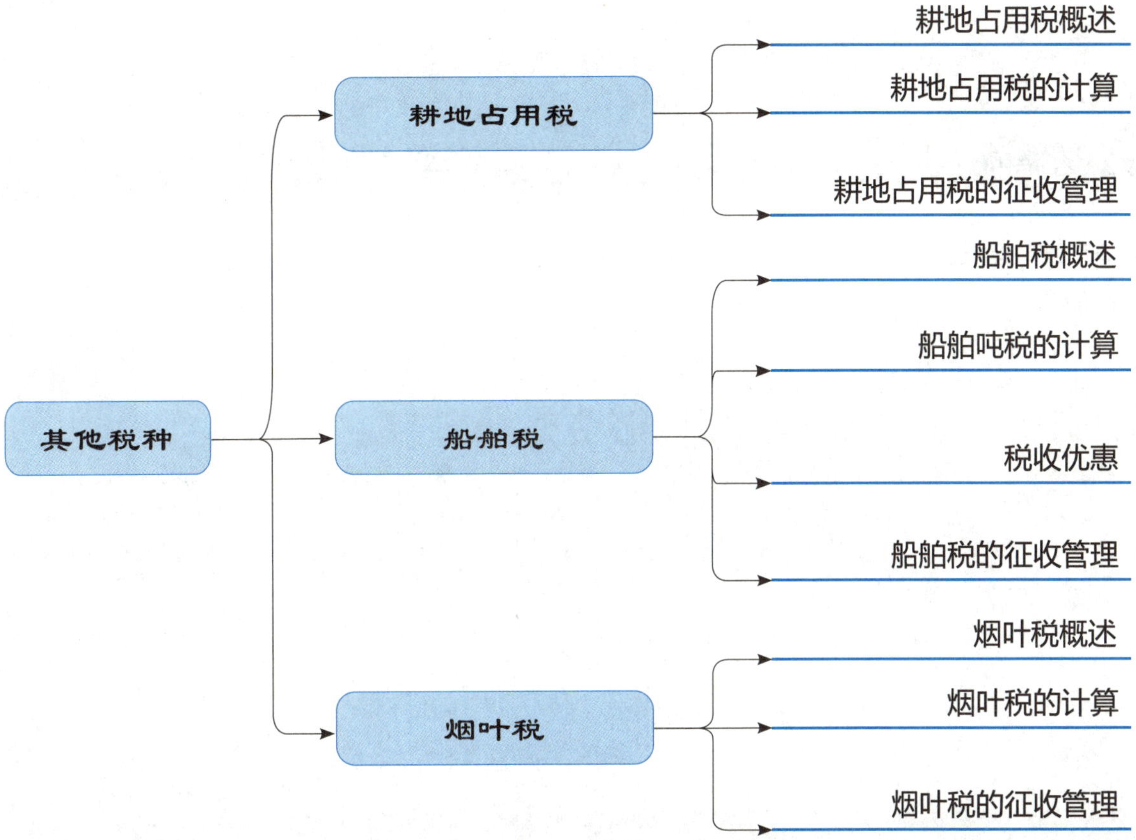
其他税种
耕地占用税
耕地占用税概述
耕地占用税的计算
耕地占用税的征收管理
船舶税
船舶税概述
船舶吨税的计算
税收优惠
船舶税的征收管理
烟叶税
烟叶税概述
烟叶税的计算
烟叶税的征收管理

10.1 城市维护建设税

关键词

城市维护建设税
附加税

情景

城市维护建设税核算。

北京昌达股份有限公司为增值税一般纳税人，位于市区，2021年11月实际缴纳增值税80 000元，消费税20 000元，计算企业应缴纳的城市维护建设税。

10.1.1 城市维护建设税概述

1. 城市维护建设税的概念

城市维护建设税是对从事工商经营，缴纳增值税、消费税的单位和个人征收的一种附加税。

中华人民共和国成立以来，我国城市建设和维护在不同时期都取得了较大成绩，但国家在城市建设方面一直资金不足。1979 年以前，我国用于城市维护建设的资金来源由当时的工商税附加、城市公用事业附加和国家下拨城市维护费组成。1979 年国家开始在部分大中城市试行从上年工商利润中提取 5% 用于城市维护和建设的办法，但未能从根本上解决问题。1981 年国务院在批转财政部关于改革工商税制的设想中提出："根据城市建设的需要，开征城市维护建设税，作为县以上城市和工矿区市政建设的专项资金。"1985 年 2 月 8 日国务院颁布了《中华人民共和国城市维护建设税暂行条例》并于 1985 年 1 月 1 日在全国范围内施行。为了加快税收立法进程、进一步贯彻落实税收法定原则，2020 年 8 月 11 日，第十三届全国人民代表大会常务委员会第二十一次会议表决通过《中华人民共和国城市维护建设税法》，并于 2021 年 9 月 1 日起实施。

2. 城市维护建设税的特点

1）税款专款专用

一般情况下，税收收入都直接纳入国家预算，由中央和地方政府根据需要，统一安排使用到国家建设和事业发展的各个方面，税法并不规定各个税种收入的具体使用范围和方向。但城市维护建设税不同，其所征税款要求保证用于城市公用事业和公共设施的维护和建设。

2）属于一种附加税

征税对象是税法规定征税的目的物，是一个税种区别于另一个税种的主要标志。而城市维护建设税是以纳税人实际缴纳的增值税、消费税为计税依据，随增值税、消费税同时征收，其本身没有特定的课税对象，其征管方法也完全比照增值税、消费税的有关规定办理。

3）根据城镇规模设计不同的比例税率

城市维护建设税的负担水平，不是依据纳税人获取的利润水平或经营特点而定，而是根据纳税人所在城镇的规模及其资金需要设计的。城镇规模大的，税率高一些；反之，就低一些。例如，纳税人所在地在城市市区的，税率为 7%；在县城、建制镇的税率为 5%。这样规定能够使不同地区获取不同数量的城市维护建设资金，因地制宜地进行城市的维护和建设。

4）征收范围较广

增值税、消费税是对商品和劳务的征税，在我国现行税制体系中居主体税种的地位，占全部税收收入总额的 70% 左右，其征税范围基本上包括了我国境内所有经营行为的单位和个人。城市维护建设税以增值税、消费税税额作为税基，从这个意义上看，城市维护建设税几乎是对所有纳税人的征税，因此，它的征税范围比其他任何税种的征税范围都要广。

3. 城市维护建设税的作用

1）补充城市维护建设资金的不足

城市在国民经济建设中有着重要的作用。随着我国经济体制改革的深入和市场经济的迅速发展，我国城市化进程也在不断加快，城市的中心地位越来越重要。但是，由于城市建设资金不足，使城市的维护建设欠账较多，远远跟不上工农业生产和各项事业发展的需要。在 1984 年以前，国家用于城市维护建设的资金，除了在基本建设投资中安排及征收城市公用事业附加外，还在部分城市试行从上年利润中提取 5% 的城市维护费的办法。采用这种办法集中城建资金，不仅面窄、量少，而且极不稳定。城市维护建设税以增值税、消费税应纳税额作为计税依据，保证税源的充足，对补充城市维护建设税资金的不足发生了积极的作用。

2）限制了对企业乱摊派

在开征城市维护建设税以前，有些地区和部门借口城建资金不足，随意向企业摊派物资和资金，加重了企业的负担，影响了企业正常生产经营和发展。征收城市维护建设税后，国家把地方政府用于城市维护建设的资金来源用法律形式固定下来。所以，《城市维护建设税暂行条例》第八条明确规定：开征城市建设维护税后，任何地区和部门，都不得再向纳税人摊派资金或物资。遇到摊派情况，纳税人有权拒绝执行。这就为限制对企业的乱摊派提供了法律保证。

3）调动了地方政府进行城市维护和建设的积极性

《中华人民共和国城市维护建设税暂行条例》第六条规定：城市维护建设税应当保证用于城市的公用事业和公共设施的维护建设，具体安排由地方人民政府确定。这就明确了城市委会建设税是一个具有专款专用性质的地方税。将城市维护建设税收入与当地城市建设直接挂钩，税收收入越多，城镇建设资金就越充裕，城镇建设发展就越快。

这样，就可以充分调动地方政府的积极性，使其关心城市维护建设税收入，加强城市维护建设税的征收管理。从另一角度看，城市维护建设税作为一个地方税种，也充实和完善了地方税体系，扩大了地方政府的财政收入规模，为整体税制的进一步完善起到了积极的作用。

10.1.2 纳税义务人

城建税的纳税义务人，是指负有缴纳增值税、消费税的单位和个人，包括国有企业、集体企业、私营企业、股份制企业、其他企业和行政单位、事业单位、军事单位、社会团体、其他单位，以及个体工商户及其他个人。

10.1.3 税率

城市维护建设税的税率，是指纳税人应缴纳的城市维护建设税税额与纳税人实际缴纳的增值税、消费税税额之间的比率。城建税按纳税人所在地的不同，设置了三档地区差别比例税率，即：

（1）纳税人所在地为市区的，税率为 7%。

（2）纳税人所在地为县城、镇的，税率为 5%。

（3）纳税人所在地不在市区、县城或者镇的，税率为 1%。

城建税的适用税率，应当按纳税人所在地的规定税率执行。但是，对下列两种情况，可按缴纳增值税、消费税所在地的规定税率就地缴纳城建税。

第一种情况：由受托方代扣代缴、代收代缴增值税、消费税的单位和个人，其代扣代缴、代收代缴的城建税按受托方所在地适用税率执行。

第二种情况：流动经营等无固定纳税地点的单位和个人，在经营地缴纳增值税、消费税的，其城建税的缴纳按经营地适用税率执行。

10.1.4 计税依据

城建税的计税依据是指纳税人实际缴纳的增值税、消费税税额。纳税人违反增值税、消费税有关税法而加收的滞纳金和罚款，是税务机关对纳税人违法行为的经济制裁，不作为城建税的计税依据，但纳税人在被查补增值税、消费税和被处以罚款时，应同时对其偷漏的城建税进行补税、征收滞纳金和罚款。

城建税以增值税、消费税税额为计税依据并同时征收，如果要免征或者减征增值税、消费税，也就要同时免征或者减征城建税。

供货企业向出口企业和市县外贸企业销售出口产品时，以增值税当期销项税额抵扣进项税额后的余额，计算缴纳城建税。但对出口产品退还增值税、消费税的，不退还已缴纳的城建税。

经国家税务总局正式审核批准的当期免抵的增值税税额应纳入城市维护建设税和教育费附加的计征范围，分别按规定的税（费）率征收城市维护建设税和教育费附加。

10.1.5 城市维护建设税的计算

城建税纳税人的应纳税额大小是由纳税人实际缴纳的增值税、消费税税额决定的，其计算公式为

应纳税额 = 纳税人实际缴纳的增值税、消费税税额 × 适用税率

【例 10-1】北京昌达股份有限公司 2021 年 6 月，实际缴纳增值税 180 000 元、消费税 360 000 元。该企业应缴纳多少城市维护建设税？

应纳城市维护建设税税额 =（180 000+360 000）× 7%=37 800（元）

分录编制：

计提城建税时：

借：税金及附加　　37 800

　　贷：应交税费——应交城建税　　37 800

缴纳城建税时：

借：应交税费——应交城建税　　37 800

　　贷：银行存款　　37 800

10.1.6 税收优惠

城建税原则上不单独减免，但因城建税又具附加税性质，当主税发生减免时，城建税相应发生税收减免。城建税的税收减免具体有以下几种情况。

（1）城建税按减免后实际缴纳的增值税、消费税税额计征，即随增值税、消费税的减免而减免。

（2）对于因减免税而需进行增值税、消费税退库的，城建税也可同时退库。

（3）海关对进口产品代征的增值税、消费税，不征收城建税。

（4）为支持三峡工程建设，对三峡工程建设基金，自 2004 年 1 月 1 日至 2009 年 12 月 31 日期间，免征城市维护建设税和教育费附加。

（5）对增值税、消费税实行先征后返、先征后退、即征即退办法的，除另有规定外；对随增值税、消费税附征的城市维护建设税和教育费附加，一律不予退（返）还。

10.1.7 城市维护建设税的征收管理

1. 城市维护建设税的纳税环节

城市维护建设税的纳税环节，与纳税人缴纳增值税、消费税的环节一致。城市维护建设税与增值税、消费税同时征收。

2. 城市维护建设税的纳税期限

由于城市维护建设税是由纳税人在缴纳增值税、消费税时同时缴纳的，所以其纳税期限分别与增值税、消费税的纳税期限一致。根据增值税法和消费税法规定，增值税、消费税的纳税期限分别为 1 日、3 日、5 日、

10 日、15 日或者 1 个月。增值税、消费税的纳税人的具体纳税期限，由主管税务机关根据纳税人应纳税额大小分别核定；不能按照固定期限纳税的，可以按次纳税。

3. 纳税地点

城市维护建设税以纳税人实际缴纳的增值税、消费税税额为计税依据，分别与增值税、消费税同时缴纳。所以，纳税人缴纳增值税、消费税的地点，就是该纳税人缴纳城市维护建设税的地点。但是，属于下列情况的，纳税地点各有不同。

（1）代扣代缴、代收代缴增值税、消费税的单位和个人，同时也是城市维护建设税的代扣代缴、代收代缴义务人，其城市维护建设税的纳税地点在代扣代收地。

（2）跨省开采的油田，下属生产单位与核算单位不在一个省内的，其生产的原油，在油井所在地缴纳增值税，其应纳税款由核算单位按照各油井的产量和规定税率，计算汇拨各油井缴纳。所以，各油井应纳的城市维护建设税，应由核算单位计算，随同增值税一并汇拨油井所在地，由油井在缴纳增值税的同时，一并缴纳城市维护建设税。

（3）纳税人跨地区提供建筑服务、销售和出租不动产的，应在建筑服务发生地、不动产所在地预缴增值税时，以预缴增值税税额为计税依据，并按预缴增值税所在地的城市维护建设税适用税率和教育费附加征收率就地计算缴纳城市维护建设税和教育费附加。

预缴增值税的纳税人在其机构所在地申报缴纳增值税时，以其实际缴纳的增值税税额为计税依据，并按机构所在地的城市维护建设税适用税率和教育费附加征收率就地计算缴纳城市维护建设税和教育费附加。

（4）对流动经营等无固定纳税地点的单位和个人，应随同增值税、消费税在经营地按适用税率缴纳。

10.2 车辆购置税

关键词

车辆购置税

情景

车辆购置税的计算。

张航从天行汽车有限公司购买一辆小汽车供自己使用，支付了含增值税税款在内的款项260 000元，另支付临时牌照费610元，保险费2 000元，车内装饰费2 400元。所支付款项均由该汽车有限公司开具“机动车销售统一发票”和有关单据。

10.2.1 车辆购置税概述

1. 车辆购置税的概念

车辆购置税是以在中国境内购置规定车辆为课税对象、在特定的环节向车辆购置税者征收的一种税。就其性质而言，属于直接税的范畴。

车辆购置税是 2001 年 1 月 1 日在我国开征的新税种，是在原交通部门收取的车辆购置税附加费的基础上，通过“费改税”方式改革而来的。车辆购置税基本保留了原车辆附加费的特点。

2. 车辆购置税的纳税义务人

车辆购置税是以在中国境内购置规定车辆为课税对象、在特定的环节向车辆购置者征收的一种税。就其性质而言，属于直接税的范畴。

车辆购置税的纳税人是指在中华人民共和国境内购置汽车、有轨电车、汽车挂车、排气量超过 150 毫升的摩托车（以下统称应税车辆）的单位和个人。其中购置是指以购买、进口、自产、受赠、获奖或者其他方式取得并自用应税车辆的行为。车辆购置税实行一次性征收。购置已征车辆购置税的车辆，不再征收车辆购置税。

3. 车辆购置税的征税范围

车辆购置税以列举的车辆作为征税对象，未列举的车辆不纳税。其征税范围包括汽车、有轨电车、汽车挂车、排气量超过 150 毫升的摩托车。

地铁、轻轨等城市轨道交通车辆，装载机、平地机、挖掘机、推土机等轮式专用机械车，以及起重机（吊车）、叉车、电动摩托车，不属于应税车辆。

纳税人进口自用应税车辆，是指纳税人直接从境外进口或者委托代理进口自用的应税车辆，不包括在境内购买的进口车辆。

10.2.2 税率与计税依据

1. 税率

车辆购置税实行统一比例税率，税率为 10%。

2. 计税依据

计税依据为应税车辆的计税价格，按照下列规定确定。

（1）纳税人购置应税车辆，以发票电子信息中的不含增值税价作为计税价格。纳税人依据相关规定提供其他有效价格凭证的情形除外。

应税车辆存在多条发票电子信息或者没有发票电子信息的，纳税人按照购置应税车辆实际支付给销售方的全部价款（不包括增值税税款）申报纳税。

（2）纳税人进口自用应税车辆的计税价格，为关税完税价格加上关税和消费税；纳税人进口自用应税车辆，是指纳税人直接从境外进口或者委托代理进口自用的应税车辆，不包括在境内购买的进口车辆。

（3）纳税人自产自用应税车辆的计税价格，按照纳税人生产的同类应税车辆（即车辆 配置序列号相同的车辆）的销售价格确定，不包括增值税税款；没有同类应税车辆销售价格的，按照组成计税价格确定。组成计税价格计算公式为：

$$组成计税价格 = 成本 \times （1+ 成本利润率）$$

属于应征消费税的应税车辆，其组成计税价格中应加计消费税税额。

上述公式中的成本利润率，由国家税务总局各省、自治区、直辖市和计划单列市税务局确定。

（4）纳税人以受赠、获奖或者其他方式取得自用应税车辆的计税价格，按照购置应税车辆时相关凭证载明的价格确定，不包括增值税税款。

这里所称的购置应税车辆时相关凭证，是指原车辆所有人购置或者以其他方式取得应税车辆时载明价格的凭证。无法提供相关凭证的，参照同类应税车辆市场平均交易价格确定其计税价格。原车辆所有人为车辆生产或者销售企业，未开具机动车销售统一发票的，按照车辆生产或者销售同类应税车辆的销售价格确定应税车辆的计税价格。无同类应税车辆销售价格的，按照组成计税价格确定应税车辆的计税价格。

纳税人以外汇结算应税车辆价款的，按照申报纳税之日的人民币汇率中间价折合成人民币计算缴纳税款。

10.2.3 车辆购置税的计算

车辆购置税实行从价定率的方法计算应纳税额，计算公式为：

应纳税额 = 计税依据 × 税率

由于应税车辆的来源、应税行为的发生以及计税依据组成的不同，因而，车辆购置税应纳税额的计算方法也有区别。

1. 购买自用应税车辆应纳税额的计算

在应纳税额的计算当中，应注意以下费用的计税规定。

（1）购买者随购买车辆支付的工具件和零部件价款应作为购车价款的一部分，并入计税依据中征收车辆购置税。

（2）支付的车辆装饰费应作为价外费用并入计税依据中计税。

（3）代收款项应区别征税。凡使用代收单位（受托方）票据收取的款项，应视作代收单位价外收费，购买者支付的价费款，应并入计税依据中一并征税；凡使用委托方票据收取，受托方只履行代收义务和收取代收手续费的款项，应按其他税收政策规定征税。

（4）销售单位开给购买者的各种发票金额中包含增值税税款。因此，计算车辆购置税时，应换算为不含增值税的计税价格。

（5）购买者支付的控购费，是政府部门的行政性收费，不属于销售者的价外费用范围，不应并入计税价格计税。

（6）销售单位开展优质销售活动所开票收取的有关费用，应属于经营性收入，企业在代理过程中按规定支付给有关部门的费用，企业已作经营性支出列支核算，其收取的各项费用并在一张发票上难以划分的，应作为价外收入计算征税。

【例 10-2】罗先生 2021 年 6 月份购入北京昌达股份有限公司的某型号小汽车一辆供自己使用，支付含增值税价款 180 000 元，另支付代收保险费 2 800 元，支付购买工具件和零配件价款 2 000 元，发生车辆装饰费 2 200 元。所支付的款项均由汽车销售公司开具“机动车销售统一发票”和有关票据。计算罗先生应缴纳的车辆购置税税额。

因为所支付的款项均由汽车销售公司开具“机动车销售统一发票”和有关票据，因此除增值税外的所有款项均应作为计税依据。

计税依据 =（180 000+2 800+2 000+2 200）÷（1+13%）=165 486.73（元）

应纳税额 =165 486.73 × 10%=16 548.67（元）

2. 进口自用应税车辆应纳税额计算

进口自用应税车辆以组成计税价格为计税依据。其应纳税额计算公式为

应纳税额 =（关税完税价格 + 关税 + 消费税）× 税率

【例 10-3】北京昌达股份有限公司 2021 年 6 月从国外进口宝马公司生产的某型号小轿车 8 辆。该批进口轿车经报关地海关审查核定，关税完税价格每辆 130 000 元，海关按规定征收关税每辆 50 000 元，并按规定代征了轿车的进口环节消费税每辆 38 000 元和增值税每辆 35 300 元。该公司将其中一辆留给本企业自用。计算该公司应纳车辆购置税税额。

根据法规规定，购入自用的车辆应缴纳车辆购置税，用于销售的不征税。

计税依据 =130 000+50 000+38 000=218 000（元）

应纳税额 =218 000 × 10%=21 800（元）

3. 其他自用应税车辆应纳税额的计算

纳税人自产自用、受赠使用、获奖使用和以其他方式取得并自用应税车辆的，凡不能取得该型车辆的购置价格，或者低于最低计税价格的，以国家税务总局核定的最低计税价格作为计税依据计算征收车辆购置税：

应纳税额 = 最低计税价格 × 税率

4. 特殊情形下自用应税车辆应纳税额的计算

（1）减税、免税条件消失车辆应纳税额的计算。对减税、免税条件消失的车辆，纳税人应按现行规定，在办理车辆过户手续前或者办理变更车辆登记注册手续前向税务机关缴纳车辆购置税。

应纳税额 = 同类型新车最低计税价格 ×［1 –（已使用年限 ÷ 规定使用年限）］× 100% × 税率

（2）未按规定纳税车辆应补税额的计算。纳税人未按规定纳税的，应按现行政策规定的计税价格，区分情况分别确定征税。不能提供购车发票和有关购车证明资料的，检查地税务机关应按同类型应税车辆的最低计税价格征税；如果纳税人回落籍地后提供的购车发票金额与支付的价外费用之和高于核定的最低计税价格的，落籍地主管税务机关还应对其差额计算补税。

应纳税额 = 最低计税价格 × 税率

10.2.4 车辆购置税的征收管理

根据 2006 年 1 月 1 日开始试行的《车辆购置税征收管理办法》，车辆购置税的征收规定如下。

（1）纳税申报。纳税人购置应税车辆，应当向车辆登记地的主管税务机关申报缴纳车辆购置税；购置不需要办理车辆登记的应税车辆的，应当向纳税人所在地的主管税务机关申报缴纳车辆购置税。

车辆购置税的纳税义务发生时间为纳税人购置应税车辆的当日。纳税人应当自纳税义务发生之日起六十日内申报缴纳车辆购置税。纳税人应当在向公安机关交通管理部门办理车辆注册登记前，缴纳车辆购置税。

（2）纳税人应到下列地点办理车辆购置税纳税申报：

①需要办理车辆登记注册手续的纳税人，向车辆登记注册地的主管税务机关办理纳税申报；

②不需要办理车辆登记注册手续的纳税人，向纳税人所在地的主管税务机关办理纳税申报。

（3）车辆购置税实行一车一申报制度。

（4）纳税人购买自用应税车辆的，应自购买之日起 60 日内申报纳税；进口自用应税车辆的，应自进口之日起 60 日内申报纳税；自产、受赠、获奖或者以其他方式取得并自用应税车辆的，应自取得之日起 60 日内申报纳税。

（5）免税车辆因转让、改变用途等原因，其免税条件消失的，纳税人应在免税条件消失之日起 60 日内到主管税务机关重新申报纳税。

免税车辆发生转让，但仍属于免税范围的，受让方应当自购买或取得车辆之日起 60 日内到主管税务机关重新申报免税。

（6）纳税人办理纳税申报时应如实填写“车辆购置税纳税申报表”（以下简称纳税申报表），同时提供以下资料：

①纳税人身份证；

②车辆价格证明；

③车辆合格证明；

④税务机关要求提供的其他资料。

（7）免税条件消失的车辆，纳税人在办理纳税申报时，应如实填写纳税申报表，同时提供以下资料：

①发生二手车交易行为的，提供纳税人身份证明、“二手车销售统一发票”和“车辆购置税完税证明”（以下简称完税证明）正本原件；

②未发生二手车交易行为的，提供纳税人身份证明、完税证明正本原件及有效证明资料。

（8）纳税环节。车辆购置税的征税环节为使用环节，即最终消费环节。具体而言，纳税人应当在向公安机关等车辆管理机构办理车辆登记注册手续前，缴纳车辆购置税。

（9）纳税地点。纳税人购置应税车辆，应当向车辆登记注册地的主管税务机关申报纳税；购置不需办理车辆登记注册手续的应税车辆，应当向纳税人所在地主管税务机关申报纳税。车辆登记注册地是指车辆的上牌落籍地或落户地。

（10）纳税期限。纳税人购买自用的应税车辆，自购买之日起 60 日内申报纳税；进口自用的应税车辆，应当自进口之日起 60 日内申报纳税；自产、受赠、获奖和以其他方式取得并自用的应税车辆，应当自取得之日起 60 日内申报纳税。

这里的“购买之日”是指纳税人购车发票上注明的销售日期；“进口之日”是指纳税人报关进口的当天。

10.3 耕地占用税

关键词

耕地占用税
耕地面积

情景

耕地占用税的核算。

北京昌达股份有限公司新占用 22 000 平方米耕地建设库房，所占耕地适用的定额税率为 20 元 / 平方米，计算该企业应纳的耕地占用税。

10.3.1 耕地占用税的概述

1. 耕地占用税概述

耕地占用税是对占用耕地建房或从事其他非农业建设的单位和个人，就其实际占用的耕地面积征收的一种税，它属于对特定土地资源占用课税。耕地是土地资源中最重要的组成部分，是农业生产最基本的生产资料。但我国人口众多，耕地资源相对较少，要用占世界总量 7% 的耕地，养活占世界总量 22% 的人口，人多地少的矛盾十分突出。为了遏制并逐步改变这种状况，政府决定开征耕地占用税，运用税收经济杠杆与法律、行政等手段相配合，以便有效地保护耕地。通过开征耕地占用税，使那些占用耕地建房及从事其他非农业建设的单位和个人承担必要的经济责任，有利于政府运用税收经济杠杆调节他们的经济利益，引导他们节约、合理地使用耕地资源。这对于保护国土资源，促进农业可持续发展，以及强化耕地管理，保护农民的切身利益等，都具有十分重要的意义。

2. 耕地占用税的纳税人

耕地占用税的纳税人是指在中华人民共和国境内占用耕地建设建筑物、构筑物或者从事非农业建设的单位和个人。

经批准占用耕地的，纳税人为农用地转用审批文件中标明的建设用地人；农用地转用审批文件中未标明建设用地人的，纳税人为用地申请人，其中用地申请人为各级人民政府的，由同级土地储备中心、自然资源主管部门或政府委托的其他部门、单位履行耕地占用税申报纳税义务。

未经批准占用耕地的，纳税人为实际用地人。

3. 耕地占用税的征税范围

耕地占用税的征税范围包括纳税人占用耕地建设建筑物、构筑物或者从事非农业建设的国家所有和集体所有的耕地。

所称耕地是指用于种植农作物的土地，包括菜地、园地。其中，园地包括花圃、苗圃、茶园、果园、桑园和其他种植经济林木的土地。

占用鱼塘及其他农用土地建房或从事其他非农业建设，也视同占用耕地，必须依法征收耕地占用税。占用已开发从事种植、养殖的滩涂、草场、水面和林地等从事非农业建设，由省、自治区、直辖市本着有利于保护土地资源和生态平衡的原则，结合具体情况确定是否征收耕地占用税。

（1）园地，包括果园、茶园、橡胶园、其他园地。

上述其他园地包括种植桑树、可可、咖啡、油棕、胡椒、药材等其他多年生作物的园地。

（2）林地，包括乔木林地、竹林地、红树林地、森林沼泽、灌木林地、灌丛沼泽、其他林地，不包括城镇村庄范围内的绿化林木用地，铁路、公路征地范围内的林木用地，以及河流、沟渠的护堤林用地。

上述其他林地包括疏林地、未成林地、迹地、苗圃等林地。

（3）草地，包括天然牧草地、沼泽草地、人工牧草地，以及用于农业生产并已由相关 行政主管部门发放使用权证的草地。

（4）农田水利用地，包括农田排灌沟渠及相应附属设施用地。

（5）养殖水面，包括人工开挖或者天然形成的用于水产养殖的河流水面、湖泊水面、水库水面、坑塘水面及相应附属设施用地。

（6）渔业水域滩涂，包括专门用于种植或者养殖水生动植物的海水潮浸地带和滩地，以及用于种植芦苇并定期进行人工养护管理的苇田。

（7）建设直接为农业生产服务的生产设施占用上述农用地的，不征收耕地占用税。直接为农业生产服务的生产设施，是指直接为农业生产服务而建设的建筑物和构筑物。具体包括：储存农用机具和种子、苗木、木材等农业产品的仓储设施；培育、生产种子、种苗的设施；畜禽养殖设施；木材集材道、运材道；农业科研、试验、示范基地；野生动植物保护、护林、森林病虫害防治、森林防火、木材检疫的设施；专为农业生产服务的灌溉排水、供水、供电、供热、供气、通信基础设施；农业生产者从事农业生产必需的食宿和管理设施；其他直接为农业生产服务的生产设施。

10.3.2 耕地占用税的计算

1. 耕地占用税的税率

由于我国不同地区之间人口和耕地资源的分布极不均衡，有些地区人口稠密，耕地资源相对匮乏；而有些地区人烟稀少，耕地资源比较丰富。各地区之间的经济发展水平也有很大差异。考虑到不同地区之间客观条件的差别以及与此相关的税收调节力度和纳税人负担能力方面的差别，耕地占用税在税率设计上采用了地区差别定额税率。税率具体标准如下。

（1）人均耕地不超过 1 亩的地区（以县、自治县、不设区的市、市辖区为单位，下同），每平方米为 10 ~ 50 元。

（2）人均耕地超过 1 亩但不超过 2 亩的地区，每平方米为 8 ~ 40 元。

（3）人均耕地超过 2 亩但不超过 3 亩的地区，每平方米为 6 ~ 30 元。

（4）人均耕地超过 3 亩的地区，每平方米为 5 ~ 25 元。

各地区耕地占用税的适用税额，由省、自治区、直辖市人民政府根据人均耕地面积和经济发展等情况，在规定的税额幅度内提出，报同级人民代表大会常务委员会决定，并报全国人民代表大会常务委员会和国务院备案。各省、自治区、直辖市耕地占用税适用税额的平均水平，不得低于《中华人民共和国耕地占用税法》所附《各省、自治区、直辖市耕地占用税平均税额表》规定的平均税额（见表 10-1）。

表 10-1　各省、自治县、直辖市耕地占用税平均税额表

省、自治县、直辖市	每平方米平均税额
上海	45
北京	40
天津	35
江苏、浙江、福建、广东	30
辽宁、湖北、湖南	25
河北、安徽、江西、山东、河南、重庆、四川	22.5
广西、海南、贵州、云南、陕西	20
山西、吉林、黑龙江	17.5
内蒙古、西藏、甘肃、青海、宁夏、新疆	12.5

在人均耕地低于 0.5 亩的地区，省、自治区、直辖市可以根据当地经济发展情况，适当提高耕地占用税的适用税额，但提高的部分不得超过确定的适用税额的 50%。具体适用税额按照规定程序确定。

占用基本农田的，应当按照当地适用税额加征 150%。

基本农田，是指依据《中华人民共和国基本农田保护条例》划定的基本农田保护区范围的耕地。

2. 耕地占用税的计税依据

耕地占用税以纳税人实际占用的属于耕地占用税征税范围的土地（以下简称应税土地）面积为计税依据，按应税土地当地适用税额计税，实行一次性征收。

实际占用的耕地面积，包括经批准占用的耕地面积和未经批准占用的耕地面积。

临时占用耕地应当依照规定缴纳耕地占用税。纳税人在批准临时占用耕地的期限内恢复所占用耕地原状

的，全额退还已经缴纳的耕地占用税。

纳税人临时占用耕地是指经自然资源主管部门批准，在一般不超过 2 年内临时使用耕地并且没有修建永久性建筑物的行为。依法复垦应由自然资源主管部门会同有关行业管理部门认定并出具验收合格确认书。

3. 税额计算

耕地占用税是纳税人实际占用的耕地面积与适用税率的乘积，即：

应纳税额 = 应税耕地面积 × 单位税额

【例 10-4】北京昌达股份有限公司占用耕地 8 000 平方米建设厂房，当地规定的耕地占用税标准为 30 元 / 平方米，计算公司应纳耕地占用税。

应纳税额 =8 000 × 30=240 000（元）

10.3.3 耕地占用税的征收管理

1. 纳税义务发生时间

耕地占用税由税务机关负责征收。耕地占用税的纳税义务发生时间为纳税人收到自然资源主管部门办理占用耕地手续的书面通知的当日。纳税人应当自纳税义务发生之日起三十日内申报缴纳耕地占用税。

未经批准占用耕地的，耕地占用税纳税义务发生时间为自然资源主管部门认定的纳税人实际占用耕地的当日。

因挖损、采矿塌陷、压占、污染等损毁耕地的纳税义务发生时间为自然资源、农业农村等相关部门认定损毁耕地的当日。

纳税人占地类型、占地面积和占地时间等纳税申报数据材料以自然资源等相关部门提供的相关材料为准；未提供相关材料或者材料信息不完整的，经主管税务机关提出申请，由自然资源等相关部门自收到申请之日起 30 日内出具认定意见。

2. 纳税申报

（1）纳税人占用耕地，应当在耕地所在地申报纳税。

（2）纳税人的纳税申报数据资料异常或者纳税人未按照规定期限申报纳税的，包括下列情形：

①纳税人改变原占地用途，不再属于免征或者减征耕地占用税情形，未按照规定进行申报的；

②纳税人已申请用地但尚未获得批准先行占地开工，未按照规定进行申报的；

③纳税人实际占用耕地面积大于批准占用耕地面积，未按照规定进行申报的；

④纳税人未履行报批程序擅自占用耕地，未按照规定进行申报的；

⑤其他应提请相关部门复核的情形。

（3）纳税人因建设项目施工或者地质勘查临时占用耕地，应当依照本法的规定缴纳耕地占用税。纳税人在批准临时占用耕地期满之日起一年内依法复垦，恢复种植条件的，全额退还已经缴纳的耕地占用税。

（4）县级以上地方人民政府自然资源、农业农村、水利、生态环境等相关部门向税务机关提供的农用地转用、临时占地等信息，包括农用地转用信息、城市和村庄集镇按批次建设用地转而未供信息、经批准临时占地信息、改变原占地用途信息、未批先占农用地查处信息、土地损毁信息、土壤污染信息、土地复垦信息、草场使用和渔业养殖权证发放信息等。

各省、自治区、直辖市人民政府应当建立健全本地区跨部门耕地占用税部门协作和信息交换工作机制。

（5）耕地占用税的征收管理，依照《中华人民共和国耕地占用税法》和《中华人民共和国税收征收管理法》的规定执行。

纳税人、税务机关及其工作人员违反规定的，依照《中华人民共和国税收征收管理法》和有关法律法规的规定追究法律责任。

10.4 船舶税

关键词

船舶税

船舶净吨位

情景

船舶税的核算。

某法国籍净吨位为 3 000 吨的非机动驳船，停靠在我国某港口装卸货物。驳船负责人已向我国海关领取了吨税执照，在港口停留期为 30 天，法国已与我国签订相互给予船舶税费最惠国待遇条款。已知 2 000 净吨 ~10 000 净吨的船舶，30 天期的普通税率为 40 元 / 净吨，优惠税率为 2.9 元 / 净吨。

10.4.1 船舶税概述

1. “机动车销售统一发票” 的概念

船舶税是海关对自中华人民共和国境外港口进入境内港口的船舶所征收的一种税。

2. 船舶税的征税范围

自中华人民共和国境外港口进入境内港口的船舶（以下简称应税船舶），应当缴纳船舶吨税（以下简称吨税）。吨税的税目、税率依照《中华人民共和国船舶吨税法》所附《吨税税目税率表》执行。

3. 船舶税的税率

吨税设置优惠税率和普通税率。中华人民共和国国籍的应税船舶，船籍国（地区）与中华人民共和国签订含有相互给予船舶税费最惠国待遇条款的条约或者协定的应税船舶，适用优惠税率。其他应税船舶，适用普通税率。《吨税税目税率表》见表 10-2 。

表 10-2　吨税税目税率表

税目 (按船舶净吨位划分)	税率（元 / 净吨）						备注
	普通税率 (按执照期限划分)			优惠税率 (按执照期限划分)			
	1 年	90 日	30 日	1 年	90 日	30 日	
不超过 2 000 净吨	12.6	4.2	2.1	9.0	3.0	1.5	1. 拖船按照发动机功率每千瓦折合净吨位 0.67 吨。 2. 无法提供净吨位证明文件的游艇，按照发动机功率每千瓦折合净吨位 0.05 吨。 3. 拖船和非机动驳船分别按相同净吨位船舶税率的 50% 计征税款
超过 2 000 净吨，但不超过 10 000 净吨	24.0	8.0	4.0	17.4	5.8	2.9	
超过 10 000 净吨，但不超过 50 000 净吨	27.6	9.2	4.6	19.8	6.6	3.3	
超过 50 000 净吨	31.8	10.6	5.3	22.8	7.6	3.8	

注：拖船，是指专门用于拖（推）动运输船舶的专业作业船舶。

10.4.2 船舶税的计算

吨税按照船舶净吨位和吨税执照期限征收。净吨位，是指由船籍国（地区）政府授权签发的船舶吨位证明书上标明的净吨位；吨税执照期限，是指按照公历年、日计算的期间。应税船舶负责人在每次申报纳税时，可以按照《吨税税目税率表》选择申领一种期限的吨税执照。吨税的应纳税额按照船舶净吨位乘以适用税率计算，计算公式为：

$$应纳税额 = 船舶净吨位 \times 定额税率$$

吨税由海关负责征收。海关征收吨税应当制发缴款凭证。应税船舶负责人缴纳吨税或者提供担保后，海关按照其申领的执照期限填发吨税执照。

应税船舶在进入港口办理入境手续时，应当向海关申报纳税领取吨税执照，或者交验吨税执照（或者申请核验吨税执照电子信息）。应税船舶在离开港口办理出境手续时，应当交验吨税执照（或者申请核验吨税执照电子信息）。

应税船舶负责人申领吨税执照时，应当向海关提供下列文件。

（1）船舶国籍证书或者海事部门签发的船舶国籍证书收存证明。

（2）船舶吨位证明。

应税船舶因不可抗力在未设立海关地点停泊的，船舶负责人应当立即向附近海关报告，并在不可抗力原因消除后，依照规定向海关申报纳税。

【例 10-5】美国远洋运输公司一艘货轮驶入我国某港口，该货轮净吨位为 50 000 吨，货轮负责人已向我国海关领取了吨税执照，在港口停留期限为 30 天，美国已与我国签订有相互给予船舶税费最惠国待遇条款。请计算该货轮负责人应向我国海关缴纳的吨税。

根据吨税的相关规定，该货轮应享受优惠税率，每净吨位为 3.2 元。

应缴纳的吨税 =50 000 × 3.2=160 000（元）

10.4.3 税收优惠

1. 直接优惠

下列船舶免征吨税。

（1）应纳税额在人民币 50 元以下的船舶。

（2）自境外以购买、受赠、继承等方式取得船舶所有权的初次进口到港的空载船舶。

（3）吨税执照期满后 24 小时内不上下客货的船舶。

（4）非机动船舶（不包括非机动驳船）。非机动船舶，是指自身没有动力装置，依靠外力驱动的船舶。非机动驳船，是指在船舶登记机关登记为驳船的非机动船舶。

（5）捕捞、养殖渔船。捕捞、养殖渔船，是指在中华人民共和国渔业船舶管理部门登记为捕捞船或者养殖船的船舶。

（6）避难、防疫隔离、修理、改造、终止运营或者拆解，并不上下客货的船舶。

（7）军队、武装警察部队专用或者征用的船舶。

（8）警用船舶。

（9）依照法律规定应当予以免税的外国驻华使领馆、国际组织驻华代表机构及其有关人员的船舶。

（10）国务院规定的其他船舶。本条免税规定，由国务院报全国人民代表大会常务委员会备案。

2. 延期优惠

在吨税执照期限内，应税船舶发生下列情形之一的，海关按照实际发生的天数批注延长吨税执照期限。

（1）避难、防疫隔离、修理，并不上下客货。

（2）军队、武装警察部队征用。

符合直接优惠第（5）项至第（9）项以及延期优惠政策的船舶，应当提供海事部门、渔业船舶管理部门或者出入境检验检疫部门等部门、机构出具的具有法律效力的证明文件或者使用关系证明文件，申明免税或者延长吨税执照期限的依据和理由。

10.4.4 船舶税的征收管理

（1）吨税纳税义务发生时间为应税船舶进人港口的当日。

应税船舶在吨税执照期满后尚未离开港口的，应当申领新的吨税执照，自上一次执照期满的次日起续缴吨税。

（2）应税船舶负责人应当自海关填发吨税缴款凭证之日起 15 日内缴清税款。未按期缴清税款的，自滞纳税款之日起至缴清税款之日止，按日加收滞纳税款滞纳金。

（3）应税船舶到达港口前，经海关核准先行申报并办结出入境手续的，应税船舶负责人应当向海关提供与其依法履行吨税缴纳义务相适应的担保；应税船舶到达港口后，依照规定向海关申报纳税。

下列财产、权利可以用于担保。

② 人民币、可自由兑换货币。

②汇票、本票、支票、债券、存单。

③ 银行、非银行金融机构的保函。

④海关依法认可的其他财产、权利。

（4）应税船舶在吨税执照期限内，因修理、改造导致净吨位变化的，吨税执照继续有效。应税船舶办理出入境手续时，应当提供船舶经过修理、改造的证明文件。

（5）应税船舶在吨税执照期限内，因税目税率调整或者船籍改变而导致适用税率变化的，吨税执照继续有效。

因船籍改变而导致适用税率变化的，应税船舶在办理出入境手续时，应当提供船籍改变的证明文件。

（6）吨税执照在期满前毁损或者遗失的，应当向原发照海关书面申请核发吨税执照副本，不再补税。

（7）海关发现少征或者漏征税款的，应当自应税船舶应当缴纳税款之日起 1 年内，补征税款。但因应税船舶违反规定造成少征或者漏征税款的，海关可以自应当缴纳税款之日起 3 年内追征税款，并自应当缴纳税款之日起按日加征少征或者漏征税款 0.05%的税款滞纳金。

海关发现多征税款的，应当在 24 小时内通知应税船舶办理退还手续，并加算银行同期活期存款利息。

应税船舶发现多缴税款的，可以自缴纳税款之日起 3 年内以书面形式要求海关退还多缴的税款并加算银行同期活期存款利息；海关应当自受理退税申请之日起 30 日内查实并通知应税船舶办理退还手续。

应税船舶应当自收到退税通知之日起 3 个月内办理有关退还手续。

（8）应税船舶有下列行为之一的，由海关责令限期改正，处 2 000 元以上 30 000 元以下的罚款；不缴或者少缴应纳税款的，处不缴或者少缴税款 50% 以上 5 倍以下的罚款，但罚款不得低于 2 000 元。

①未按照规定申报纳税、领取吨税执照。

②未按照规定交验吨税执照（或者申请核验吨税执照电子信息）以及提供其他证明文件。

（9）吨税税款、税款滞纳金、罚款以人民币计算。

吨税的征收，《中华人民共和国船舶吨税法》未作规定的，依照有关税收征收管理的法律、行政法规的规定执行。

10.5 烟叶税

关键词

烟叶税
晒烟叶
烤烟叶

情景

烟叶税的核算。

九合烟草公司为增值税一般纳税人，2021 年 12 月向烟农收购晾晒烟叶，增值税普通发票注明收购价格为 50 000 元，货款已支付。

10.5.1 烟叶税概述

1. 烟叶税的概念

烟叶税是以烟叶为课税对象，按烟叶的收购金额的一定比例而征收的一种农业特产税。农业特产税曾是我国重要的税种，由财政部门征收。财政部门在征收农（牧）业税的同时，针对农业特产收入，也征收农林渔业等特产税。

自 2006 年开始，我国取消了农业税，农林特产税也随之消失。同时，2006 年 4 月 28 日，《中华人民共和国烟叶税暂行条例》自公布之日起施行。2017 年 12 月 27 日，第十二届全国人民代表大会常务委员会第三十一次会议通过了《中华人民共和国烟叶税法》，自 2018 年 7 月 1 日起施行。

2. 烟叶税的纳税义务人

在中华人民共和国境内，依照《中华人民共和国烟草专卖法》的规定收购烟叶的单位为烟叶税的纳税人。

3. 烟叶税的征税范围

烟叶税的征税范围包括晾晒烟叶、烤烟叶。

4. 烟叶税的计税依据

烟叶税的计税依据为纳税人收购烟叶实际支付的价款总额。

10.5.2 烟叶税的计算

1. 税率

烟叶税实行比例税率，税率为 20%。烟叶税实行全国统一的税率，主要是考虑烟叶属于特殊的专卖品，其税率不宜存在地区间的差异，否则会形成各地之间的不公平竞争，不利于烟叶种植的统一规划和烟叶市场、烟叶收购价格的统一。

2. 应纳税额的计算

烟叶税以纳税人收购烟叶的收购金额作为计税依据。烟叶税实行比例税率，税率为 20%。应纳税额的计算公式为：

$$应纳税额=烟叶收购金额\times税率$$

其中，“烟叶收购金额”包括纳税人支付给烟叶销售者的烟叶收购价款和价外补贴。按照简化手续、方便征收的原则，对价外补贴统一暂按烟叶收购价款的 10% 计入收购金额征税。收购金额计算公式为：

$$收购金额=收购价款\times(1+10\%)$$

【例 10-6】河东烟草公司系增值税一般纳税人，2021 年 12 月收购烟叶 100 000 千克，烟叶收购价格 20 元 / 千克，总计 2 000 000 元，货款已全部支付。计算该烟草公司 8 月收购烟叶应缴纳的烟叶税。

$$应缴纳烟叶税=2\,000\,000\times(1+10\%)\times20\%=440\,000（元）$$

10.5.3 烟叶税的征收管理

烟叶税的征收管理，依照《中华人民共和国税收征收管理法》及《中华人民共和国烟叶税法》的有关规定执行。

1. 纳税义务发生时间

烟叶税的纳税义务发生时间为纳税人收购烟叶的当日。收购烟叶的当日是指纳税人向烟叶销售者付讫收购烟叶款项或者开具收购烟叶凭据的当日。

2. 纳税地点

纳税人收购烟叶，应当向烟叶收购地的主管税务机关申报缴纳烟叶税纳税。

3. 纳税期限

烟叶税按月计征，纳税人应当于纳税义务发生月终了之日起十五日内申报并缴纳税款。

项目小结

本项目主要介绍了我国税制结构中的一些辅助税种的应纳税额的计算、会计核算及申报缴的问题。涉及的税种较多，但每个税种的计算及核算、缴纳并不复杂。这些税种虽然在我国税制结构中不占主体地位，但它们各自都有其独到的调节作用，也是地方财政收入的主要来源，与企业会计核算关系也较密切。

参考文献

[1] 张彤 . 如何做税收筹划 [M]. 大连 : 大连理工大学出版社，2000.

[2] 鲁昕，许一鸣 . 中国新税收、财务、会计制度实用全书 [M]. 武汉 : 武汉出版社，1993.

[3] 梁俊娇，王怡璞 . 税务会计 [M].3 版 . 北京 : 中国人民大学出版社，2020.

[4] 秦娇 . 税务会计实务 [M]. 武汉 : 武汉理工大学出版社，2018.

[5] 涂龙力 . 浅谈税收会计与税务会计的基本区别 [J] 税务研究，1997,（10）:27-29.